U0915829

北京市住房和城乡建设委员会　编著

2022
北京市房地产年鉴

BEIJING REAL ESTATE YEARBOOK

中国出版集团　现代出版社

图书在版编目（CIP）数据

北京市房地产年鉴．2022 / 北京市住房和城乡建设委员会编著．-- 北京：现代出版社，2022.10

ISBN 978-7-5143-9939-4

Ⅰ．①北… Ⅱ．①北… Ⅲ．①房地产业—北京—2022—年鉴 Ⅳ．①F299.271-54

中国版本图书馆CIP数据核字（2022）第197593号

北京市房地产年鉴．2022

著　　者　北京市住房和城乡建设委员会
责任编辑　杨学庆
出版发行　现代出版社
地　　址　北京市安定门外安华里504号
邮政编码　100011
电　　话　010-64267325　64245264（传真）
网　　址　www.1980xd.com
印　　刷　北京中献拓方科技发展有限公司
开　　本　787mm×1092mm　1/16
印　　张　18.5
版　　次　2022年10月第1版　2022年10月第1次印刷
书　　号　ISBN 978-7-5143-9939-4
定　　价　298.00元

《北京市房地产年鉴 2022》编委会

《北京市房地产年鉴 2022》编辑部

目　录

第一章

特稿

市住房城乡建设系统 2021 年工作总结与 2022 年工作思路

一、2021 年工作总结

2021 年，在市委市政府坚强领导下，全系统坚持以习近平新时代中国特色社会主义思想为指导，紧紧围绕全市工作大局，完整、准确、全面贯彻新发展理念，坚持以首都发展为统领，全面推进住建事业高质量发展，圆满完成年度工作任务，实现“十四五”良好开局。

（一）始终保持调控政策连续稳定，住有所居目标取得新进展新成效

坚持“房住不炒”定位，围绕实现“三稳”目标，保持调控定力，因区施策落实长效机制。创新“房地联动、一地一策”工作机制和政策工具，强化开工、投资、入市调度，增加住房有效供给。结合市场形势“打补丁，堵漏洞”，精准防治假离婚购房、代收契税专维资金、房不对板等行为，实施二手房挂牌价格“窗口指导”，修订预售资金监管办法，开展整治、规范房地产市场秩序专项行动和信贷资金违规进入房地产市场专项治理，主动防范化解处置部分项目经营风险。新建商品房销售 1107 万平方米，同比增长 14.0%；新建商品住房价格指数保持在合理区间。

《北京市住房租赁条例》（以下简称《条例》）提交市人大常委会审议。加强长租公寓监管，推动短租政策落地，创建“动态清零”无群租房试点小区 110 个。有效化解蛋壳公寓租约纠纷，启动重点租赁企业穿透式监管。连续 3 年开展毕业季租赁服务进校园活动，签约 6000 余套（间）。住房租赁平台备案达到 400 余万笔。

发挥保障房兜底保障作用，实施公租房精准保障新机制，规范市场租房补贴发放管理，完善共有产权房出租、代持机构管理政策。三批集中供地推出公租房、保障性租赁住房配建地块 25 宗、46 万平方米，建设筹集政策性住房 6.1 万套、竣工 8.3 万套，超额完成年度任务；公租房新增房源 2.28 万套，公租房保障率较 2020 年提高 12.4 个百分点；新增共有产权房 9781 套；供应市级人才公寓房源 2000 套，为 80 家总部企业提供房源 8824 套。累计开工集体土地租赁住房项目 51 个、房源 7.5 万套，实施非居住建筑改建项目 12 个、房源 4300 余套（间）。

（二）切实提升宜居安居水平，城市更新行动取得积极成效

落实“1+4”指导意见，发布实施五年行动计划，制定实施“十四五”老旧小区改造规划，推动城市更新立法，出台引入社会资本，加快危旧楼改建项目审批等 20 余项改革政策，全面完成各项年度任务。老旧小区改造全面提速，开工 301 个、完工 177 个，加装电梯开工 499 部、完成 418 部，按照“双纳入”

机制支持配合央产小区改造陆续开展。棚户区改造完成4547户，“拔钉子”项目完成784户（宗），实现15个项目净地；11个区21个项目35宗资金平衡地块上市（挂牌）。核心区平房（院落）申请式退租共完成签约2008户、“共生院”修缮1576户。危旧楼房（含简易楼）排查643栋、约80万平方米，7个市属危旧楼房改建试点项目启动实施。配合相关单位完成王府井等22个传统商圈改造，11个市级老旧厂房改造示范项目和8个老旧楼宇市级示范项目全面实施。

（三）深入落实物业管理条例，党建引领社区治理框架下的物业管理体系加快形成

建立健全物业管理工作月综合调度机制，物业管理“12345”市民诉求月度分析纳入蔡奇书记接诉即办月度调度会和区委书记点评会，会同市委组织部、市委城工委、市政务服务局按月调度全市物业管理工作，约谈物业管理“12345”“三率”后十名街乡镇，聚焦“12345”高频诉求开展“治理类”小区治理并取得初步成果。全市“三率”分别达到95.6%、95.4%、98.8%，提前完成三年行动计划任务目标。按季滚动推进三批295个项目突出问题专项治理，一批群众诉求集中问题得到有效治理。纳入“三率”考核的8200余个小区“落点落图”，“北京业主”APP系统上线项目3500余个。发布《物业管理条例》8个配套文件，印发《指引》9批89个问题合编，大力开展宣贯、培训。稳步推进住宅专项维修资金管理改革，32个补建续筹试点形成初步可行经验。持续加强物业管理执法，抓好停车位管理、垃圾分类、电动自行车集中充电等专项工作。

（四）着力解决难题堵点，新一轮“疏整促”工作扎实开展

商品住宅小区配套公共服务设施建设和移交24处治理任务全部完成。住建系统365处上账施工围挡全部拆除，各专业工程2317项在施施工围挡全部规范治理。全市整治上账违法群租房3986处，基本实现“动态清零”，完成直管公房违规转租转借清理、普通地下室综合整治挂账任务。核心区“日租房”管理、城乡接合部重点村出租房管理不断加强。23个逾期未安置项目全部进入正常状态。

同时，房屋安全管理得到加强。积极推动房屋建筑使用安全立法。持续开展全市城镇房屋安全检查和防汛工作，对发现问题即查即改、立行立改，落实解危措施，实现安全度汛。推进抗震节能农宅建设和农村低收入群体危房改造、农村优抚对象危房改造，农房安全隐患排查125万户（处），全市2020年动态新增2459户危房改造全部竣工验收。

（五）精准抓好常态化新冠肺炎疫情防控，为全市工程建设提供了有力保障

坚持“外防输入，内防反弹”，落实“三防”“四早”等防控制度，印发20份施工现场新冠肺炎疫情防控工作指导文件。全市住建系统疫苗接种率及满足条件的加强免疫接种率在全市各行业名列前茅。评比出“放心工地”132项。组织9轮全覆盖检查，共检查施工项目3万项次。同时持续做好“人材物”应急保障。

（六）全力推进重点工程和开发投资，有力支撑全市经济社会高质量发展

加强统筹协调，落实“四抓”要求，充分发挥“3个100”重点工程投资牵引带动作用，超额完成年度投资计划，有力支持冬奥会、城市副中心、环球影城、铁路和新机场、中央在京工程等重大项目建设。市区住建部门通力合作，持续强化投资调度，房地产开发投资同比增长5.1%，为全市经济社会发展做出应有贡献。办理施工许可证和施工登记意见函4625项，同比增长21.5%，涉及合同价4294亿元，同比增长 29.5%；市级总包市场入场招标 678 项，专业市场 1405 项，分别同比增长 9.5%、3.1%。全市建筑业企业完成建筑业总产值 1.4 万亿元，同比增长 8.4%。

（七）全面深化“放管服”改革，优化营商环境工作持续深入

继续深化工程建设领域改革，完成社会投资低风险工程施工许可告知承诺、安全质量风险分级管控、“多验合一”改革及联合验收平台建设、压减建设工程竣工验收备案办理时限等牵头改革任务。办理竣工联合验收 1419 项。开展“证照分离”改革，取消或优化部分企业资质审批。组织实施首次二级造价工程师考试工作，完成多项人员资格管理改革措施。推进“数字政务”建设，住建领域实现 55 类电子证照应用，审批服务事项全程网办率达 97%，实现与 20 余家单位百余类数据共享，行政事项办理时限压减率达 70%。落实“两区”建设任务，将建筑工程施工许可等 5 个事项的审批权限下放至自贸区，探索在经开区开展施工许可告知承诺制审批试点。开展 15 场“处长政策解读日”活动，千余家企业参加。推进建筑市场信用评价和信息归集、信用修复工作，推动工程造价管理市场化改革和京津冀计价体系一体化。

（八）坚持统筹发展和安全，质量安全管理不断加强

树立“大安全”理念，认真履行建筑施工行业安全监管职责，落实建设单位首要责任，完善风险和隐患双控机制，强化危大工程管理，构建限额以下工程安全管理模式，规范老旧小区改造工程安全管理，促进施工现场标准化管理水平提升，推进“两违”清查向深向实。全市建设系统发生生产安全事故及死亡人数较 2020 年分别下降 18.8%、22.2%，未发生较大及以上生产安全事故，安全生产形势总体平稳。国务院安委办检查组对市区住建部门安全监管工作给予高度肯定。完善质量保障体系，制定出台建设单位工程质量首要责任、关键工序质量影像追溯管理、老旧小区改造质量管理等文件，强化工程质量安全测评和质量双控管理。创建智慧工地，加强“四新”管理，常态化抓好住宅工程质量提升。做好轨道交通工程竣工验收和消防验收，9 条线段年底通车运营。推动城市更新中既有建筑改造消防设计审查验收改革，消防验收、备案办结 4563 项。

（九）认真落实“双碳”战略部署，建筑业转型升级纵深推进

制定《北京市民用建筑节能减碳工作方案》，推动建筑绿色发展条例立法，完善绿色发展激励政策。居住建筑率先执行第五步 80% 节能设计标准，加快推进可再生能源、超低能耗建筑推广应用，有序开展公建电耗限额管理、节能绿色化改造和既有居住建筑节能改造。新增绿色建筑运行标识项目 42 项 670 万平方米，首钢冬奥广场等 7 个项目获得 2020 年度全国绿色建筑创新奖；新开工装配式建筑占新开工总面积 40%。加强科技创新和技术攻关，发布地方标准 55 部，其中京津冀协同标准 8 部。

推进建材绿色供应链建设，新增挂牌砂石绿色基地 3 个，“公转铁”运输砂石 215 万吨、水泥 111 万吨，90% 以上混凝土搅拌站完成密闭化改造。生产建筑垃圾资源化再生产品 2590 万吨，销售使用 2446 万吨，分别同比增长 92%、72%。

加强施工现场扬尘治理，构建一体化综合监管体系。123 项工程被评为“绿牌”工地。施工工地渣土运输车辆车牌识别和洗轮机监测视频监控设备覆盖全部新开土方工程，规模以上 2083 项房建和市政工程及 96 个混凝土搅拌站视频监控系统安装率 100%。市区两级开展扬尘执法检查 89 万余项次。

（十）积极满足人民群众的新期待新要求，一批民生“急难愁盼”问题得到解决

以“接诉即办”“每月一题”“住建领域十大专项治理行动”为抓手，推动房屋应急修缮、老旧小区改造施工难、小区充电桩安装难、中介经营不规范、群租房等问题解决，落实治理类街乡镇整治提升任务。办理热线诉求工单 1.27 万件次（行业工单 75 万件次），“三率”总体成绩平稳并略有提升。深入落实信访制度改革措施，狠抓矛盾纠纷源头防范化解和基础业务规范化建设，信访维稳形势总体平稳。扎实开展“我为群众办实事”实践活动，35 项市级实事清单和 59 项本级实事全部完成，完成“小切口、微改革”措施 59 项。

（十一）大力推动党建与业务深度融合，扎实抓好各项基础性工作

深入开展党史学习教育，弘扬伟大建党精神，不断提高政治“三力”，坚定捍卫“两个确立”、坚决做到“两个维护”。坚持全面从严治党，强化党风廉政建设，加强常态化警示教育，狠抓重点部门和关键岗位日常监督。抓好中央巡视和环保督察反馈问题整改。加强模范机关建设，开展群众性精神文明创建活动，全系统涌现一批先进典型，1 名同志获“全国五一劳动奖章”，建管中心被授予“全国根治拖欠农民工工资工作先进集体”。统筹推进法治政府建设，加强执法规范化建设，出台加强和规范事中事后监管工作方案，全系统实施行政检查 7.41 万次，行政处罚 5478 件，全市行政处罚案卷集中评查排名第一。加强调查研究并推动成果转化，破解一批重点、难点问题。加快推进“十四五”专项规划编制工作，发布 1 项、批准 1 项，5 项进入报批阶段。平安北京建设、扫黑除恶专项斗争取得积极成效。档案管理、新闻宣传、信息化建设、住房改革、私房落政、勘察测绘等工作扎实推进。事业单位改革顺利推进。建党 100 周年庆祝活动、冬奥测试赛等重大活动服务保障有力，服贸会筹办任务完成圆满。

二、2022 年工作思路

2022 年是党的二十大召开之年，是北京冬奥之年，也是实施“十四五”规划承上启下的重要一年，做好住建领域各项工作意义重大。总的思路是：以习近平新时代中国特色社会主义思想为指导，坚决贯彻落实中央和市委市政府决策部署，坚持稳中求进工作总基调，完整、准确、全面贯彻新发展理念，以推动高质量发展为主题，以首都发展为统领，以深化供给侧结构性改革为主线，以改革创新为根本动力，以满足人民日益增长的美好生活需要为根本目的，围绕全市“六稳”、“六保”、冬奥举办、“五子联动”等中心工作，统筹谋划、整体推进住房城乡建设各项工作，以优异成绩迎接党的二十大胜利召开。

（一）毫不动摇抓好房地产调控

坚持“房住不炒”、“稳”字当先，租购并举，加强预期引导，探索新的发展模式，防止房地产市场大起大落，促进房地产业良性循环和健康发展。落实城市总规，推进住房专项规划和“十四五”住房建设规划发布实施。

一是保持调控政策连续稳定。因区施策深入落实房地产长效机制，继续做好市场监测、趋势研判和政策储备，提高调控政策的协调性、精准性，优化交易流程提升服务质量和效率。配合落实好土地供应计划，优化供应结构布局，保持商品住房合理有效供给。努力满足群众合理住房需求，确保“三稳”目标实现。

二是加强风险防范处置。建立健全风险监测预警机制，完成商品房销售合同示范文本修订，出台新版预售资金监督管理办法，坚持“三保两优先”，继续会同有关部门做好房地产领域风险处置工作。

三是持续整治规范市场秩序。保持执法高压态势，继续坚持事前约谈、“双随机”抽查等机制，深入开展整治规范房地产市场秩序专项行动，规范市场主体行为和市场秩序。

四是促进租赁市场健康发展。加快推进住房租赁条例立法。充分发挥专班统筹作用，组织落实长租、短租、互联网平台规范治理，规范租赁市场秩序，打击违法违规行为。加强租赁市场监测分析，统筹推进平台升级、数据采购和房屋普查，继续做好租赁进校园和创建“动态清零”无群租房小区工作。

（二）健全完善住房保障体系

加快构建以公租房、保障性租赁住房、共有产权住房及安置房为主体的住房保障体系，提升住有所居水平。多渠道筹集公租房房源，拓展保障对象，研究适应多子女家庭的公租房政策，各区公租房备案家庭保障率在2021年基础上持续提升。加快发展保障性租赁住房，加大有效供给，规范运营管理。对接人才住房支持政策，抓好城市基本公共服务人员宿舍项目试点。持续推进共有产权住房供应，完善共有产权住房各项配套政策。加强安置房市区两级统筹管理，完善数据共享机制，提升规范化管理水平。完善保障房配套市政建设管理机制。2022年，建设筹集保障性租赁住房15万套（间），竣工8万套（间）。

（三）深入实施城市更新行动

积极推动城市更新立法。用好国家首轮试点城市政策，以改革思维不断完善配套政策体系。落实五年行动计划年度任务，分类制定审批规范和验收标准，明确用地性质兼容、建筑功能混合等规划土地激励政策，推动街区更新与基层治理有机结合。创新金融财税支持政策，抓好案例指引，吸引市场主体参与。老旧小区改造工作重点是落实30项改革措施，不断提升工作质效。市属老旧小区完成新开工300个、完工100个工作任务。同时按照“双纳入”机制，完善央地支持政策，加快推进央产小区改造。棚户区改造要着力推进项目“拔钉子”，力争实现16个项目净地，确保安置房开、竣工，加快推动土地整理上市。核心区平房（院落）申请式退租要坚持“保障对保障”原则，纳入老城整体保护、落实核心区控规、中轴线申遗等工作统筹推进，年内完成2200户申请式退租和1200户修缮工作。危旧楼房改建加快试点“扩面”工作，多主体筹集改建资金，实行动态管理机制。会同相关部门落实老旧厂房、老旧楼宇改造任务，推进传统商场“一店一策”升级改造，有序推动产业园区改造提升，发展新场景，带动业态转型、消费升级。

（四）持续提升物业管理水平

坚决落实市委全会“持续攻坚、取得突破”要求，充分发挥党建引领作用，构建街道、社区、业委会（物管会）、物业服务企业和社会组织多元参与格局，推动形成社区治理合力。持续强化月度综合调度，抓好“12345”接诉即办。健全完善“治理类”小区长效治理机制，通过“未诉先办”确保治理取得成效。持续抓好物业诉求前100小区专项治理，切实解决一批重点突出问题。研究制定物业管理“新三率”监测指标。加快配套文件制定出台，形成完备的物业管理政策体系。深入抓好专维资金引入保险制度、信托制物业、社会企业试点等各项工作，持续推进改革突破。

（五）努力推动重点工程计划和经济指标任务落实

围绕“五子联动”和重点区域建设、重点专项任务，持续做好全市“3个100”重点工程、各区重点工程和中央在京建设工程服务保障工作。特别是对投资和进度滞后的重点工程要加强协调调度，保障项目顺利实施。按照2022年全市经济社会发展计划，认真分析形势，完善工作方案，加强与发改、规自、统计等部门的联动协调，落到具体项目上精准调度，全力推动投资落实。落实加快释放城市更新投资的要求，为全市固定资产投资稳步增长做贡献。

（六）多点发力优化营商环境

抓好“放管服”改革，推出一批服务群众和市场主体新举措。房地产领域，落实住建部房地产企业资质管理新政，推进新改版房地产系统应用；优化审批、管理、备案事项，进一步减要件、压流程、提效率。建筑工程审批领域，加快推进 5.0 版改革任务和创新试点改革任务中涉及市住房城乡建设委任务，特别是推进在北京经济技术开发区核心区 60 平方公里范围内试点施工许可告知承诺制、开展联合验收“一口受理”等各项牵头任务落实；优化完善“土护降”工程施工准备函制度，进一步规范办事流程，明确实施细则；全面推广安管人员安全生产考核和特种作业操作人员考核机考工作，建设在线公益培训资源平台。稳步推进告知承诺制审批和数字监管、“证照分离”改革任务，继续做好“处长政策解读日”活动。同时，统筹推进数字政务建设工作，提升政务服务水平。

（七）积极推动建筑绿色发展

认真落实本市碳中和行动纲要，推动建筑绿色发展条例立法。加强科技创新和技术攻关，持续开展智慧工地、BIM 应用、建筑业新技术应用等试点示范工程建设，做好技术服务指导。持续加强新建建筑节能监管，强化公建能耗限额管理，推进公建节能绿色化改造，推广超低能耗建筑规模累计达到 150 万平方米。发布绿色建筑标识管理办法、评价技术指南，建立绿色建筑和绿色社区市区联动工作机制，推动城市副中心等重点区域和重大项目实施高标准绿色建筑建设。稳步推进装配式建筑发展，2022 年占新建建筑面积比例达到 40%。继续推动建材绿色供应链建设，完善建筑垃圾全链条信息化服务监管网络体系。印发实施建设工程扬尘治理综合监管实施方案，规范完善扬尘视频非现场巡查工作模式，提升施工现场扬尘治理综合管理水平。继续发挥“绿牌”工地榜样引领和政策激励作用，督促施工企业落实环保主体责任。

（八）抓严抓实建筑工程安全质量管理

坚持施工现场新冠肺炎疫情防控常态化措施，一时一刻不懈怠，一丝一毫不放松。市、区住建部门要加强日常监督检查，督促参建单位落实防疫主体责任，对落实不力的单位加大查处力度。持续做好施工现场从业人员疫苗接种工作，确保“应接尽接”。要深入宣贯落实新版《安全生产法》，开展城市建设安全专项整治三年行动及“两违”清查行动，持续开展以危大工程为重点的安全隐患排查，开展“高坠”事故整治专项行动，努力压减一般事故，坚决遏制较大及以上事故，确保全年安全生产形势平稳。针对“小工程”事故多发高发态势，抓紧完善限额以下工程安全生产监管工作机制。继续推进工程质量保障体系建设，强化质量安全测评工作，组织专项督导检查，开展“质量月”活动。回应群众关切，狠抓住房工程质量提升，推动住宅分户验收质量合格证和住宅工程质量信息公示制度试点。持续抓好工程主体结构质量管理，落实工程质量影像追溯管理制度，提升驻厂监理工作专业化水平。严格开展消防验收，做好技术服务和监督检查。

（九）全力做好房屋安全管理工作

落实《房屋建筑使用安全隐患治理工作要点》，实施房屋建筑使用安全隐患治理三年行动计划，加大房屋安全隐患治理力度，对于有极端风险隐患的房屋，及时发现、密切关注并采取有效治理措施，杜绝房屋倒塌导致群死群伤等恶性事故发生。继续推动房屋建筑使用安全管理立法，做好城镇房屋安全检查、房屋防汛和危房解危，继续开展抗震节能农宅建设和农村危房改造，有序开展农村房屋安全隐患排查整治。

（十）积极完成“疏整促”各项工作任务

完成20处商品住宅小区配套公共服务设施建设和移交，开展历史遗留问题摸排建账。对全市1368处上账施工围挡进行规范治理，加强日常巡查力度，实施全周期动态精细化管控。存在残缺破损的，发现一处、整治一处；到期完工的，竣工一处、拆除一处，确保施工围挡稳固、安全、整洁、美观。全面梳理摸排道路、学校、医院、保障房等重点工程征拆收尾项目台账、分类推动解决，切实解决群众长年漂泊的实际困难。继续保持违法群租房、普通地下室散租住人、直管公房违规转租转借“动态清零”。

（十一）高度重视接诉即办工作

贯彻落实接诉即办条例，全力做好市民热线工单办理，加强行业问题治理，建立有效工作对接机制，推动未诉先办。认真落实市委深改委“接诉即办”“每月一题”工作计划，重点抓好老楼加装电梯、住宅楼下水道堵塞、物业服务不规范三项任务。老楼加装电梯作为“开年第一题”，全年新开工按照比2021年增长1倍安排计划。积极配合市规自部门推进解决10万套历史遗留住宅项目办证难问题，破解群众落户难、子女入学难、房产买卖难等问题。积极推进落实市委深改委《关于推动主动治理未诉先办的指导意见》《深入推进治理类街乡镇整治提升工作实施方案》，加强主动治理，强化群众诉求集中问题解决。

（十二）扎实做好重大活动服务保障工作

全面落实中央和市委市政府要求，以更高标准、更大力度、更实作风、更严要求，全力以赴做好冬奥、全国“两会”、党的二十大等重大活动服务保障工作，确保各项重大活动顺利进行。重点做好矛盾纠纷排查、市场风险稳控、房屋安全、舆情引导等工作，坚决守住不发生系统性风险的底线。党的二十大是党和国家政治生活中的一件大事，要坚决落实全市统一部署，提高政治站位，强化应急保障，推动行业发展和安全生产形势稳中向好，促进社会和谐稳定。

同时，还要加强住建系统自身建设，做好各项强基固本的工作。一是加强政治建设。在思想上、政治上、行动上同以习近平同志为核心的党中央保持高度一致，推动党建工作和业务工作深度融合，确保党中央国务院和市委市政府决策部署不折不扣落到实处。二是加强法治建设。落实法治政府建设任务，推进行政执法规范化建设，积极推进住房租赁、城市更新、建筑绿色发展、房屋建筑使用安全、城市公有房屋管理、轨道交通工程质量安全管理6项立法工作。三是加强廉政建设。压实全面从严治党主体责任，严格落实中央八项规定及其实施细则精神，推动党风建设取得新成效。四是加强能力建设。全力做好重大活动服务保障，有序推进平安北京建设和扫黑除恶专项斗争，提升应急处置能力。深入开展调查研究，增强针对性和实用性。强化信息化建设，重点推进工程监管和服务平台、智慧工地、房屋全生命周期平台“一张图”建设，加强政务云网络安全保障工作。五是加强作风建设。坚持以人民为中心，真心实意解决群众、企业和基层的困难和问题。提升信访基础业务规范化水平和满意度指标，做好积案化解工作。继续推出一批可操作、能落地、好见效的“小切口、微改革”举措，确保抓一件成一件，提升群众获得感和行业治理水平。

第二章

国民经济和社会发展

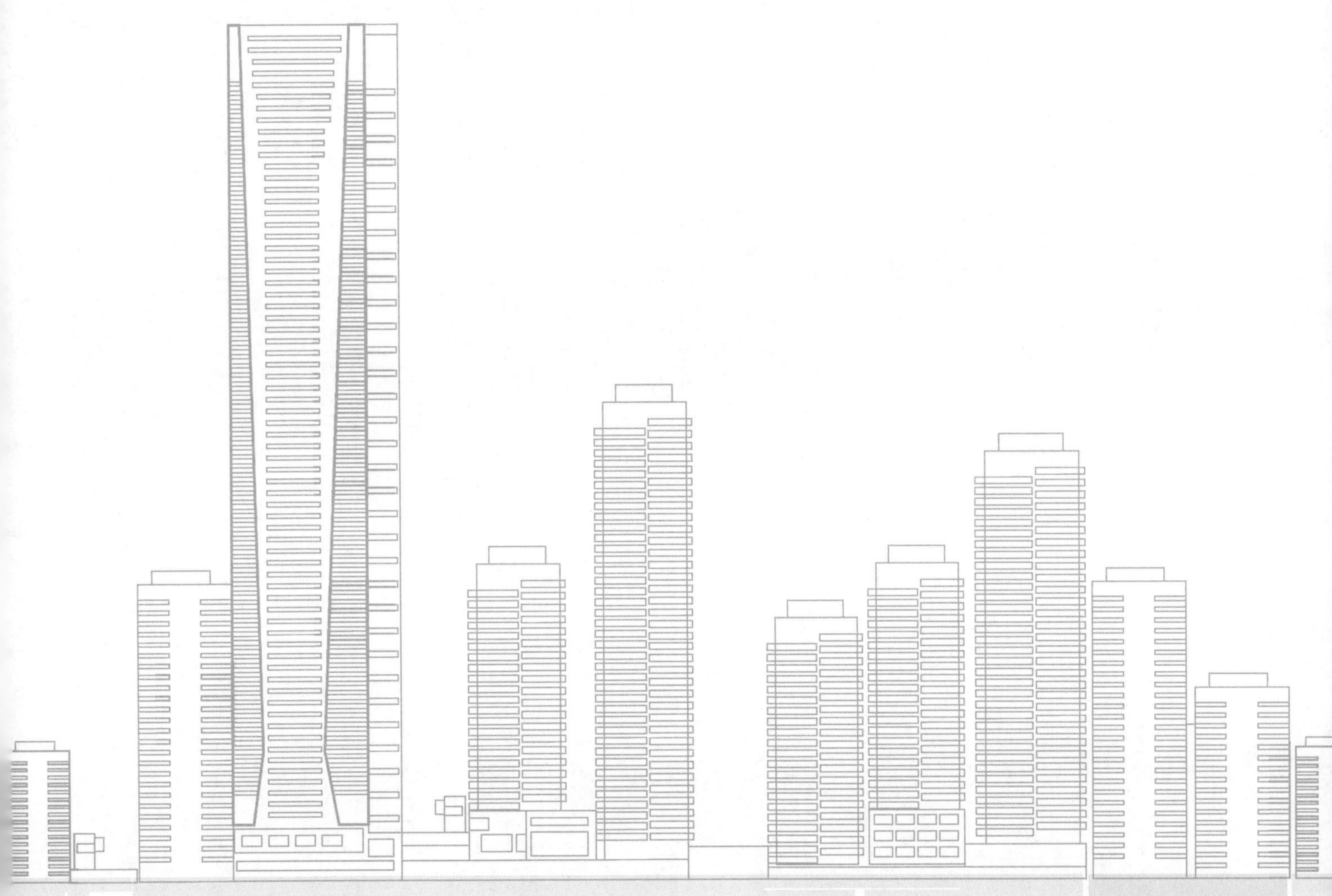

第一节　北京市2021年国民经济和社会发展统计公报

（节选）

2021年是党和国家历史上具有里程碑意义的一年。面对复杂严峻的国际形势和国内疫情散发等多重考验，在以习近平同志为核心的党中央坚强领导下，全市坚持以习近平新时代中国特色社会主义思想为指导，全面贯彻党的十九大和十九届历次全会精神，深入贯彻习近平总书记对北京一系列重要讲话精神，坚持稳中求进工作总基调，以首都发展为统领，统筹推进疫情防控和经济社会发展，主动服务和融入新发展格局，经济持续恢复，民生持续改善，首都高质量发展迈上新台阶，实现了“十四五”良好开局。

一、综合

经济增长：初步核算，全年实现地区生产总值40269.6亿元，按不变价格计算，比上年增长8.5%。其中，第一产业增加值111.3亿元，增长2.7%；第二产业增加值7268.6亿元，增长23.2%；第三产业增加值32889.6亿元，增长5.7%。三次产业构成为0.3 ：18.0 ：81.7。按常住人口计算，全市人均地区生产总值为18.4万元。

表2-1　2021年地区生产总值

指标	绝对数（亿元）	比上年增长（%）	比重（%）
地区生产总值	40269.6	8.5	100.0
按产业分			
第一产业	111.3	2.7	0.3
第二产业	7268.6	23.2	18.0
第三产业	32889.6	5.7	81.7
按行业分			
农、林、牧、渔业	113.4	2.3	0.3
工业	5692.5	31.0	14.1
建筑业	1619.7	0.8	4.0
批发和零售业	3150.6	8.4	7.8
交通运输、仓储和邮政业	942.5	5.9	2.3
住宿和餐饮业	421.7	13.7	1.0
信息传输、软件和信息技术服务业	6535.3	11.0	16.2
金融业	7603.7	4.5	18.9
房地产业	2605.5	4.6	6.5

（续表 2-1）

指标	绝对数（亿元）	比上年增长（%）	比重（%）
租赁和商务服务业	2435.3	3.4	6.0
科学研究和技术服务业	3198.2	2.3	7.9
水利、环境和公共设施管理业	307.0	−1.9	0.8
居民服务、修理和其他服务业	194.6	1.6	0.5
教育	1964.8	2.0	4.9
卫生和社会工作	1078.5	4.8	2.7
文化、体育和娱乐业	736.8	8.4	1.8
公共管理、社会保障和社会组织	1669.5	3.2	4.1

人口与就业：年末全市常住人口2188.6万人，比上年末减少0.4万人。其中，城镇人口1916.1万人，占常住人口的比重为87.5%；常住外来人口834.8万人，占常住人口的比重为38.1%。常住人口出生率为6.35‰，死亡率为5.39‰，自然增长率为0.96‰。全年城镇新增就业26.9万人，比上年增加0.8万人。

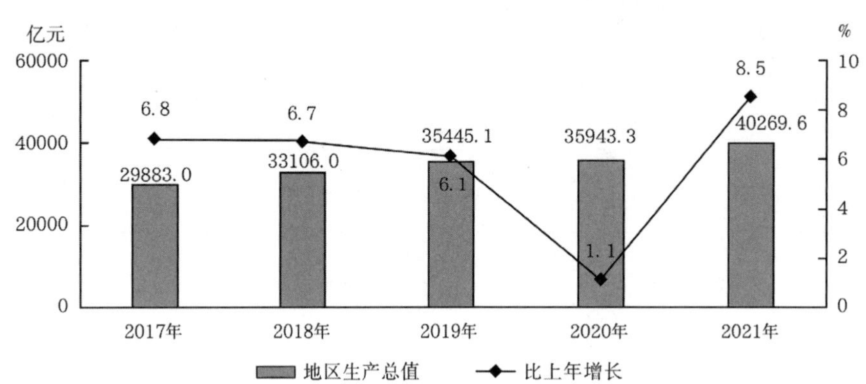

图 2-1　2017—2021 年地区生产总值及增长速度

表 2-2　2021 年末常住人口及构成

指标	年末人数（万人）	比重（%）
常住人口	2188.6	100.0
按城乡分：城镇	1916.1	87.5
乡村	272.5	12.5
按性别分：男性	1117.7	51.1
女性	1070.9	48.9
按年龄组分：0—14 岁	264.7	12.1
15—59 岁	1482.3	67.7

（续表 2-2）

指标	年末人数（万人）	比重（%）
60 岁及以上	441.6	20.2
其中：65 岁及以上	311.6	14.2

价格：全年居民消费价格总水平比上年上涨 1.1%。工业生产者出厂价格比上年上涨 1.1%，工业生产者购进价格上涨 3.7%。农产品生产者价格比上年下降 1.8%。全年新建商品住宅价格较为平稳，二手住宅价格呈小幅波动态势。12 月，新建商品住宅销售价格环比指数为 100.0、同比指数为 105.1；二手住宅销售价格环比指数为 100.8、同比指数为 108.5。

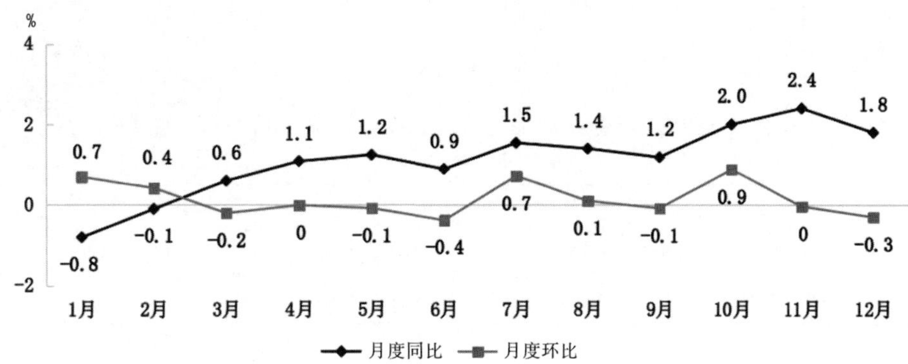

图 2-2　2021 年居民消费价格月度涨跌幅度

表 2-3　2021 年居民消费价格涨跌幅度

指　标	比上年涨跌幅（%）
居民消费价格	1.1
食品烟酒	0.5
其中：粮食	–0.2
鲜菜	7.8
畜肉类	–11.2
鲜果	0.5
衣着	–0.2
居住	1.1
生活用品及服务	–0.3
交通通信	5.1
教育文化娱乐	0.9
医疗保健	–0.2
其他用品及服务	–0.5

二、财政金融

财政收支：全年完成一般公共预算收入5932.3亿元，比上年增长8.1%。其中，增值税1742.9亿元，增长5.4%；企业所得税1395.1亿元，增长18.0%；个人所得税743.3亿元，增长21.5%。全市一般公共预算支出7205.1亿元，增长1.2%。

存贷款：年末全市金融机构（含外资）本外币存款余额199741.5亿元，比年初增加11659.9亿元。全市金融机构（含外资）本外币贷款余额89032.9亿元，比年初增加4724.1亿元。

证券：全年证券交易额180.1万亿元，比上年增长42.9%。其中，股票交易额42.9万亿元，增长34.6%；基金交易额4.6万亿元，增长31.7%。

保险：全年实现原保险保费收入2526.9亿元，比上年增长16.9%。其中，财产险保费收入443.5亿元，人身险保费收入2083.4亿元。全年各类保险赔付支出838.5亿元，增长13.6%。其中，财产险赔付270.7亿元，人身险赔付567.8亿元。

表2-4　2021年新建商品住宅和二手住宅销售价格环比指数

指数（上月=100）	1月	2月	3月	4月	5月	6月	7月	8月	9月	10月	11月	12月
新建商品住宅	100.5	100.7	100.2	100.6	100.3	100.9	100.8	100.2	100.0	100.6	100.3	100.0
二手住宅	100.9	101.2	101.4	101.2	101.1	101.3	100.7	100.4	99.8	99.5	99.8	100.8

表2-5　2021年末金融机构（含外资）本外币存贷款余额

单位：亿元

指　标	年末数	比年初增加额
各项存款余额	199741.5	11659.9
其中：人民币存款	192104.3	10998.7
其中：境内存款	196396.8	10917.6
其中：住户存款	48744.3	4258.2
非金融企业存款	68903.4	2895.1
各项贷款余额	89032.9	4724.1
其中：人民币贷款	86077.5	5042.3
其中：境内贷款	87375.9	4877.5
其中：住户消费贷款	17530.5	1177.7
其中：短期贷款	26187.4	219.0
中长期贷款	56189.6	4432.8
票据融资	4285.9	375.2

三、固定资产投资和房地产开发

固定资产投资：全年固定资产投资（不含农户）比上年增长 4.9%。分产业看，第一产业投资下降 59.5%；第二产业投资增长 38.2%，其中，制造业投资增长 68.3%；第三产业投资增长 3.0%，其中，卫生和社会工作投资增长 22.8%，信息传输、软件和信息技术服务业投资增长 20.0%，教育投资增长 17.4%。分领域看，民间投资增长 6.4%，基础设施投资下降 8.9%。

房地产开发：全年房地产开发投资比上年增长 5.1%。其中，住宅投资增长 8.9%，办公楼投资下降 7.6%，商业营业用房投资下降 13.7%。全市房屋施工面积 14055.3 万平方米，比上年增长 1.0%。其中，本年新开工面积 1895.9 万平方米，下降 36.9%。全年房屋竣工面积 1983.9 万平方米，增长 28.3%。

四、市场消费

全年市场总消费额比上年增长 11.0%。其中，服务性消费额增长 13.4%；实现社会消费品零售总额 14867.7 亿元，增长 8.4%。限额以上批发和零售业中，与升级类消费相关的金银珠宝类、文化办公用品类、通信器材类商品零售额分别增长 33.1%、21.4% 和 16.7%。

表 2-6　2021 年房地产开发和销售主要指标

指　标	绝对数（万平方米）	比上年增长 (%)
房屋施工面积	14055.3	1.0
其中：住宅	6895.6	2.7
本年新开工面积	1895.9	–36.9
其中：住宅	1025.9	–40.2
房屋竣工面积	1983.9	28.3
其中：住宅	981.1	34.7
商品房销售面积	1107.1	14.0
其中：住宅	877.1	19.6
年末商品房待售面积	2396.3	–2.4
其中：住宅	830.8	–5.8

表 2-7　2021 年社会消费品零售总额

指　标	社会消费品零售总额（亿元）	比上年增长（%）
总　计	14867.7	8.4
按商品用途分		
吃类商品	2966.3	8.4

（续表 2-7）

指　标	社会消费品零售总额（亿元）	比上年增长（%）
穿类商品	827.3	13.8
用类商品	10472.5	7.3
烧类商品	601.7	21.9
按消费形态分		
餐饮收入	1134.6	27.5
商品零售	13733.1	7.1

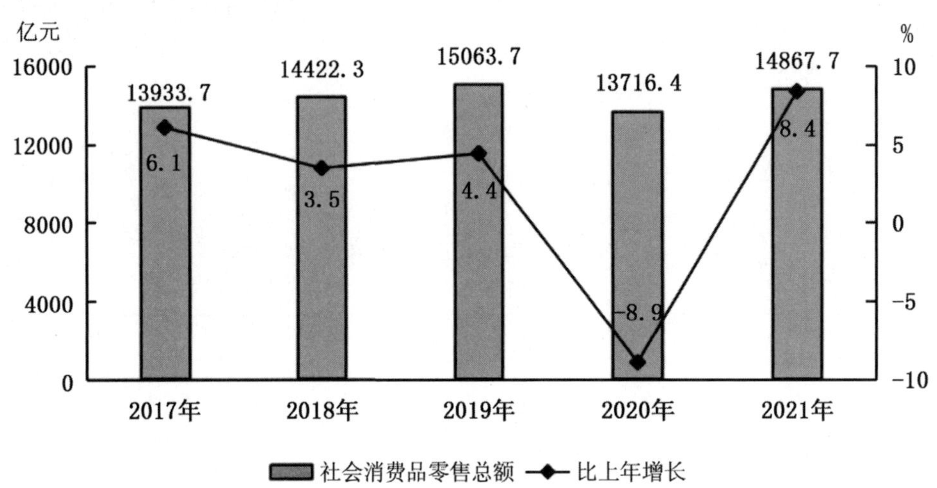

图 2-3　2017—2021 年社会消费品零售总额及增长速度

五、城市建设和安全生产

道路建设：年末全市公路里程 22289.9 公里，比上年末增加 25.8 公里。其中，高速公路里程 1176.5 公里，增加 3.2 公里。年末城市道路里程 6167 公里，比上年末增加 20 公里。

公共交通：年末公共电汽车运营线路 1217 条，比上年末增加 10 条；运营线路长度 28580 公里，增加 161 公里；运营车辆 23079 辆，减少 869 辆；全年客运总量 23.0 亿人次，增长 25.8%。

年末轨道交通运营线路 27 条，比上年末增加 3 条；运营线路长度 783 公里，增加 56 公里；运营车辆 7110 辆，增加 331 辆；全年客运总量 30.9 亿人次，增长 34.7%。

公用事业：全年自来水销售量 12.0 亿立方米，比上年增长 6.9%。其中，工业和建筑业用水 1.2 亿立方米，增长 12.1%；服务业用水 4.0 亿立方米，增长 8.1%；居民家庭用水 6.6 亿立方米，增长 6.5%。

全年北京地区用电量 1232.9 亿千瓦时，比上年增长 8.2%。其中，生产用电 946.5 亿千瓦时，增长 10.0%；城乡居民生活用电 286.4 亿千瓦时，增长 2.4%。

全年天然气供应总量 187.2 亿立方米，比上年增长 1.0%；液化石油气供应总量 52.2 万吨，增长 63.9%。年末共有燃气家庭用户 926.2 万户，增长 2.7%；其中，天然气家庭用户 738.6 万户，增长 3.2%。年末燃气管线长度 30770 公里，增长 0.8%。

全年 10 万平方米以上的集中供热面积 6.83 亿平方米，比上年增长 3.6%。

安全生产：全年共发生工矿商贸生产安全事故、生产经营性道路交通事故、生产经营性火灾事故、铁路交通事故、农业机械事故 437 起，死亡 471 人。亿元地区生产总值安全生产事故死亡人数为 0.0117 人。道路交通每万车死亡人数为 1.62 人。

六、人民生活和社会保障

人民生活：全年全市居民人均可支配收入为 75002 元，比上年增长 8.0%，其中，城镇居民人均可支配收入为 81518 元，增长 7.8%；农村居民人均可支配收入为 33303 元，增长 10.5%。从四项收入构成看，全市居民人均工资性收入 45675 元，增长 10.2%；人均经营净收入 940 元，增长 15.8%；人均财产净收入 12460 元，增长 5.7%；人均转移净收入 15927 元，增长 3.5%。

全年全市居民人均消费支出为 43640 元，比上年增长 12.2%，其中，城镇居民人均消费支出为 46776 元，增长 12.1%；农村居民人均消费支出为 23574 元，增长 12.7%。全市居民恩格尔系数为 21.3%。

社会保障：年末参加企业职工基本养老、职工基本医疗、失业、工伤和生育保险的人数分别为 1725.1 万人、1486.0 万人、1358.0 万人、1305.9 万人和 1082.7 万人，分别比上年末增长 2.7%、2.4%、3.3%、3.4% 和 1.9%。

年末参加城乡居民养老保障的人数为 191.0 万人，参加城乡居民基本医疗保险的人数为 400.8 万人。

年末享受城市居民最低生活保障的人数为 7.1 万人，享受农村居民最低生活保障的人数为 3.9 万人。

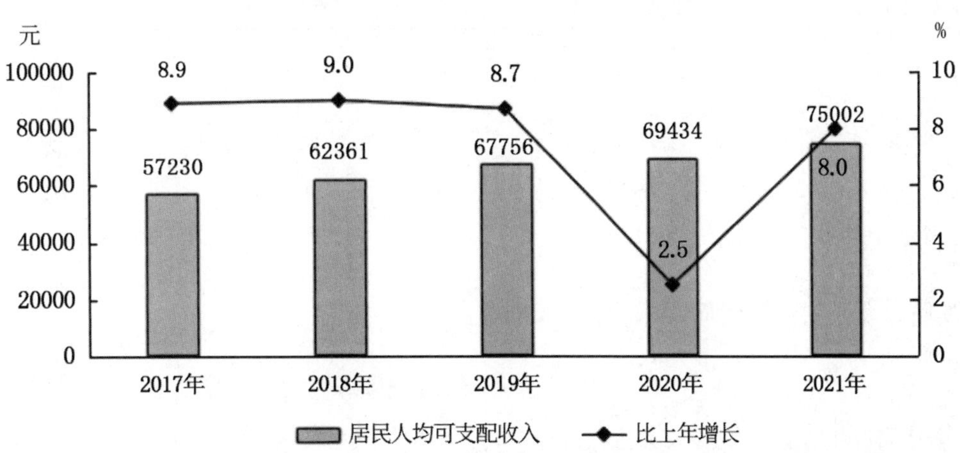

图 2-4　2017—2021 年全市居民人均可支配收入及增长速度

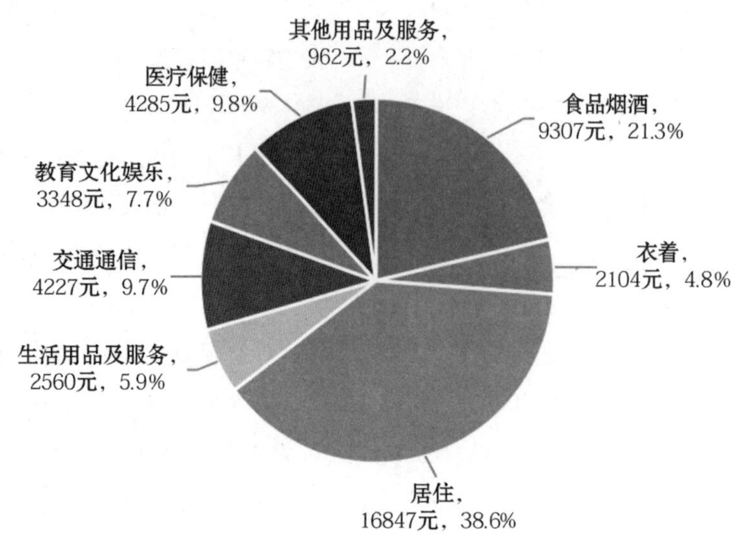

图 2–5 2021 年全市居民人均消费支出及构成

表 2–8 社会保障相关待遇标准

单位：元 / 月

指　标	2021 年	2020 年
失业保险金最低标准	2034	1816
城乡居民最低生活保障标准	1245	1170
职工最低工资标准	2320	2200

年末共有各类收养性单位 603 家，床位 11.6 万张，在院人数 4.8 万人。年末共有各种社区服务机构 9895 个，其中社区服务中心 194 个。

七、教育、科技、文化旅游、卫生和体育

教育：全年研究生教育招生 13.9 万人，在学研究生 41.3 万人，毕业生 10.4 万人。普通高等学校招收本专科学生 16.0 万人，在校生 59.6 万人，毕业生 14.7 万人。全市成人本专科招生 2.6 万人，在校生 9.4 万人，毕业生 4.6 万人。

全年普通高中招生 6.2 万人，在校生 17.6 万人，毕业生 4.5 万人。普通初中招生 12.0 万人，在校生 35.0 万人，毕业生 8.8 万人。普通小学招生 18.6 万人，在校生 103.7 万人，毕业生 13.4 万人。幼儿园入园幼儿 19.0 万人，在园幼儿 56.7 万人。各类中等职业教育（含技工学校）招生 2.7 万人，在校生 7.4 万人，毕业生 2.2 万人。特殊教育招生 1134 人，在校生 7808 人，毕业生 1673 人。

全年共有民办高校 15 所，在校生 5.4 万人。民办中等教育学校 122 所，在校生 3.4 万人。民办小学 49 所，在校生 4.3 万人。民办幼儿园

1021所，在园幼儿24.0万人。

科技：全年专利授权量19.9万件，比上年增长22.1%。其中，发明专利授权量7.9万件，增长25.2%。年末拥有有效发明专利40.5万件，增长20.7%；PCT国际专利申请量10358件，增长25.1%。全年共签订各类技术合同93563项，增长10.8%；技术合同成交总额7005.7亿元，增长10.9%。

文化：年末共有公共图书馆24个，总藏量7308万册；档案馆18个，馆藏案卷1007.9万卷件；博物馆204个，其中，免费开放94个；群众艺术馆、文化馆19个。北京地区登记在册的报刊总量3403种，出版社525家，出版物发行单位10393家；全年引进出版物版权7633件，版权（著作权）登记102.6万件。年末有线电视实际用户612.5万户，其中高清电视实际用户373.5万户，超高清（4K）实际用户201.5万户。全年制作电视剧41部1580集，电视动画片22部5184分钟，网络剧66部，网络动画片27部，网络电影158部。全年生产电影186部，共有30条院线281家影院，共放映电影335.4万场，观众4224.4万人次，票房收入22.3亿元。

旅游：全年接待旅游总人数2.6亿人次，比上年增长38.8%；实现旅游总收入4166.2亿元，增长43.0%。其中，接待国内游客2.5亿人次，增长38.9%，国内旅游总收入4138.5亿元，增长43.7%；接待入境游客24.5万人次，下降28.2%，国际旅游收入4.3亿美元，下降10.4%。

卫生：年末共有医疗卫生机构11727个，比上年末增加516个。其中，医院733个。医疗机构共有床位13.0万张，增加0.3万张。其中，医院床位12.2万张。卫生技术人员为31.8万人。其中，执业（助理）医师12.4万人，注册护士14.2万人。医疗机构总诊疗人次为24252.6万人次，增长25.9%。全年报告甲乙类传染病发病率108.10/10万，死亡率0.70/10万。婴儿死亡率1.44‰，孕产妇死亡率2.22/10万。毫不松懈抓好常态化疫情防控，全市日最大单样本核酸检测能力达156.3万份，共有负压病房1420间，负压救护车197辆。截至年末，全市累计接种新冠病毒疫苗5677.91万剂2244.17万人，全程接种2167.76万人，加强免疫接种新冠疫苗1276.6万人。

体育：全年北京市运动员共获得国际性比赛奖牌15枚，其中，金牌8枚、银牌3枚。获得全国性比赛奖牌112枚，其中，金牌38枚、银牌36枚。

八、资源和城市环境

土地供应：全年全市建设用地供应总量3328公顷，计划执行率90.0%。其中，特交水建设用地供应1329公顷，公共管理和公共服务用地供应538公顷，住宅用地供应1066公顷，产业用地395公顷。

水资源：全年水资源总量61.8亿立方米，比上年增长1.4倍。年末大中型水库蓄水总量43.3亿立方米，比上年末多蓄水11.9亿立方米。年末平原区地下水埋深为16.4米，比上年末回升5.6米。全年生产生活用水总量为26.0亿立方米，下降1.7%。其中，生活用水（包括服务业和居民家庭用水）16.2亿立方米，增长8.8%；工业用水2.4亿立方米，下降1.7%；农业用水2.8亿立方米，下降12.9%。

城市环境：全年污水处理率为95.8%，其中，城六区污水处理率达到99.5%，分别比上年提高0.8个和0.1个百分点。全市生活垃圾无害化处理率（根据垃圾清运量计算）为100.0%。细颗粒物（PM2.5）年均浓度值为33微克/立方米，下降13.2%。二氧化氮和二氧化硫年均浓度值分别为26微克/立方米和3微克/立方米，分别下降10.3%和25.0%。

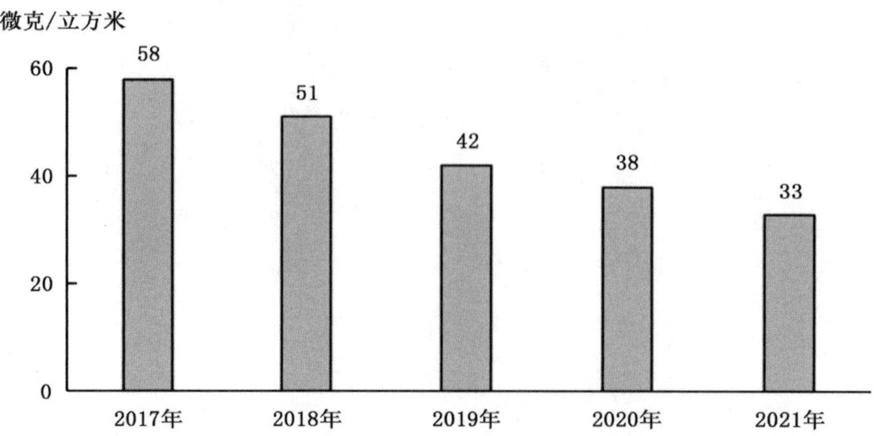

图 2-6　2017—2021 年细颗粒物（PM2.5）年均浓度

全年完成造林绿化面积 27334 公顷，比上年减少 34.4%。森林覆盖率为 44.6%，提高 0.2 个百分点。城市绿化覆盖率为 49.3%，提高 0.3 个百分点。全市人均公园绿地面积为 16.62 平方米，增加 0.03 平方米。

九、持续推动高质量发展

加快动能转换：全年实现数字经济增加值 16251.9 亿元，按现价计算，比上年增长 13.1%，占全市地区生产总值的比重为 40.4%，比上年提高 0.4 个百分点。

每万人口发明专利拥有量为 185 件，比上年增加 29 件。全年中关村国家自主创新示范区高新技术企业实现总收入 8.3 万亿元，增长 14.9%，其中，技术收入占总收入的比重为 21.6%。

持续优化结构：全年高技术产业实现增加值 10866.9 亿元，按现价计算，比上年增长 14.2%；占地区生产总值的比重为 27.0%，比上年提高 0.5 个百分点。战略性新兴产业实现增加值 9961.6 亿元，按现价计算，增长 14.0%；占地区生产总值的比重为 24.7%，比上年提高 0.4 个百分点（高技术产业、战略性新兴产业有交叉）。

全年高技术制造业完成固定资产投资比上年增长 99.6%，占制造业投资的比重为 72.1%，比上年提高 11.3 个百分点；5G、车联网、工业互联网等新型基础设施加速建设，新基建投资增长 26.4%。限额以上批发零售业、住宿餐饮业实现网上零售额 5392.7 亿元，比上年增长 19.0%，占社会消费品零售总额的 36.3%，比上年提高 4.1 个百分点。

推动提效降耗：全年规模以上工业企业人均创收 359.1 万元，比上年提高 68.5 万元；规模以上服务业企业人均创收 284.6 万元，提高 38.4 万元。按可比价格计算，万元地区生产总值水耗为 10.46 立方米，下降 7.38%。生物质能、水能、太阳能、风能等可再生能源发电量比上年增长 10.8%，占总发电量的比重比上年提高 0.7 个百分点。

强化民生改善：全年一般公共预算支出中，用于教育、社会保障和就业、卫生健康的支出分别为 1147.8 亿元、1055.3 亿元和 632.7 亿元，分别占一般公共预算支出的 15.9%、14.6% 和 8.8%。全年基础设施投资投向交通运输和公共设施管理的比重分别为 47.9% 和 24.3%。全年建设用地中，保障性安居工程用地供应 456 公顷，占住宅用地供应的比重为 42.8%。

公报注释：

1．2021年数据均为初步统计数。

2．三次产业划分依据国家统计局2018年修订的执行《三次产业划分规定》（国统字〔2012〕108号），行业划分执行《国民经济行业分类》（GB/T4754-2017）。

3．规模以上工业企业是指年主营业务收入2000万元及以上的全部工业法人企业；限额以上批发和零售业单位是指年主营业务收入2000万元及以上的批发业、500万元及以上的零售业单位(包括法人单位、产业活动单位和个体经营户)，限额以上住宿和餐饮业单位是指年主营业务收入200万元及以上的住宿业、年主营业务收入200万元及以上的餐饮业单位（包括法人单位、产业活动单位和个体经营户）。

4．邮政行业业务总量及电信企业的电信业务总量执行2020年不变价标准，增速按可比口径计算。

5．天然气供应总量包含燕山石化的供应量。

6．自2021年9月起，国家医保局对医保相关数据统计口径进行调整，去除6个月及以上未缴费人员。

7．卫生机构和卫生技术人员等相关数据均含驻京部队、武警医院数据，床位数不含。

8．婴儿死亡率、孕产妇死亡率数据按户籍人口计算。

9．特交水建设用地是指特殊用地、交通运输用地、水域及水利设施用地。

10．平原地区地下水埋深是指平原地区地下水水面至地面的距离。

11．部分数据合计数或相对数由于计量单位取舍不同而产生的计算误差，均未作机械调整。

资料来源：

本公报中机动车数据来自北京市公安局公安交通管理局；财政数据来自北京市财政局；存贷款数据来自中国人民银行营业管理部；证券交易额数据来自上海证券交易所和深圳证券交易所上市的注册地为北京的数据；保险数据来自中国银行保险监督管理委员会北京监管局；进出口数据来自中华人民共和国北京海关；实际利用外资、境外投资、对外承包工程、对外劳务合作数据来自北京市商务局；道路建设、公共交通数据来自北京市交通委员会；自来水销售、水资源、城市污水处理数据来自北京市水务局；发电量、用电量数据来自北京市电力公司；液化石油气及天然气供应量、燃气家庭用户、燃气管线、集中供热面积、垃圾处理数据来自北京市城市管理委员会；安全生产数据来自北京市应急管理局；医疗保险及生育保险数据来自北京市医疗保障局，其余社会保障数据及城镇新增就业数据来自北京市人力资源和社会保障局；卫生数据来自北京市卫生健康委员会；低保、收养性单位、社区服务机构数据来自中共北京市委社会工作委员会北京市民政局；教育数据来自北京市教育委员会；专利数据来自北京市知识产权局；技术市场数据来自北京技术市场管理办公室；公共图书馆、文化馆、旅游数据来自北京市文化和旅游局；档案馆数据来自北京市档案局；博物馆数据来自北京市文物局；电影数据来自北京市电影局；电视数据来自北京市广播电视局；出版数据来自北京市新闻出版局；体育数据来自北京市体育局；建设用地供应数据来自北京市规划和自然资源委员会；空气质量数据来自北京市生态环境局；造林、绿化数据来自北京市园林绿化局；其他数据来自北京市统计局、国家统计局北京调查总队。

第二节　房地产开发投资与建设

2021 年，北京市坚持落实“房住不炒”总要求，在上半年市场需求集中释放的背景下，细化完善调控措施，严查经营贷、严控学区房炒作。下半年以来，全市加快促开工、增供给，积极稳市场、稳预期，促进房地产市场健康发展和良性循环。

一、房地产开发投资情况

（一）房地产开发投资构成及变动情况

2021 年，全市开发规模总体保持稳定，全年房地产开发投资比上年增长 5.1%。其中，土地购置费增长 11.9%，占开发投资比重为 54.7%（见图 2-7）。

房地产开发投资中，住宅投资比上年增长 8.9%；办公楼投资下降 7.6%；商业营业用房投资下降 13.7%。按构成分，用于建筑工程的投资增长 8.3%；用于安装工程的投资增长 23.6%；用于设备工器具购置的投资下降 5.0%；用于其他费用的投资增长 3.5%。

（二）房地产开发资金来源情况

2021 年，全市房地产开发项目本年到位资金小计 6524.2 亿元，比上年增长 12.1%。其中，国内贷款为 923.6 亿元，下降 35.1%；自筹资金为 1715.6 亿元，增长 22.0%；定金及预收款为 3114.8 亿元，增长 27.1%（见表 2-9）。

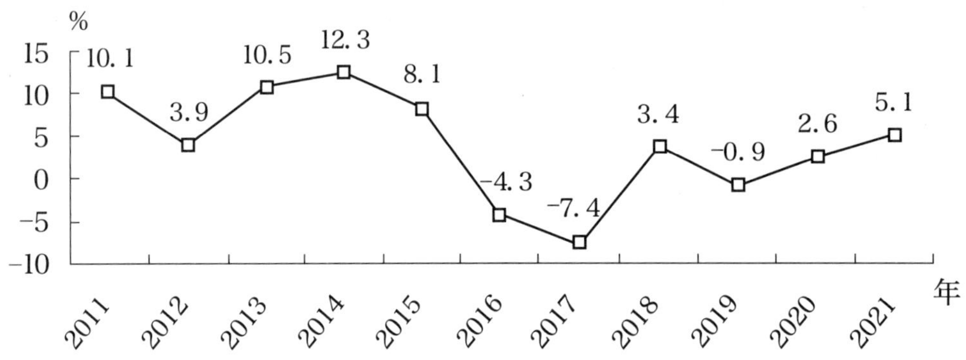

图 2-7　2011—2021 年北京市房地产开发投资增速图

二、房地产开发建设情况

（一）房屋建设总体情况

截至 2021 年 12 月末，全市房地产开发房屋施工面积为 14055.3 万平方米，比上年增长 1.0%。其中，本年新开工面积为 1895.9 万平方米，比上年下降 36.9%（见表 2–10）。

截至 12 月底，住宅施工面积为 6895.6 万平方米，比上年增长 2.7%；其中，住宅新开工面积为 1025.9 万平方米，比上年下降 40.2%。

（二）2021 年房地产开发房屋施工情况（按区域分）

从区域上看，施工面积朝阳区最多，为 2257.3 万平方米，大兴区位于第二，为 1664.4 万平方米，分别占全市房地产开发房屋施工面积的 16.1% 和 11.8%（见表 2–11）。

表 2–9　2019—2021 年房地产开发资金来源情况统计表

单位：亿元

	2019 年	2020 年	2021 年
上年末结余资金	3872.4	4090.1	4375.8
本年资金来源小计	5672.5	5820.9	6524.3
国内贷款	1346.2	1423.1	923.6
利用外资	1.8	2.4	2.6
自筹资金	1205.0	1406.5	1715.6
定金及预收款	2516.7	2450.9	3114.8
个人按揭贷款	362.2	336.5	495.3
其他资金来源	240.6	201.5	272.4

表 2–10　2020—2021 年房地产开发房屋施工及新开工面积统计表

单位：万平方米，%

	2020 年	2021 年	同比增长
施工面积	13918.6	14055.3	1.0
新开工面积	3006.6	1895.9	–36.9

表 2–11　2021 年按区域分房地产开发房屋施工面积统计表

单位：万平方米

区域	施工面积	区域	施工面积
东城区	245.5	顺义区	1300.3
西城区	131.1	昌平区	1224.5

（续表 2-11）

区域	施工面积	区域	施工面积
朝阳区	2257.3	大兴区	1664.4
丰台区	1403.5	怀柔区	416.9
石景山区	540.5	平谷区	197.9
海淀区	1086.2	密云区	326.9
门头沟区	280.9	延庆区	337.6
房山区	817.0	开发区	311.3
通州区	1513.5		
合计	14055.3		

（三）历年房地产开发房屋新开工情况（按用途分）

2021 年，全市房地产开发房屋新开工面积为 1895.9 万平方米，比上年下降 36.9%。其中，住宅新开工面积为 1025.9 万平方米，下降 40.2%；办公楼为 74.6 万平方米，下降 42.9%；商业营业用房为 107.6 万平方米，下降 13.6%（见图 2-8）。

（四）房地产开发房屋竣工情况概述

2021 年，全市房地产开发房屋竣工面积为 1983.9 万平方米，比上年增长 28.3%。其中，住宅竣工面积为 981.1 万平方米，增长 34.7%（见表 2-12）。

（五）2021 年房地产开发房屋竣工情况（按区域分）

从区域上看，全市房地产开发房屋竣工面积为 1983.9 万平方米，海淀区最多，朝阳区位于第二，分别占 15.4% 和 13.2%（见图 2-9）。

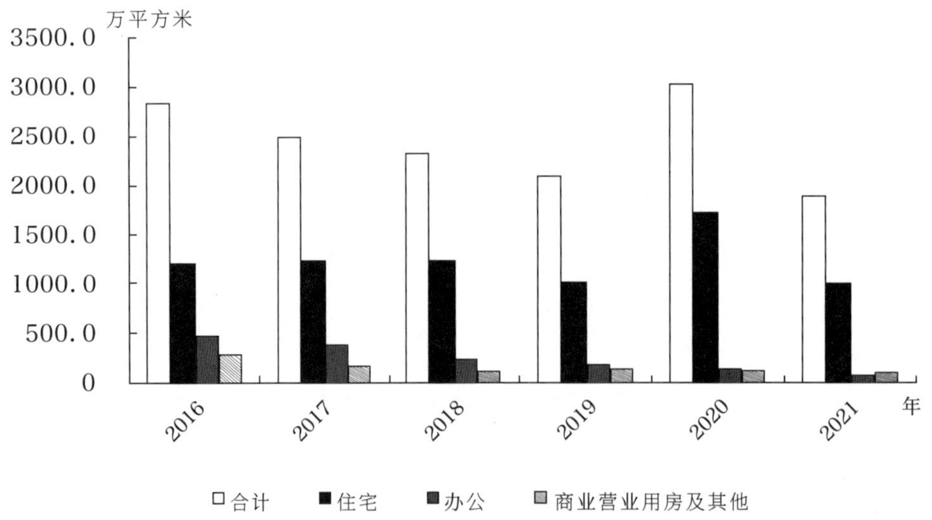

图 2-8　2016—2021 年房地产开发房屋新开工面积情况图

表 2-12　2020—2021 年房地产开发房屋竣工面积统计表

单位：万平方米，%

	2020 年	2021 年	同比增长
竣工面积	1545.7	1983.9	28.3
其中：住宅	728.5	981.1	34.7

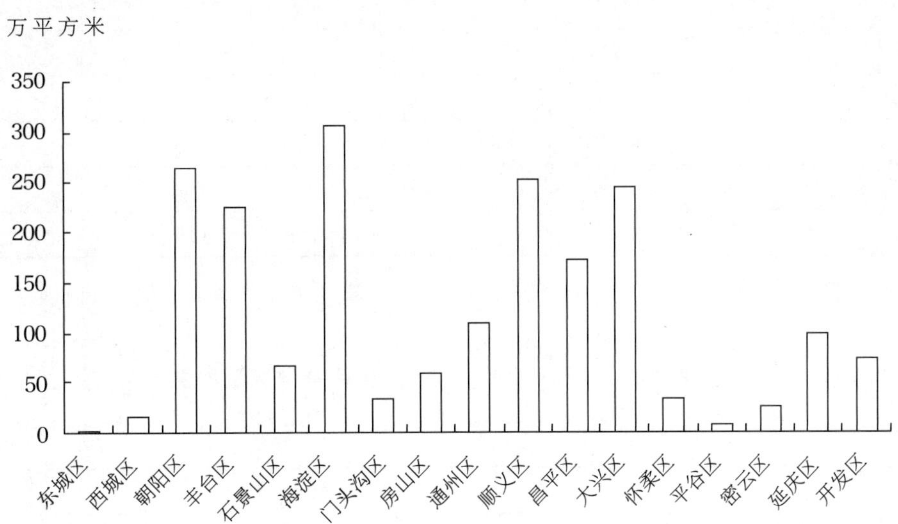

图 2-9　2021 年按区域划分房地产开发房屋竣工面积统计图

（六）历年房地产开发房屋竣工情况（按用途分）

2021 年，全市房地产开发房屋竣工面积为 1983.9 万平方米，比上年增长 28.3%。其中，住宅竣工面积为 981.1 万平方米，增长 34.7%；办公楼为 142.9 万平方米，下降 41.0%；商业营业用房为 191.6 万平方米，增长 101.5%（见表 2-13）。

三、商品房待售情况

截至 2021 年 12 月底，全市商品房待售面积为 2396.3 万平方米，比 2020 年末减少 57.9 万平方米。其中，住宅待售面积为 830.8 万平方米，比 2020 年末减少 51.1 万平方米（见表 2-14）。

（一）2021 年商品房待售情况（按区域分）

2021 年末，全市商品房待售面积从区域分布看，朝阳区待售面积最多，达 472.2 万平方米，占 19.7%；其次是顺义区，为 353.6 万平方米，占 14.8%，然后是大兴区，为 255.4 万平方米，占 10.7%（见图 2-10）。

2021 年末，全市商品房待售面积按时间划分，待售 1 年以内的面积为 455.8 万平方米，1—3 年的面积为 897.7 万平方米；3 年以上的面积为 1042.8 万平方米（见表 2-15）。

表 2-13　2014—2021 年按用途分房地产开发房屋竣工面积统计表

单位：万平方米

	合计	住宅	办公楼	商业营业用房
2014 年	3054.1	1804.3	387.5	216.2
2015 年	2631.5	1378.2	385.4	259.9
2016 年	2383.1	1275.2	343.7	171.6
2017 年	1466.7	604.0	321.2	166.9
2018 年	1557.9	731.2	249.9	162.8
2019 年	1343.3	583.2	290.3	98.6
2020 年	1545.7	728.5	242.2	95.1
2021 年	1983.9	981.1	142.9	191.6

表 2-14　2020—2021 年商品房待售情况统计表

单位：万平方米，%

	2020 年	2021 年	同比增长
待售面积	2454.2	2396.3	-2.4
其中：住宅	881.9	830.8	-5.8

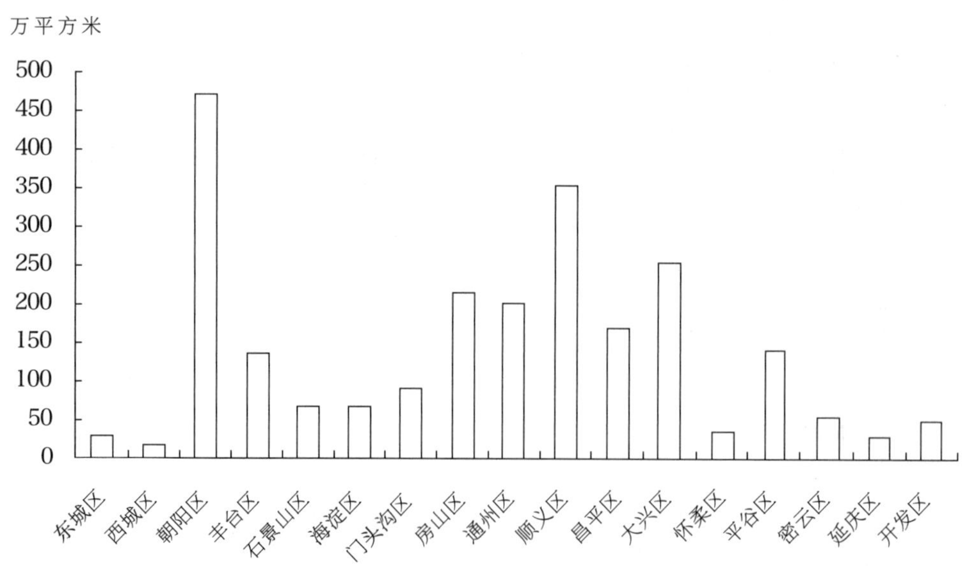

图 2-10　2021 年按区域分商品房待售面积情况统计图

（二）历年商品房待售情况（按用途分）

2021年商品房待售面积为2396.3万平方米，比上年下降2.4%。从用途上看，住宅待售面积为830.8万平方米，下降5.8%；办公楼待售面积为555.5万平方米，增长4.7%；商业营业用房待售面积为402.0万平方米，增长4.8%（见表2–16）。

表2–15　2014—2021年按用途分待售1—3年（含1年）商品房面积统计表

单位：万平方米

	合计	住宅	办公楼	商业营业用房
2014年	944.3	406.5	127.3	231.8
2015年	1016.4	434.5	138.5	233.9
2016年	1197.1	396.3	230.7	229.3
2017年	1190.4	382.0	233.9	249.3
2018年	968.2	344.1	168.8	171.0
2019年	1011.0	346.2	214.3	165.3
2020年	1049.3	341.2	261.6	165.8
2021年	897.7	280.2	278.7	109.6

表2–16　2014—2021年商品房待售情况统计表

单位：万平方米

待售	合计	住宅	办公楼	商业营业用房
2014年	2065.7	964.8	307.2	434.9
2015年	2168.1	867.7	332.5	461.3
2016年	2160.8	845.8	320.7	433.0
2017年	2092.1	811.2	336.1	429.6
2018年	2153.3	833.7	390.6	373.4
2019年	2489.5	893.1	569.0	369.9
2020年	2454.2	881.9	530.5	383.5
2021年	2396.3	830.8	555.5	402.0

第三节 人民生活

一、居民生活基本情况

2021年，北京市高度重视居民增收和促消费工作，居民收入保持稳步增长，居民消费支出平稳恢复。2021年，全市居民人均可支配收入75002元，同比增长8.0%，与2019年相比两年平均增长5.2%。其中，城镇居民人均可支配收入81518元，同比增长7.8%。全市居民人均消费支出43640元，同比增长12.2%，两年平均增长0.7%。其中，城镇居民人均消费支出46776元，同比增长12.1%。

（一）居民收入稳步增长

2021年，北京市居民人均可支配收入保持稳步增长。从收入水平看，北京市居31省（区、市）第2位，仅次于上海。从收入增速看，北京市居民收入同比增速落后全国1.1个百分点，与上海持平。

1. 四项收入增长“两快两稳”

构成居民人均可支配收入的四项收入全面增长，增速“两快两稳”：工资性收入、经营净收入保持两位数较快增长，财产净收入、转移净收入稳步增长。其中，工资性收入拉动作用明显。2021年居民人均工资性收入45675元，同比增长10.2%。工资性收入占可支配收入比重最高（60.9%），对居民收入增长的贡献率最大（76.1%）。2021年，北京市出台多项稳岗保就业政策，包括进一步优化营商环境促进小微企业发展，加强职业技能培训，引导教培机构人员转岗、提高最低工资标准等措施，多措并举促进居民工资性收入增长。财产净收入、转移净收入稳步增长。2021年，居民人均财产净收入12460元，同比增长5.7%，北京市租房市场回暖对居民财产净收入增长有带动作用。2021年，居民人均转移净收入15927元，同比增长3.5%，北京市年中调涨养老金和低保金标准，全年居民养老金离退休金同比增长4.9%，有力保障居民转移净收入实现稳步增长。

2. 城乡居民收入比明显下降

2021年，北京市农村居民人均可支配收入增速快于城镇居民，其中，四项收入增速均快于城镇居民。城乡居民收入比较上年同期下降0.06%。2021年北京市高度重视农村居民增收工作，市级各部门制定多项惠农政策，部分涉农区推出特色增收政策，上下联动推动农村居民收入较快增长：一是实施就业帮扶提高工资性收入，加快推进农村劳动力转移就业，带动农村居民工资性收入同比增长达到两位数；二是强化民生保障提高转移净收入，提高城乡居民基础养老金和福利养老金惠及近80万农村居民，发放煤改清洁能源补贴惠及近122万户农村居民，2021年，农村居民转移净收入同比增长明显快于城镇居民。

（二）居民消费支出平稳恢复

2021年，北京市居民消费支出保持平稳恢复。从消费支出水平看，北京市居民人均消费支出在全国31省（区、市）中排第2位，北京仅次于上海。从消费支出增速看，北京市居民人均消费支出同比增长12.2%，落后全国1.4个百分点，落后上海2.7个百分点。

1. 平均消费倾向提高，八大类消费全面增长

2021年，北京市疫情防控形势总体平稳，社会秩序运转良好，居民消费得到平稳恢复，消费需求逐步释放。2021年，北京市居民人均消费支出额已超过2019年水平，居民平均消费倾向为58.2%，同比提高2.2个百分点。分结构看，居民八大类消费实现全面增长，除居住外，其他七类消费支出实现两位数较快增长，教育文化娱乐、医疗保健、其他用品及服务同比增速均在20.0%以上。

2. 服务需求旺盛，服务性消费快速恢复

自2021年4月起，北京市举办“北京消费季”活动，制定多项促消费政策，居民购买服务热情高涨，2021年居民人均服务性消费支出同比增长14.9%，快于商品性消费6.2个百分点。居民在外饮食明显增加，居民其他在外饮食支出同比增长51.5%，支出额已恢复至2019年同期水平的95.6%；居民更注重居家生活质量，住房装潢支出同比增长73.0%，家庭服务支出同比增长34.5%；市郊民俗旅游、环球影城开业、冬奥会筹办等多重利好因素激发了居民文体消费积极性，居民文化娱乐服务支出同比增长11.4%，其中，景点门票同比增长42.3%，体育健身活动支出同比增长75.9%。

3. 消费结构转变，发展享受型消费占比提高

2021年，北京立足国际消费中心城市建设，大力发展高品质商圈、电子商务和首店经济，居民消费结构逐步转变，发展享受型消费增长较快，占居民消费支出比重提高。2021年，全市居民发展享受型消费支出同比增长18.2%，比生存型消费快9.0个百分点，占居民人均消费支出的比重提高1.8个百分点。“北京消费季”推出“家居节”“购物节”等活动，居民耐用消费品支出增多，全年生活耐用消费品支出同比增长18.7%，购买汽车支出同比增长23.9%；居民更加注重健康生活，医疗保健支出同比增长22.0%。

二、居民家庭居住情况

2021年，全市居民家庭现住房房屋来源以购买商品房为主。居住空间样式多选择小户型、经济型的二居室单元房。随着居民生活水平的提高，居民居住状况持续优化，居住条件和居住环境进一步改善。

（一）居住面积增加，住房条件向好

2021年，全市居民家庭的房屋来源以购买商品房和房改住房为主，两类住房来源占比为48.5%。随着居民生活水平的提高，房屋居住面积有所增加，住房内外设施日趋完善，住房条件明显向好。2021年，全市居民人均住房建筑面积35.6平方米，比上年末增加1.0平方米。其中城乡居民人均住房建筑面积分别为33.4和49.6平方米，比上年增加0.8和2.5平方米。同时，随着收入的增加和观念的更新，居民对居住的需求从单纯的居住面积增长逐步转向对住房质量和室内装修的追求。2021年，北京居民使用卫生厕所的户数达到99.4%，比上年提高0.1个百分点；使用净化处理自来水的户数比重为92.7%，比上年提高2.3个百分点；住宅外道路是水泥或柏油路面的户数占98.7%，比上年提高1.5个百分点。

（二）居住空间样式以二居室单元房为主

2021年，全市居民居住空间样式以单元房为主，占比为76.1%。其中，以二居室单元房为代表的小户型、经济型住房占比最高（47.1%）。其中，城镇居民家庭现住房空间样式为单元房的占比85.5%，比全体居民高9.4个百分点。随着居民收入的增加，居民对独立私人空间的追求意愿增强，居民居住三居室及以上单元房的占比有所增加，由上年的20.4%提高至2021年的20.7%。

（三）耐用消费品需求日益多元

居民购买耐用消费品更加注重追求生活享受，对耐用消费品的种类需求日益多元，对其样式、性能等方面的要求也越来越高，呈现出明显的品质化升级需求趋势。2021 年，全市居民中每百户家庭拥有电冰箱、热水器、洗衣机等厨卫设备的数量均在 100 台以上，这些生活必需类的耐用消费品渐渐成为家家必备品。随着居民生活观念的转变，居民对健康的关注度越来越高，对生活用品的环保特质等有了新的要求，空气净化器、吸尘器等渐受青睐。2021 年，全市居民家庭每百户空气净化器、吸尘器拥有量分别为 39 台、34 台，均比去年有所增加。

第三章

国土空间规划和自然资源管理

第一节　综述

2021年，市规划自然资源系统深入贯彻习近平总书记对北京重要讲话精神，大力推动规划自然资源事业创新发展，各项工作取得新进展、新成效。

坚持首都规划权属党中央。健全首规委会议机制，组织召开中央和国家机关落实两个规划动员部署会、首规委全会，凝聚央地协同落实首都规划的合力。首规委办进一步做实做强，搬回首都功能核心区，与中直管理局、国管局实现一体化办公。首都防疫设施专项规划等8个重大事项向党中央报告。

深化完善首都规划体系。完成城市总体规划、核心区控规、城市副中心控规实施评估体检，并将评估体检情况上报党中央、国务院。编制国土空间近期规划，明确城市总体规划实施第二阶段目标任务。统筹分区规划实施。深化控规管理改革，制定控规实施管理办法。组织各区按需启动、有序编制街区控规，实现对中心城区及新城地区街区指引全覆盖。

突出政治中心功能建设。将政务功能服务保障摆在首位，推动部分中央党政机关办公功能向长安街相对集中布局，中央党政机关空间资源摸底取得阶段性成果；协调推进雁栖湖国家功能区规划建设。落实核心区控规，推进中南海及周边、天安门—长安街等重点地区综合整治，实施三山五园地区整体保护规划，强化玉泉山地区管控引导；持续开展长安街纵深一公里背街小巷精细化整治，加强中轴线重要节点周边环境整治和风貌管控；编制核心区建筑高度管控专项规划，严控新建高层建筑审批。

稳步推进城市副中心规划建设。有序推动行政办公区等重点地区规划建设，深化城市副中心防疫设施等专项规划研究。健全规划实施机制，保障北京环球影城主题公园开园，推进城市副中心站综合交通枢纽等重大项目实施。推进拓展区新型城镇化路径研究，强化与北三县地区联动，完成交界地区生态绿带规划。

深化城乡统筹发展。启动乡镇国土空间规划编制，2911个应编村庄规划全部获批。首次制定绿隔地区“十四五”建设发展规划、城乡接合部减量发展三年行动计划，编制二道绿隔地区减量提质规划。全面推进一道绿隔地区规划实施，开展规划实施联合督查。

坚持规划引领项目生成。街区控规对“十四五”时期重点任务支撑率达到八成，保障冬奥场馆等一批重大项目落地。市、区两级联动有明显进步，运用信息平台督办推进项目1170个，协调解决各区痛点难点问题208项。传导规划实施责任，带动各区创新规划实施路径，海淀五塔寺等项目规划实施方式有重大突破。规划实施专员制发挥作用，在小米二期项目中，仅用时84天办理完成土护降开工全部手续。

持续打造一流营商环境。办理建筑许可4.0版改革任务全部落实到位，完成世界银行磋商，办理建筑许可指标连续3年全国排名第一。搭建低风险工程“一站通”服务系统，实现“一网通办”，835个低风险项目享受到改革红利，240个项目完成全流程。不动产登记领域营商环境进一步优化，登记财产指标在全国领先。

完善城市更新政策路径。编制城市更新专项规划，出台“1+4”政策，制定建设用地功能混合使用管理办法。牵头建立城市更新示范项目库和典型案例库，指导望京小街等一批典型项目实施。推进 71 个轨道微中心站城一体，探索地铁站点与周边公共空间融合改造模式。出台既有建筑改造消防设计“北京标准”，破解城市更新“堵点”，解决回天地区一批“小”设施更新改造难题。

加大重点文物腾退力度。推进中国医学科学院等单位搬迁腾退选址，推动太庙、社稷坛、天坛、先农坛等重点文物腾退，完成贤良祠腾退。强化历史文化资源活化利用，皇史宬北院、清陆军部旧址向社会开放，国立蒙藏学校旧址修缮利用取得进展。开展北大红楼、李大钊旧居等 30 余处中国共产党早期北京革命活动旧址保护修缮。完成积水潭医院新街口院区新北楼拆除。

做好土地供应及开发利用监管。供应建设用地 3328 公顷。完成出让国有建设用地使用权基准地价更新。处置闲置土地 602 公顷，超额完成自然资源部下达的任务。推动历史遗留项目代征道路用地移交。强化非建设空间管控。统筹划定永久基本农田、生态保护红线、城镇开发边界，推动建设活动逐步向城镇开发边界内集中。

多措并举保障住有所居。供应住宅用地 1066 公顷，其中商品住宅用地成交 333.35 公顷。坚持“房地联动、一地一策”，推出多项首创政策，设置最低品质保障要求和高标准方案投报评选环节，实现限地价、控房价、提品质多重目标。供应租赁住房用地 307 公顷，优先在产业园区、轨道站点周边选址。

耕地保护实现转折。全市耕地保有量回升到 166 万亩（11.07 万公顷）以上。完成新一轮 200 万亩（13.33 万公顷）耕地保护空间划定和市级初审。完善耕地保护激励补偿机制，制定耕地保护补偿资金管理暂行办法，维护被征地农民合法权益。落实“田长制”，建立“三长联动”工作底图，在通州区开展试点。

夯实全要素自然资源底数。三调数据向社会发布，自然资源调查监测体系进入起步阶段。首次向市人大常委会报告国有自然资源（资产）管理情况。开展自然资源资产所有权委托代理机制试点，取得阶段性成果。房地一体的宅基地确权登记工作方案获市政府批复。

实施生态系统整体保护修复。完成常规矿山治理任务，全市生态安全格局专项规划、国土空间生态修复规划、拆违腾退用地生态修复规划、密云水库上游地区空间保护规划等多部重要生态规划相继成型。

推动城市精细化智能化治理。打造智慧城市“一张图”数字底座，持续推进“天地图·北京”平台建设。开展新型国家基础测绘试点。搭建基础设施信息化平台。发布城市设计导则，试点推行建筑师负责制。建设符合“双奥”城市标准的无障碍环境，无障碍环境建设条例施行，构建全龄友好无障碍标准体系。发挥责任规划师作用，完成 8 个“小空间大生活”试点项目。加强地名管理，开展地理信息安全检查。

着力改善交通出行条件。在规划体系建设上，完成轨道交通线网规划，公交场站、慢行系统规划获批。在项目库建设上，进一步完善市政交通基础设施建设项目规划储备库，新开通 9 条（段）城市轨道线路。在京津冀交通联系上，广渠路东延顺利通车，京雄高速（北京段）、国道 109 新线高速建设提速。

有力保障城市安全运行。应对极端天气，着力提高市政基础设施韧性水平，持续推进地下管线消隐和城市内涝治理。开展地质灾害综合风险普查，编制“十四五”地质调查及地质灾害防治规划。做好应急值守，累计排查地质灾害隐患点4739处，发布地质灾害预警215次，处理突发地质灾害104起，人员“零伤亡”。

着力解决“接诉即办”反映问题。持续化解历史遗留房产证办证难问题，为198个项目、16.8万套房屋打通办证路径。“12345”自办件在市级部门月度考核中有8个月获满分。强化主动治理，信访总量持续下降，重复访治理攻坚工作初显成效。

依法依规开展督察。配合国家自然资源督察北京局开展2021年耕地保护督察，落实督察警示约谈制度。发挥市总督察办在推动城市总体规划实施中的作用，对通州区试点开展自主例行督察。跟进200万亩（13.33万公顷）耕地保护空间优化过程督察，开展多项市级专项督察。

治理违法建设成效明显。全面推进“基本无违法建设区”创建，平谷区、延庆区、经济技术开发区（园区部分）实现创建目标。强化规划引领拆违腾地，拆除违法建设2801万平方米，腾退土地销账3316公顷。

不断提升常态化执法水平。开展执法检查70964件，人均执法121件。严肃查处违法违规占用耕地问题，遏制耕地“非农化”“非粮化”。坚定有序推进违建别墅、农村乱占耕地建房、公共公益类违法用地违法建设等专项整治。

第二节　国土空间规划

一、轨道交通线网规划通过审议审查

2021年2月19日，市委城工委召开主任专题会，审议通过《北京市轨道交通线网规划（2020年—2035年）》。3月16日，市政府召开常务会议，研究通过轨道交通线网规划。3月24日，市委常委会召开会议，研究通过轨道交通线网规划。9月18日，住房和城乡建设部召开专家审查会，审查通过轨道交通线网规划。12月9日，轨道交通线网规划公示，公示期为30天。

二、三山五园地区整体保护规划获批

2021年2月24日，《三山五园地区整体保护规划（2019年—2035年）》经首规委办第3次主任办公会研究通过，以首规委名义向党中央、国务院报告。9月30日，市政府批复该规划。该规划明确三山五园（三山：万寿山、香山、玉泉山；五园：颐和园、静宜园、静明园、畅春园、圆明园）地区“首都功能建设重要承载区、国家历史文化传承典范区、东方人居环境杰出代表区”定位。

三、南中轴地区规划获批

2021年2月24日，《南中轴地区规划（2020年—2035年）》经首规委办第3次主任办公会研究通过，以首规委名义向党中央、国务院报告。9月30日，市政府批复该规划。该规划明确南中轴地区“大国首都功能的新兴承载区、中华文化自信的重要彰显区、生态文明城市建设的样板区、首都南部崛起的核心引领区和和谐宜居城市建设的示范区”定位。

四、“十四五”矿山生态修复规划印发实施

2021年4月7日，市规划自然资源委印发实施《北京市矿山生态修复“十四五”规划（2021年—2025年）》。规划提出“十四五”期间全面实施矿山生态修复工程，推动修复模式从分散无序向规划引领转变，修复方法从消灾复绿向综合利用转变，修复效果从形态恢复向功能完善转变，保障首都生态安全、提高城市韧性，实现生态效益、经济效益和社会效益的有机统一。提出到2025年，消除或减轻矿山地质灾害隐患威胁43处；人工修复类治理项目全部完成，治理率达到100%；西部、北部矿区完成1—2个具有特色的综合利用类项目。明确采取自然恢复、人工修复、综合利用3种修复方式，对全市未治理的1373公顷废弃矿山及裸露岩壁予以“销账归零”。

五、市（域）郊铁路功能布局规划编制完成

2021年4月9日，中国国家铁路集团有限公司、北京市（以下简称“路市双方”）签署《关于深化铁路领域战略合作的框架协议》，要求市规划自然资源委尽快编制上报北京市（域）郊铁路功能布局规划，由国铁集团、市政府会签后共同发布。6月，市规划自然资源委基于北京市（域）郊铁路线网规划，编制形成北京市（域）郊铁路功能布局规划。12月，经多次对接修改，路市双方在规划理念、思路、技术等方面基本达成一致。

六、城市副中心站综合交通枢纽地区规划综合实施方案公示

2021年4月，《北京城市副中心站综合交通枢纽地区规划综合实施方案》（草案）上报城市副中心党工委管委会。10月29日至11月27日，方案（草案）公示。该方案由城市副中心管委会、市规划自然资源委、通州区政府共同组织编制，着眼于“新一代国际化商务区、站城融合发展示范区”战略定位，以客流、商流、信息流框定空间格局，形成“三轴三带、一心多点”（三轴：生态文化轴、空间景观轴、轨道换乘轴；三带：运河水岸带、六环公园带、城市景观带；一心：创新金融商务中心；多点：城市副中心站、运河码头、水岸公园、家园中心）城市空间结构，明确到2025年、2035年的发展目标。

七、市政基础设施专项规划获批

2021年5月19日，《北京市市政基础设施专项规划（2020年—2035年）》获市政府批准。该规划以问题为导向，以资源环境承载能力为刚性约束，落实城市总体规划提出的目标任务，结合全市水资源、能源、环卫、通信等行业发展战略，与各分区规划紧密衔接，绘制蓝绿交融、低碳生态、智慧高效、区域协同的市政基础设施一张蓝图。

八、地面公交系统专项规划审议通过

2021年7月15日，《北京市地面公交系统专项规划》经市委专题会审议通过。该规划按照“分类施策、优化布局，综合利用、节约用地，动态平衡、有序衔接，强化实施、明确路径”工作思路，在空间上注重地面公交与轨道交通协调发展，分圈层明确地面公交定位作用，分区域分类别优化场站布局；在投资上鼓励场站综合开发，与城市融合发展，集约节约用地；在步骤上突出问题导向，推进临时场站向规划场站平稳有序转移；在落实上强化政策研究，根据场站类型明确实施路径。该规划以首都功能核心区公交场站优化提升为抓手，结合中心城区公交服务水平提升、轨道交通与地面公交“两网”融合、城市重点功

能区建设和新城地区公交体系完善需求，提出“十四五”时期场站建设计划。

九、慢行系统规划获批

2021年7月15日，市委城工委召开主任专题会议，审议通过《北京市慢行系统规划（2020年—2035年）》。9月2日至10月1日，慢行系统规划（草案）公示。11月16日，《北京市慢行系统规划（2020年—2035年）》获市政府批准。该规划提出全市慢行系统规划的总体目标、分阶段发展目标、规划指标体系，形成“线贯通、点覆盖、增体验、定规则”规划方案，重点围绕“保障慢行路权、改善慢行环境、加强精细化管理、项目化推进、完善指标体系”，提出“保路权、补短板、提品质、广宣传”实施策略，并从规划编制、系统建设、环境整治、空间融合、宣传教育5个方面制定实施工作方案。

十、公交场站专项规划获批

2021年7月15日，市委城工委召开主任专题会议，审议通过《北京市公交场站专项规划（2020年—2035年）》。8月17日至9月15日，公交场站专项规划（草案）公示。11月16日，《北京市公交场站专项规划（2020年—2035年）》获市政府批准。该规划以公交首末站和停保站为主，规划公交场站1113处，用地规模约680公顷，通过“以站定网、智能调度”，强化“分区引导、两网融合、功能复合、项目推进”，更好满足公交线网功能设置需要，主动适应城市空间布局调整。

十一、公安派出所设施专项规划印发实施

2021年7月31日，《北京市公安派出所设施专项规划（2020年—2035年）》经市政府审议通过。8月25日，市公安局、市规划自然资源委联合印发实施该规划。该规划把提升首都城市治安水平、做好基层公安管理服务放在首位，梳理各类站所设施现状，统筹户籍、治安、警务工作室（站）等各类站所；结合空间数据模型分析和典型地区调研，考虑城市不同圈层差异化特点，研究确定相关站所规划建设标准、空间布局等方面的要求；完善近期建设项目库。

十二、城市副中心防疫设施专项规划审议通过

2021年7月，《北京城市副中心防疫设施专项规划（2020年—2035年）》经城市副中心党工委管委会审议通过。该规划按照“高保障、低影响”原则，以“确保小疫如常、实现中疫无恙、力争大疫不乱”为目标，确定“防控有效、救治有序、保障有力、转换有度”4大要点和15条策略，构建26项指标体系，明确各领域工作任务、转换方式和实施时序，形成1本规划文本、1本实施行动指南和1本设计技术导引。

十三、“十四五”绿化隔离地区建设发展规划印发

2021年9月28日，市城乡接合部建设领导小组印发《北京市“十四五”时期绿化隔离地区建设发展规划》。该规划是首都绿化隔离地区（以下简称“绿隔地区”）编制的第一个五年规划，首次将一道绿隔地区和二道绿隔地区合二为一；明确到2025年一道绿隔地区实现城乡建设用地减量7—10.5平方千米，二道绿隔地区实现城乡建设用地减量20—30平方千米；建立绿隔地区“十四五”时期重点项目库。

十四、国土空间近期规划审议通过

2021年11月17日，《北京市国土空间近期规划（2021年—2025年）》（草案）（以下简称“近期规划”）公示，公示期为30天。11月30日，市政府召开常务会议，审议通过近期规划。12月15日，市委常委会召开会议，审议通过近期规划。近期规划系统谋划城市总体规划实施第二阶段（2021年—2025年）目标指标和重点任务，推动城市总体规划实施各项任务分阶段、按时序分解落实；在横向上衔接全市国民经济和社会发展“十四五”规划和各类专项规划，搭建5年期国土空间开发保护框架，对5年期重大战略、重点项目落地形成空间引导和支撑保障；从规划编制，重点功能区、重大项目，专项工作，政策机制4个方面梳理形成重点任务清单。

十五、停车专项规划三年行动计划发布实施

2021年12月10日，《北京市停车专项规划三年行动计划（2021年—2023年）》发布实施。该行动计划坚持绿色出行优先的目标导向和缓解停车矛盾突出的问题导向，注重政策机制建设，强调综合施策，突出重点地区和重点领域治理，从“夯实基础、政策先行，聚焦矛盾、专项治理，强化执法、宣传引导”3个方面提出15项重点工作任务。其中，从智能化、供需关系、严格执法等方面提出的8个考核指标，纳入年度停车专项治理评价考核工作。

十六、轨道交通第三期建设规划审议通过

2021年内，市规划自然资源委、市发展改革委、市交通委、市重大项目办等部门持续推进北京市轨道交通第三期建设规划编制。规划编制贯彻“城市跟着轨道走”的发展理念，以提高绿色出行比例、提升服务水平为目标，以拉开城市发展框架、破解近期发展重点问题、服务近期重点区域、提升可持续发展效益和质量为核心，以明确目标、厘清需求、找准瓶颈、统筹资源、刚弹（刚性管控与弹性引导）管理为规划策略，以轨道交通线网规划为基础，结合全市近期建设规划，建立轨道交通项目库并配套生成约束条件、鼓励政策，形成第三期建设规划。3月16日，市政府召开常务会议，研究通过第三期建设规划项目库。3月24日，市委常委会召开会议，研究通过第三期建设规划项目库。12月16日，第三期建设规划经市政府专题会审议通过。

十七、国际交往中心重点区域重大项目规划编制实施

2021年内，市规划自然资源委落实《北京推进国际交往中心功能建设专项规划》，持续完善国际交往中心功能体系和空间布局，加强国际交往重要设施和能力建设。4月21日，《东坝地区规划建设方案》经北京推进国际交往中心功能建设领导小组全会审议通过。持续推进第四使馆区规划实施和基础设施建设，推进大兴会展中心和新国展二、三期建设，以雁柏山庄、栖湖组团等项目建设推动雁栖湖国际会都扩容提升。国家会议中心二期按期完工，并将北京冬奥会赛时部分交付北京冬奥组委使用。

十八、开展二道绿隔地区减量提质规划编制

2021年内，市城乡办、市规划自然资源委联合成立二道绿隔地区规划编制工作专班，共同编制二道绿隔地区减量提质规划。7月13日，市城乡办、市规划自然资源委联合印发《北京市第二道绿化隔离地区减量提质规划编制工作方案》，

明确工作目标、规划框架、任务分工等内容。工作专班对标城市总体规划、分区规划，启动规划编制；以实施为导向，探索实施路径，构建全域全要素管控体系。10月27日，市城乡办、市规划自然资源委联合印发《关于加强第二道绿化隔离地区先行管控减量提质工作意见》，在编制减量提质规划同时，先行开展二道绿隔地区减量管控。截至年底，形成二道绿隔地区减量提质规划阶段成果。

十九、城市总体规划实施第一阶段评估

2021年内，北京市落实“一年一体检、五年一评估”要求，在2018—2020年连续三年开展城市体检基础上，组织开展城市总体规划获批后的首次评估。评估对照城市总体规划提出的2020年近期目标，采用自评估与第三方评估同步进行的方式，结合市民满意度调查和市民服务热线，对城市总体规划实施和城市发展状态进行评价。评估综合应用时空多源数据及新技术手段，总结城市总体规划实施第一阶段（2016—2020年）在首都功能、城市规模、空间布局、生态底线、名城保护、大城市病治理、安全韧性、城乡统筹、区域协同、实施保障10个方面的实施成效，明确实施需要关注的问题，提出实施第二阶段（2021—2025年）重点工作。评估形成总报告和“一张表、一清单、一套图、一调查、一平台”的“1+5”成果。7月20日，市政府召开常务会议，审议通过城市总体规划实施评估报告。7月28日，市委常委会召开会议，听取城市总体规划实施评估情况汇报。9月24日，市十五届人大常委会第三十三次会议听取审议市政府关于城市总体规划实施评估情况报告。11月2日，评估成果经首规委第42次全会审议通过。11月30日，评估成果上报党中央、国务院。

二十、核心区控规实施首次体检

2021年内，首规委办完成核心区控规实施首次体检（2020年度）。体检聚焦党中央、国务院批复要求，围绕“首都规划体系、政务服务保障、疏解减量提质、老城整体保护、街区保护更新、民生改善、城市安全、首都治理”8个方面进行。体检表明，首规委和北京市坚决落实党中央、国务院批复要求，克服新冠肺炎疫情影响，全面推进核心区控规实施，各项规划建设项目顺利启动并取得阶段性进展；核心区控规各项指标完成较好，34项指标按照确定目标取得较好进展，5项指标保持不变，34项指标中，人均公共文化服务设施建筑面积、水功能区水质达标率、千人医疗卫生机构床位数3项指标提前实现核心区控规确定的2035年目标，常住人口规模指标超额完成城市总体规划确定的阶段性目标。体检发现，需要重点关注“政务功能布局须持续优化提升，相关服务配套有待进一步统筹；减量路径有待进一步拓展，特别是纵深推进须重点突破；文物腾退机制尚不完善，活化利用方式有待进一步创新；街区保护更新面临多重挑战，可持续发展模式有待进一步探索；部分民生需求近期压力较大，‘一老一小’问题有待进一步破解。”5个方面的问题。7月27日，市政府召开常务会议，审议通过核心区控规实施体检报告。7月28日，市委常委会召开会议，听取核心区控规实施体检情况汇报。11月2日，体检情况经首规委第42次全会审议通过，并于会后上报党中央。

二十一、国土空间生态修复规划审议通过

2021年内，市规划自然资源委持续推进《北京市国土空间生态修复规划（2021年—2035年）》编制。规划以统筹山水林田湖草一体化保护修复

为主线，聚焦生态空间、农业空间、城镇空间三大空间，明确自然恢复、辅助修复、生态重塑3种生态修复方式和矿山修复、农田修复、城市绿地修复、水源涵养修复、水土流失修复、洪涝高风险区修复、热岛高风险区修复、复合功能修复、生态系统质量提升9种生态修复类型，统筹部署8大重点生态修复工程，明确18个生态修复分区的重点工作和39项重点任务，推进全域全要素系统修复。9月18日至10月17日，规划草案公示。12月6日，市政府召开常务会议，审议通过该规划。

二十二、生态安全格局专项规划审议通过

2021年内，市规划自然资源委编制完成《北京市生态安全格局专项规划（2021年—2035年）》。该规划是全市非建设空间的规划指引，面向京津冀生态协同保护，本着尊重现状、“多规合一”原则，以保障首都生态安全为目标，对首都生态安全格局进行统筹谋划和系统构建，通过生态要素统筹、生态格局构建、生态空间管控、生态品质提升，构建横向到边、纵向到底、闭环协同的国土空间生态规划体系，明确首都生态空间格局与统筹实施路径。主要内容包括：摸清全市山水、林田、湖草底数，搭建多层级、多尺度的首都生态安全格局框架，统筹考虑水、林、田、生物、水源涵养、水土保持、地质安全、文化、游憩9类要素，通过生态过程分析与综合生态评价，构建市域综合生态安全格局；识别影响生态安全的“卡脖子”问题，包括低质低效林、宜林荒山等影响生态质量和碳汇效能的薄弱地区，林田水空间矛盾区域及现状建设用地与生态安全格局冲突区域，中心城游憩服务盲区，19条通风廊道、101条生物廊道等关键廊道的断裂点和堵点等；建立分级分类的生态空间管控体系，明确生态保护修复要求和矛盾冲突处理原则，制定差别化管控策略和准入要求，促进精细化生态治理。9月22日至10月21日，规划草案公示。11月1日，市委生态文明建设委召开专题会，审议通过该规划。12月6日，市政府召开常务会议，审议通过该规划。

二十三、一绿地区规划实施专项督查

2021年内，市城乡办、市规划自然资源委联合成立一绿地区规划实施督查领导小组，下设督查领导小组办公室，政策保障组，督查一、二、三、四组“一办五组”，通过分组摸底、分片包区等方式，对一绿地区各实施单元规划实施方案编制、征收腾退、拆违腾地、规划建绿、回迁房及配套基础设施建设、劳动力安置等重点任务推进情况，分为摸清底数、制定计划、整改落实“三个阶段”，开展一绿地区规划实施专项督查。10月25日，市规划自然资源委、市城乡办印发《关于开展北京市一绿地区规划实施督查的通知》。11月11日，市规划自然资源委、市城乡办召开一绿地区规划实施督查工作部署视频会，对专项督查工作进行部署安排。11月至12月，“一办五组”克服新冠肺炎疫情影响，多次组织视频会议和现场调研，梳理情况、汇总数据。截至年底，完成督查第一阶段摸清底数工作并形成《一绿地区规划实施督查摸底情况报告》。

二十四、城市总体规划实施工作方案审议通过

2021年内，市规划自然资源委编制完成《北京城市总体规划实施工作方案（2021年—2025年）》。实施工作方案坚持目标导向和问题导向，从重点任务、指标体系、空间指引、项目生成平台、保障机制5个维度，构建城市总体规划实

施第二阶段（2021—2025年）组合政策工具。11月30日，市政府召开常务会议，审议通过实施工作方案。12月15日，市委常委会召开会议，审议通过实施工作方案。

二十五、控规编管体系构建

2021年内，市规划自然资源委探索减量背景及资源紧约束条件下的控规编制路径和方法，强调空间、时间、运行、实施维度“四统一”，推进控规可落地、可实施、可操作。提出“管控图则+引导导则+管理规则”的控规编制管理体系，强调“刚弹（刚性管控与弹性引导）兼备、控导结合”，构建“1+5”控规整体运行框架（“1”：“总体规划—分区规划—街区控规—综合实施方案”的实施管理路径；“5”：街区指引、管理办法、管控规则、数据库、预警监测平台）。12月15日，市政府批复《北京市控制性详细规划实施管理办法（试行）》。该《办法》自印发之日起试行，试行期3年。

二十六、“十四五”政务功能优化提升实施规划编制完成

2021年内，首规委办编制完成《北京市“十四五”时期政务功能优化提升实施规划》。该规划在总结全市“十三五”时期政务功能优化提升工作成效基础上，对标成为拥有优质政务保障能力和国际交往环境的大国首都战略目标，提出全市“十四五”时期政务功能优化提升的规划原则、规划目标；从实施层面落实核心区控规等上位规划要求，对全市政务功能优化提升工作进行统筹和整合，形成“十四五”时期具体任务。

二十七、科技创新建设功能实施指引编制完成

2021年内，市规划自然资源委编制完成《北京科技创新建设功能实施指引》，支撑城市总体规划实施评估、《北京市国土空间近期规划（2021年—2025年）》等市级重点规划编制，以及全市高水平人才高地划定、独角兽企业聚集区选址等工作。

二十八、推进公共服务设施专项规划编制

2021年内，市规划自然资源委落实《北京城市总体规划实施工作方案（2017年—2020年）》，推进公共服务设施专项规划编制，联合有关部门编制完成体育设施专项规划、殡葬设施专项规划、公安派出所设施专项规划、医疗卫生设施专项规划、养老服务专项规划、教育设施专项规划等公共服务设施专项规划。

二十九、街区指引技术统筹

2021年内，市规划自然资源委开展街区指引技术统筹，指导各区开展街区指引编制，在市级层面做好统筹调度。依据全市国土空间规划体系构建要求，优化深化街区指引技术内容，完善“街区指引编制技术要点”“街区指引数据库标准”等技术标准。对各区街区指引成果进行汇总、校核、分析，在全市层面研判空间资源特征、趋势与问题，不断优化成果。依托街区指引成果，为市级决策提供技术分析与支撑。截至年底，各区街区指引成果上线试运行。北京市在构建详细规划编制管理体系过程中，统筹分区规划与详细规划两大类别，探索创建“街区指引”工作层级。自2019年以来，全市13个区（不含东城区、西城区、通州区）及经济技术开发区持续推进街区指引编制，划定街区，传导落实分区规划重要指标和系统性内容。

三十、120 个乡镇国土空间规划编制审查

2021 年内，市规划自然资源委有序推进全市乡镇国土空间规划编制报审，形成“一个工作方案 + 一个编制导则、一个指导意见、一个编审流程、一个审查要点、一个数据平台 + 生态指引、土地综合整治规划指引等”的“1+5+N”工作体系，制定工作技术规范，搭建乡镇国土空间规划市级层面“多规合一”联审平台。建立月调度、月报送工作机制和问题反馈机制，每月召开调度会，掌握各区编制报审进展，协调解决相关问题。截至年底，全市需要编制乡镇国土空间规划的 120 个乡镇（含通州区 9 个），全部启动编制工作；正在履行市级审查的 15 个。

三十一、2911 个应编村庄规划全部获批

2021 年内，市规划自然资源委落实市委、市政府《实施乡村振兴战略　扎实推进美丽乡村建设专项行动计划（2018—2020 年）》要求，配合市农村农业局开展全市村庄规划编制。截至年底，全市 2911 个应编村庄规划全部获得区政府批复。

三十二、“十四五”二道绿隔地区建设发展规划编制完成

2021 年内，市城乡办编制完成《北京市“十四五”时期第二道绿化隔离地区建设发展规划》。这是二道绿隔地区的第一个五年规划。该规划坚持保障首都功能、提高生态功能、以人民为中心、城乡统筹发展等原则，谋划二道绿隔地区近期建设发展新格局；以生态引领减量实施，分解 5 年减量任务到各区，引导生态高值区优先减量，明确减量提质重点实施地区，推动减量从规模任务向空间任务转变；以指标、任务和项目为抓手，围绕减量、提质、增绿目标要求，明确关键领域的约束性指标，分解市级相关部门实施任务，明确相关区的实施项目清单，形成各领域共同发力的行动框架；探索多元路径实施方式和政策保障，推动更大范围的资源统筹。

三十三、通州区与北三县交界地区生态绿带规划编制完成

2021 年内，《通州区与廊坊北三县交界地区生态绿带规划》编制完成。规划范围为北京市通州区与河北省廊坊市三河市、大厂回族自治县、香河县三县市交界地区的生态绿带，面积约 211.1 平方千米，其中通州区一侧面积约 100.1 平方千米。该规划按照“统一规划、统一政策、统一标准、统一管控”协同原则，整合《廊坊北三县交界地区生态绿带控制性规划（生态景观板块）》（廊坊市政府 2019 年组织编制）和《北京市通州区与河北省三河、大厂、香河三县市交界地区生态绿带专项规划》（北京市政府 2020 年组织编制）成果，同步制定规划实施工作方案，重塑交界地区空间秩序。

三十四、推进城市总体规划实施

2021 年内，市规划自然资源委持续统筹推进城市总体规划实施，进一步完善《总体规划实施工作专班组织方案》（以下简称《组织方案》），制定《总体规划实施工作专班 2021 年度重点任务分工表》（以下简称《重点任务分工》），并印发实施。工作组织上，整合工作专班框架，将原总体规划组、详细规划组、专项规划组整合为规划编制组；将原重点地区重大项目组、核心区组、城市副中心组整合为国土空间规划实施组；落实中央巡视整改要求，对标全市国民经济和社会发展“十四五”规划实施重点任务，整合形成规划治理组、城市更新组、生态文明组；保留原

政策机制组、信息平台组、体检评估组；维持“一办八组”工作框架。任务内容上，简化整合《重点任务分工》为159项，结合国土空间近期规划编制，根据城市总体规划实施第二阶段新形势新要求，明确工作重点，在原专班重点任务基础上，结合工作进展进行更新，持续加以推动；对接市级督察考评任务，明确市级督察考评任务落实主体责任；衔接全市国民经济和社会发展“十四五”规划纲要市级分工方案，同步推动任务落实。截至年底，完成工作专班2021年度重点任务。

三十五、城市副中心控规实施评估

2021年内，城市副中心管委会、市规划自然资源委共同完成城市副中心控规实施评估，形成《北京城市副中心控制性详细规划实施评估报告（2016年—2020年）》。评估紧扣党中央、国务院批复要求，聚焦城市副中心控规实施质量与进度，突出目标导向、结果导向、问题导向，梳理总结“疏解整治促提升”、规划自然资源领域问题整改、“大城市病”治理、安全生产等方面经验教训，应用第三方、大数据等资源，明确城市副中心控规实施第二阶段重点工作。评估报告经市委、市政府、市人大和首规委审议通过，上报党中央。

三十六、城乡接合部减量发展三年行动计划编制完成

2021年内，《北京市城乡接合部减量发展三年行动计划（2021—2023年）》编制完成。该计划突出城乡接合部建设的战略重点，推进城乡接合部大幅度减量，较2020年，减少建筑规模1100多万平方米，减少城乡建设用地25—26.9平方千米；推进城乡接合部大尺度绿化，绿隔环状闭合、有机隔离；推进城乡接合部大力度提质，扩大公共服务设施等用地供应，建设韧性城市和宜居城市；推进城乡接合部精准化治理，聚焦人、房、地、业、产、绿等重点，完善治理体系。

第三节　土地资源

一、推进解决不动产登记历史遗留问题

2021年2月，历史遗留项目不动产登记问题被纳入全市“接诉即办”“每月一题”主题。3月29日，全市召开第一次不动产登记历史遗留问题市级联席会，市规划自然资源委汇报不动产登记历史遗留工作、存在问题、下步工作建议，解读相关政策文件。2021年内，市规划自然资源委作为牵头单位，从组织领导、协调沟通机制建设、政策制定和补缺、工作方式探索与创新等方面突破。各区工作专班持续发力，加速化解不动产登记历史遗留项目。市、区两级不动产登记部门协同配合、共同推进问题解决。朝阳区在14个街道、地区办事处设置居民接待点；海淀区实现商品房类遗留项目“清零”，花园新区项目被选为北京卫视“局处长走流程”拍摄案例；丰台区彩虹家园历史遗留项目推进受到中央和北京20余家媒体报道；通州区建立“1本项目总台账、每周1次调度会、每月1期专报”的“1+1+1”工作机制。截至年底，全市为198个项目16.8万

套房屋解决登记难题，较年初预定目标超额完成6.8万套。从任务完成比例来看，密云区、平谷区、大兴区、怀柔区、通州区、房山区、海淀区、石景山区8个区完成比例较高，均超过140%；从解决量来看，朝阳区、海淀区、通州区、丰台区4个区较为突出，其中朝阳区作为存量历史遗留项目最多的区，解决房屋登记难题10万余套；从个人产权证申领比例来看，通州区、大兴区、怀柔区3个区比例较高，均超过60%。

二、耕地保护空间调整优化

2021年3月8日，市政府批复《北京市落实耕地保护空间工作任务分解方案》。市规划自然资源委在2020年划定并上报自然资源部的耕地保护空间基础上，结合“三条控制线”中永久基本农田划定，以国土三调数据为基数，统筹轨道交通等近期建设项目，衔接正在编制的街区控规和乡镇域总体规划，结合违法用地督察图斑，逐步调整优化耕地保护空间。截至年底，锁定200万亩（13.33万公顷）耕地保护空间，正在审查优化初步划定成果。

三、全民所有自然资源资产清查试点

2021年3月25日，市规划自然资源委在2020年选择西城区、门头沟区开展全民所有自然资源资产清查第一批试点基础上，选择东城区、平谷区开展第二批试点。9月9日，自然资源部资产清查技术小组选取东城区、平谷区开展自然资源资产实物信息整合过程性检查。11月12日，将海淀区列为试点单位，启动海淀区资产清查。截至年底，西城区、门头沟区完成清查，并在摸清资源实物量的基础上估算经济价值；东城区、平谷区完成实物量信息采集整合，并着手开展价值量估算；海淀区正在开展实物量清查。

四、全市商品住宅用地集中供应333.35公顷

2021年3月31日，市规划自然资源委发布全市2021年度商品住宅用地供应时序安排公告；发布全市2021年度第一批次商品住宅用地出让公告，推出30宗地块，土地面积约169公顷，规划建筑规模约345万平方米。5月10日至11日，第一批集中出让商品住宅用地入市交易，30宗地全部出让，实现土地出让价款约1110亿元。8月30日，市规划自然资源委发布第二批次商品住宅用地出让公告，推出43宗地块，规划建筑规模约496万平方米。11月19日，市规划自然资源委发布第三批次商品住宅用地出让公告，推出12宗地块，土地面积约62公顷，规划建筑规模约113万平方米。12月27日，第三批次商品住宅用地最后一宗地块成交，为房山区拱辰街道0017、0019地块。截至年底，全市商品住宅用地成交63宗地，土地面积约333.35公顷，规划建筑规模约682.56万平方米，完成年度供应计划300公顷的111.12%。

五、土地用途专项整改

2021年4月9日，市规划自然资源委印发《关于制止擅自改变土地用途有关工作的意见》，明确土地用途改变的禁止及鼓励情形，建立项目核查、认定及处置工作机制，将土地用途监管纳入全生命周期监管体系，逐步构建权责清晰、衔接顺畅、规范有序、长效共治的国有建设用地用途监管工作机制。2021年内，市自然资源利用中心联合北京土地学会、市规划院、市建筑设计研究院，就擅自改变土地用途行为进行界定，开展擅自改变土地用途项目内业核查。

六、批准农用地转用和土地征收项目 76 个

2021 年 5 月 12 日，市政府公布《北京市征收农用地区片综合地价标准》，完善土地征收补偿安置标准，明确各区片范围、区片综合地价标准。11 月 3 日，市规划自然资源委印发《北京市实施土地征收成片开发标准的若干意见（试行）》，推进土地征收制度改革，明确实施土地征收前需编制土地征收成片开发方案的项目范围、开发方案审核及报批等事项。2021 年内，市规划自然资源委进一步优化用地报批系统，保障重大项目落地。截至年底，全市批准农用地转用和土地征收项目 76 个，批准用地面积 1324 公顷，其中，新增建设用地 632 公顷（含耕地 602 公顷）。

七、年度建设用地计划与供应

2021 年，全市建设用地计划供应 3710 公顷。其中，交通运输用地 1450 公顷、水域及水利设施用地 30 公顷、特殊用地 30 公顷、公共管理与公共服务用地 650 公顷、产业用地 490 公顷（研发用地 150 公顷、工业用地 110 公顷、物流用地 60 公顷、商服用地 170 公顷）、住宅用地 1060 公顷（产权类住宅用地 760 公顷、租赁类住宅用地 300 公顷）。2021 年，全市实际供应建设用地 3328 公顷。其中，交通运输用地 1295 公顷、水域及水利设施用地 2 公顷、特殊用地 32 公顷、公共管理与公共服务用地 538 公顷、产业用地 395 公顷（研发用地 63 公顷、工业用地 184 公顷、物流用地 73 公顷、商服用地 75 公顷）、住宅用地 1066 公顷（产权类住宅用地 759 公顷、租赁类住宅用地 307 公顷）。住宅用地中，商品住宅用地入库 610 公顷、供应 333 公顷，保障性安居工程用地 456 公顷（含公租房用地 185 公顷、集体土地租赁住房用地 122 公顷）。

八、全市国有建设用地供应 3085.78 公顷

截至 2021 年底，全市国有建设用地供应土地 991 宗面积 3085.78 公顷。其中，出让方式（含现状补办协议出让）供应土地 886.36 公顷，划拨方式（含以征代划）供应土地 2185.84 公顷，租赁方式供应土地 1 宗面积 13.58 公顷。

九、第三次全国国土调查主要数据公报发布

2021 年内，市三调办持续做好全市第三次全国国土调查收尾，开展三调成果资料收集整理及归档，完成三调“统一时点更新底图制作及数据库整理项目”验收，完成三调作业队伍项目验收，完成三调技术口径梳理更新及三调技术报告编制。6 月 15 日，市政府召开常务会议，听取全市三调主要数据情况汇报。7 月 7 日，市委常委会召开会议，听取全市三调有关情况汇报。11 月 5 日，北京市“第三次全国国土调查主要数据公报”向社会发布，以 2019 年 12 月 31 日为标准时点，全市耕地 93547.90 公顷、园地 126274.55 公顷、林地 967628.62 公顷、草地 14460.44 公顷、湿地 3107.98 公顷、城镇村及工矿用地 313643.87 公顷、交通运输用地 49281.38 公顷、水域及水利设施用地 61704.00 公顷。截至年底，完成 13 个区级三调主要数据发布；下发分区“政府机密版”三调成果，开展三调数据宣传解读。

十、2020 年度国有自然资源（资产）管理情况专项报告审议通过

2021 年内，市规划自然资源委通过赴河北省、上海市、浙江省调研学习，召开工作推进会、数据对接会、报告编制指南和报告提纲研讨会、初稿汇报会、报告审议会，组织专家研讨，广泛征

询意见等方式，编制完成《北京市人民政府关于2020年度国有自然资源（资产）管理情况专项报告》。该报告全面反映全市国有自然资源资产总体情况、管理工作及成效、存在问题及工作措施。11月16日，该报告经市政府常务会议审议通过。11月17日，该报告经市委常委会会议审议通过。11月25日，市十五届人大常委会第三十五次会议召开，审议通过该报告。这是全市首次亮出自然资源资产“家底”。

十一、出让国有建设用地使用权基准地价更新

2021年内，市规划自然资源委组织开展出让国有建设用地使用权基准地价更新，基于全市土地利用和影响地价相关因素分析，经样点采集，综合评估测算，征求政府、专家、社会机构和公民等意见建议，形成基准地价更新成果。11月，市规划自然资源委组织召开听证会，听证代表一致认同该更新成果。12月28日，市政府召开常务会议，审议通过北京市出让国有建设用地使用权基准地价更新成果。更新成果包括基准地价基本内容、基准地价表、基准地价范围说明、基准地价应用说明。基准期日为2021年1月1日。

十二、全民所有自然资源资产所有权委托代理机制试点

2021年内，市规划自然资源委在市级层面和西城区、海淀区、门头沟区3个试点区开展全民所有自然资源资产所有权委托代理机制试点。强化试点工作统筹调度，分别建立市、区协调机制；做好试点工作顶层设计，编制市级和试点区落实委托代理机制试点实施方案，明确试点工作时间表和路线图；在中央直接行权的自然资源清单基础上，制定市、区两级政府代理履行全民所有自然资源资产所有者职责的自然资源清单，合理划分市、区政府代理履行所有者职责的权责边界。

十三、耕地面积首次实现转折

2021年内，市规划自然资源委落实“全市到2021年底150万亩（10万公顷）永久基本农田全部为耕地，耕地保有量不低于166万亩（11.07万公顷），到2022年底，耕地保有量范围内（永久基本农田及其储备区）全部为耕地”工作目标，通过实施总田长令、开展季度耕地卫片监督检查、推进耕地保护补偿资金管理、严格新增耕地验收复核和入库管理、制定设施农用地备案导则等措施，落实耕地用途管制，规范“占补平衡”，遏制耕地“非农化”，防止“非粮化”。截至年底，完成约25万亩（1.67万公顷）地块复耕复垦，并全部纳入耕地保护空间；全市现状耕地面积达到166万亩（11.07万公顷），首次实现耕地由历年递减到回升的转折。

第四节　地质矿产资源

一、查明地质灾害隐患点 5052 处

截至 2021 年底，全市累计查明地质灾害隐患点 5052 处，涉及 10 个山区，威胁 84 个乡镇 684 个行政村 19219 户 50722 人。按灾害类型分：崩塌 2691 处、滑坡 57 处、泥石流 819 处、地面塌陷 97 处、不稳定斜坡 1388 处。按行政区划分：密云区 1086 处、房山区 973 处、门头沟区 722 处、怀柔区 711 处、延庆区 583 处、昌平区 443 处、平谷区 441 处、海淀区 37 处、丰台区 28 处、石景山区 28 处。

二、矿业权管理

截至 2021 年底，全市有效采矿权 119 个，其中地热 108 个、矿泉水 8 个、固体矿产 3 个（在生产 1 个、停产 2 个）；办理采矿权审批 9 个，其中新立 1 个、注销采矿权 7 个、划定矿区范围 1 个。有效探矿权 2 个，为 2021 年办理的延续项目。

三、矿产资源总体规划提请审议

2021 年内，市规划自然资源委完成《北京市矿产资源总体规划（2016—2020 年）》实施评估，评估规划实施情况，总结规划实施以来取得成效、成功经验和存在问题。以评估为基础，编制完成《北京市矿产资源总体规划（2021—2025 年）（草案）》〔以下简称《规划（草案）》〕，并开展环境影响评价，编制完成《北京市矿产资源总体规划（2021—2025 年）环境影响报告书（草案）》〔以下简称《报告书（草案）》〕。《规划（草案）》提出，从基础地质调查、地热资源勘查开发利用、矿山生态修复入手，构建符合首都城市发展实际的绿色、和谐、高效、安全的首都矿业新格局。9 月 22 日，《规划（草案）》《报告书（草案）》公示，公示期限分别为 30 天、10 个工作日。截至年底，形成规划报审稿，提请市政府审议。

四、发生突发地质灾害 104 起

2021 年内，全市发生突发地质灾害 104 起，其中汛期 101 起，未造成人员伤亡。按灾害类型分：崩塌 100 起、滑坡 4 起。按受灾对象分：涉及道路 89 起、居民点 11 起、旅游景区 4 起。按行政区划分：怀柔区 52 起、门头沟区 18 起、房山区 10 起、密云区 8 起、昌平区 6 起、平谷区 4 起、延庆区 3 起、丰台区 2 起、石景山区 1 起。

五、发布地质灾害预警 215 次

2021 年内，市、区两级规划自然资源部门通过与气象部门、地质专家的沟通、会商，联合市、区气象部门及时发布地质灾害气象风险预警。市级发布蓝色预警 14 次、黄色预警 5 次，10 个山区发布区级预警 196 次（橙色 4 次、黄色 54 次、蓝色 138 次）。汛期发生的 101 起地质灾害中有 90 起发生在预警期间。

六、开展“十四五”地质调查规划编制

2021 年内，市地勘院开展北京市“十四五”

时期地质调查规划编制。系统梳理“十三五”时期地质调查工作成果和主要问题，针对“十四五”时期地质调查工作面临的新形势、新需求，提出6项重点任务、34项重点工作。重点突出5个特色，即：以首都发展为统领，突出首都城市地质工作特色；推进地质资源调查和监测网建设，提高地质资源管理水平；加强地质灾害精细调查，建设完善北京地质环境监测网，进一步提升城市防灾减灾能力；提升地质工作信息化水平，助力北京智慧城市建设；加强地学科普建设，推动地质成果社会化服务。

第五节 专项管理

一、《北京历史文化名城保护条例》施行

2021年1月27日，《北京历史文化名城保护条例》（以下简称《条例》）由北京市第十五届人民代表大会第四次会议审议通过，自3月1日起施行。《条例》将历史文化名城保护的新理念新要求转化为制度安排，对“保什么”“谁来保”“怎么保”“怎么用”等作出规定。5月7日，北京历史文化名城保护委员会办公室召开宣传贯彻《北京历史文化名城保护条例》动员部署大会。

二、建筑师负责制试点

2021年1月27日，市规划自然资源委印发实施《北京市建筑师负责制试点指导意见》。2021年内，成立试点工作专班，开展试点项目征集、跟踪服务和评估；组建行业咨询委员会。指导北京工程勘察设计协会出台建筑师负责制工程建设项目《招标示范文本》《合同示范文本》《服务收费指导意见》《责任保险实施意见》等配套文件，规范建筑师服务。倡导建筑信息模型（BIM）全正向设计，出台《工程建设项目全生命周期BIM技术应用实施意见》，提高建筑师对项目的管控能力、在全产业链中的影响力。4月14日，住房和城乡建设部来京调研北京市建筑师负责制试点工作进展情况，考察城市副中心行政办公区的建筑师负责制项目。8月20日，全市首个建筑师负责制项目——北重科技文化产业园一期工程签约。截至年底，在北重科技文化产业园总体规划设计及一期工程等17个工程建设项目中开展建筑师负责制试点，首批商品住宅集中供地中有7宗地签订建筑师负责制合同。

三、《北京市无障碍环境建设条例》施行

2021年2月，《北京市无障碍设施建设和管理条例》修订纳入市人大常委会年度立法计划。市规划自然资源委、市残联、市司法局、市人大组成工作专班，总结自2004年实施《北京市无障碍设施建设和管理条例》以来，全市无障碍环境建设实践成果，借鉴外省市和国外先进经验，推动条例修订。9月24日，《北京市无障碍环境建设条例》由市第十五届人民代表大会常务委员会第三十三次会议审议通过，自11月1日起施行。此次修订，名称由《北京市无障碍设施建设和管

理条例》调整为《北京市无障碍环境建设条例》；内容上新增“无障碍信息交流”和“无障碍社会服务”两部分内容，涉及的政府部门职责也相应扩大；受益群体方面，从残疾人扩展至全体社会成员。

四、创建基本无违法建设区三年行动计划印发实施

2021年3月3日，市委常委会召开会议，审议通过《北京市创建“基本无违法建设区”三年行动计划（2021—2023年）》。3月8日，市规划自然资源委印发实施该行动计划。该行动计划坚持生态保护优先、以人民为中心、规划引领、运用治理思维4项原则，按照“集中拆除+持续治理”相结合模式，推动违法建设治理从整治型拆违向规划引领精细化治违转变，明确总体要求、工作目标与任务、各区（经济技术开发区）创建批次和时序、组织机构、验收考评、动态管理、保障措施7方面内容。

五、城市更新系列政策印发实施

2021年3月26日，市规划自然资源委、市住房城乡建设委、市发展改革委、市财政局（以下简称“四部门”）联合印发《关于首都功能核心区平房（院落）保护性修缮和恢复性修建工作的意见》。4月9日，四部门联合印发《关于老旧小区更新改造工作的意见》。4月21日，四部门联合印发《关于开展老旧厂房更新改造工作的意见》《关于开展老旧楼宇更新改造工作的意见》。以上这4个《意见》，分别明确适用范围、工作原则、具体内容（包括更新方式、工作流程、规划土地政策等）和工作要求。5月15日，《北京市人民政府关于实施城市更新行动的指导意见》印发实施，强化“圈层引导”与“街区引导”的规划引领，提出“老旧小区改造、危旧楼房改建、老旧厂房改造、老旧楼宇更新、首都功能核心区平房（院落）更新、其他类型”6种主要更新方式，明确组织实施方式、配套政策、保障措施，统筹推进城市更新。

六、既有建筑改造消防设计审查验收改革

2021年4月12日，住房和城乡建设部办公厅印发《关于开展既有建筑改造利用消防设计审查验收试点的通知》，北京市和北京市朝阳区、北京经济技术开发区被确定为开展既有建筑改造利用消防设计审查验收试点市（区），试点期限为2021年6月至2022年6月。10月25日，市委全面深化改革委员会召开第二十二次会议，审议通过《北京市关于深化城市更新中既有建筑改造消防设计审查验收改革的实施方案》。11月28日，市住房城乡建设委、市规划自然资源委、市消防救援总队联合印发该实施方案。该实施方案以北京市作为既有建筑改造消防设计审查验收试点城市为契机，从健全消防技术标准体系、优化消防审验管理、消防与工程质量监管一体化融合、完善监督管理体系4个方面提出13条措施，推进既有建筑改造消防审验关键环节和突出问题改革，建立健全与城市更新相适应的消防审验政策机制。

七、国家新型基础测绘建设试点

2021年5月26日，市政府向自然资源部申报开展国家新型基础测绘建设试点。6月15日，自然资源部函复北京市政府，批复北京市为国家试点城市。11月5日，市规划自然资源委编制完成《全国新型基础测绘建设北京试点实施方案》（以下简称《方案》）；经市政府同意，《方案》

上报自然资源部。此次试点以首都功能核心区、城市副中心、怀柔科学城及周边区域、丽泽金融商务区为试点区域，探索推进基础测绘转型升级，构建“实景三维北京”。市测绘院开展首都功能核心区、城市副中心区域的地理实体和地理场景数据生产试验，形成技术工艺流程，提炼形成系列标准；开发完善基础地理信息变化发现平台，研究建设数据采集平台；探索众源众包更新模式，提高新型基础测绘数据更新效率。

八、“十四五”历史文化名城保护发展规划发布

2021 年 7 月 15 日，市政府批复《北京市“十四五”时期历史文化名城保护发展规划》。8 月 3 日，市规划自然资源委发布该规划。该规划以 2035 年名城保护目标为指引，明确“十四五”保护目标，明确老城、三山五园（万寿山、香山、玉泉山，颐和园、静宜园、静明园、畅春园、圆明园）地区、三条文化带（大运河文化带、长城文化带、西山永定河文化带）及各类保护对象等近期重点保护任务 200 多项；对接国家文化保护传承利用工程等重大文化发展战略，立足于“都”谋划北京名城保护工作，以 33 项重大工程带动全国文化中心建设；围绕政策机制完善，提出探索文物腾退、保护利用和开放政策，适时多领域、分批次公布各项保护对象、保护名录等策略，构建保护治理体系。

九、城市更新行动计划印发实施

2021 年 8 月 21 日，市委办公厅、市政府办公厅联合印发实施《北京市城市更新行动计划（2021—2025 年）》。通过实施城市更新行动，进一步完善城市空间结构和功能布局，促进产业转型升级，建立城市自我更新机制，实现存量空间资源提质增效，为“两区（国家服务业扩大开放综合示范区、北京自贸试验区）”建设提供更加有效的空间载体。

十、城市更新专项规划审议通过

2021 年 12 月 13 日，《北京市城市更新专项规划（北京市“十四五”时期城市更新规划）》经市委城工委主任专题会审议通过。该规划为全国首个减量发展背景下的城市更新专项规划，结合北京减量背景和存量特点，以功能完善、提质增效、民生改善、严控大拆大建为原则，确立以街区为单元、以存量建筑为主体、以功能环境提升为导向的更新工作思路，推进小规模、渐进式、可持续更新。规划包含总则、核心章节、附图附表 3 部分，提出了更新对象范围、目标策略、方法路径、组织体系和政策机制。

十一、推动责任规划师工作拓展深化

2021 年内，市规划自然资源委持续推动责任规划师工作拓展深化。联合市住房城乡建设委发布《关于责任规划师参与老旧小区综合整治工作的意见》，编制《责任规划师优秀案例集》。召开责任规划师工作年度表彰暨经验交流推进大会。开展 10 余期线上、线下培训讲座，受众超过 4000 余人次。创新探索城市更新改造模式，开展“建党百年 · 服务百姓 · 营造属于您的百个公共空间”项目评选与实施，推出“微空间 · 向阳而生”等品牌。4 月 23 日，自然资源部联合市规划自然资源委，就责任规划师制度助力城市更新、社区生活圈建设和乡村振兴等开展交流研讨，并赴东城区史家胡同、朝阳区双井街道实地调研座谈。全年配合自然资源部接待 19 个省市来京调研学习责任规划师工作。截至年底，全市签约近 300 个责任规划师团队。

十二、433家单位测绘资质复审换证完成

2021年内，市规划自然资源委落实修订后的《测绘资质管理办法》《测绘资质分类分级标准》，以及自然资源部办公厅关于7月1日至12月31日开展测绘资质复审换证的要求，开展全市测绘资质单位复审换证工作。优化审查流程，对非原则性问题，按照容缺容错原则，指导申报单位及时补正，避免因对新政策新标准理解不到位等原因造成复审换证失败；对历史遗留问题，及时沟通，提出解决方案，帮助申报单位解决难题。截至年底，分5批次完成433家单位的测绘资质复审换证工作。

十三、46项规划和自然资源地方标准复审

2021年内，市规划自然资源标准化中心加强对已发布实施地方标准的监督管理，对实施时间满5年的《城市道路空间规划设计规范》《建筑抗震加固技术规程》等46项地方标准开展复审。经复审，《土地信息数据元第1部分：总则》（DB11/T 1020.1-2013）、《土地信息数据元第2部分：土地利用数据元》（DB11/T 1020.2-2013）、《土地信息数据元第3部分：土地权属数据元》（DB11/T 1020.3-2013）3项标准废止，其余43项标准继续有效。

十四、规划和自然资源标准日常评估

2021年内，市规划自然资源标准化中心对建筑节能、雨水控制与利用、无障碍、轨道交通、道路工程等方面的多项标准，面向设计人员、施工图审查人员和相关行业管理人员开展标准评估，评估276项房屋建筑工程、588项轨道交通图册、83项道路工程，收集评估反馈问卷1820份。评估认为：全市各设计项目执行标准情况总体良好，但在设计深度和精细化方面仍需完善，各行业单位应进一步加强质量管理，不断提升设计水平。

十五、轨道交通地方标准执行情况专项抽审

2021年内，市规划自然资源标准化中心抽选全市轨道交通14座车站、1座车辆段共15个项目的18册图纸，开展轨道交通设计施工图专项审查，对北京市地方标准《城市轨道交通工程设计规范》《城市轨道交通土建工程设计安全风险评估规范》《城市轨道交通无障碍设施设计规程》中的重要条款执行情况进行检查。检查认为：抽审项目施工图设计文件执行标准审查条款的总体情况优良，未发现违反强制性标准条款的情况。

十六、道路地方标准执行情况专项抽审

2021年内，市规划自然资源标准化中心开展道路地方标准执行情况专项抽审，抽选全市18项道路工程的施工图设计文件，对《城市道路空间规划设计规范》中的重要条款执行情况进行专项审查。检查认为：抽审项目执行标准总体情况良好，但在设计深度和精细化方面仍有不足。检查后，市规划自然资源委标准化中心结合审查发现问题，开展通报整改及标准的再宣传贯彻。

十七、房屋建筑设计执行地方标准情况专项抽审

2021年内，市规划自然资源标准化中心开展2021年房屋建筑设计执行地方标准情况专项抽审，抽选25个居住建筑项目、25个公共建筑项目，对建筑节能、供热计量、雨水控制与利用、无障碍、

消防、抗震等专业的设计标准开展施工图设计专项审查；对2个冬奥场馆进行无障碍设计施工图检查。检查认为，建筑设计执行标准整体情况向好，基本达到设计深度要求，无障碍设计系统性有所提升，但也存在一些问题，譬如雨水控制与利用设计普遍深度不够、无障碍设计精细化程度不足、新版节能标准执行不到位等，还应进一步加强事中事后监管，不断提升全市规划和自然资源地方标准的监管水平和执行力度，引领行业高质量发展。

第六节　地名变更

2021年内，全市命名、调整地名341个，其中道路及居住区名称323个、轨道交通车站名称9个、桥梁名称9个（详见附录四　其他文件）。

第四章

房地产财政税收与金融支持

第一节　财政支持保障性安居工程

2021 年，北京市财政部门严格按照中央有关规定，统筹一般公共预算、国有土地使用权出让收入、政府专项债券等各类财政资金共计 376.18 亿元、较上年增长 24%，通过财政补贴、项目资本金、贷款贴息等方式，有力支持本市推进公共租赁住房、集体土地租赁住房及改建租赁住房、棚户区改造、老旧小区改造等保障性安居工程，为全面完成年度工作目标奠定基础。

2021 年，按照《北京市发展住房租赁市场专项资金管理暂行办法》，对符合条件的集体土地建设租赁住房和改建租赁住房给予财政专项支持。集体土地建设租赁住房补助标准为：成套住房 4.5 万元 / 套、非成套住房 3 万元 / 间、集体宿舍 5 万元 / 间；改建租赁住房补助标准为：使用面积 15 平方米以下的 1 万元 / 间，使用面积 15 平方米及以上的 2 万元 / 间。截至 2021 年底，财政专项资金已支持 48 个集体土地租赁住房项目新建成套住房 2.79 万套、非成套住房 4.38 万间、集体宿舍 0.28 万间，支持 4 个改建租赁住房项目改建房源 0.2 万间，进一步加大本市租赁市场房源供给，推进落实稳地价、稳房价、稳预期的长效管理调控机制，促进房地产市场平稳健康发展。

第二节　住房公积金与政策性住房金融

一、2021 年度住房公积金归集情况

（一）住房公积金覆盖范围

截至 2021 年底，北京地区建立住房公积金单位 51.24 万个，职工 1273.12 万人。当年新增开户人数 103.61 万人。当年职工住房公积金月缴存额上限为 6774 元。

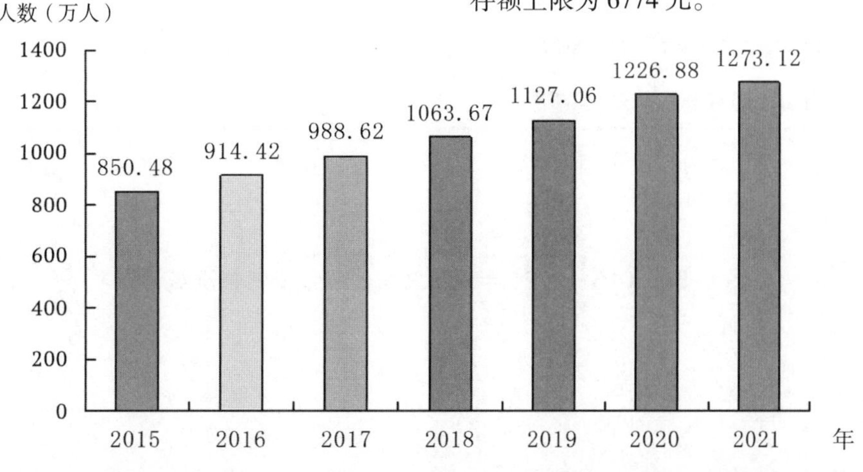

图 4-1　2015—2021 年北京住房公积金建立人数统计图

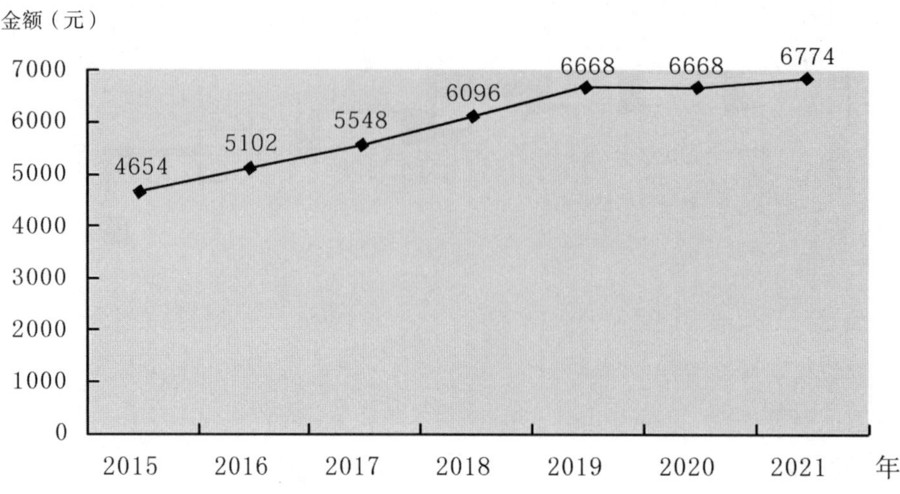

图 4-2　2015—2021 年北京住房公积金月缴存额上限图

（二）住房公积金归集、提取情况

截至 2021 年底，当年归集住房公积金 2749.22 亿元，提取 2058.80 亿元，净增 690.42 亿元。累计归集住房公积金 20530.61 亿元，累计提取 14349.12 亿元，余额 6181.49 亿元。

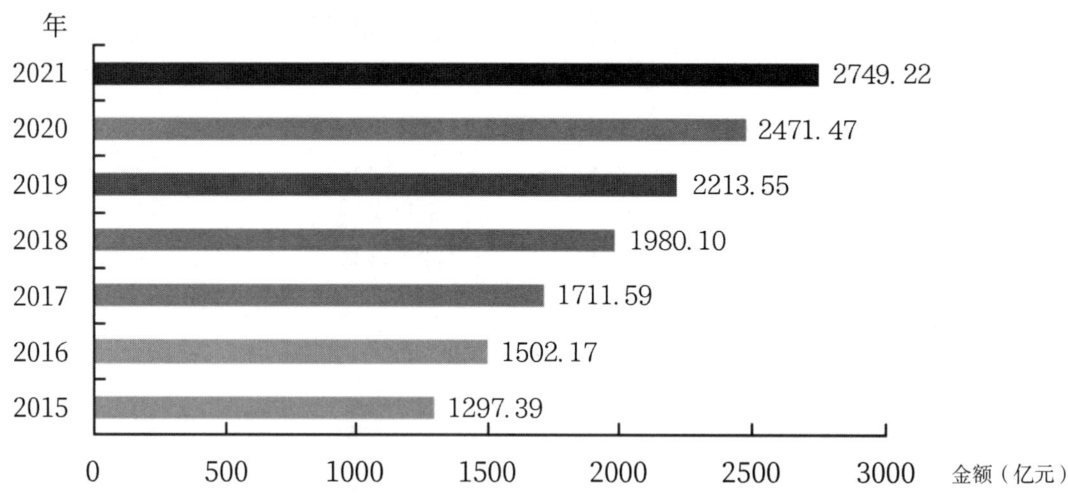

图 4-3　2015—2021 年北京住房公积金归集情况统计图

二、2021 年度政策性住房金融

（一）住房公积金贷款情况

截至 2021 年底，当年发放住房公积金个人贷款 94154 笔，金额 723.99 亿元，回收金额 398.01 亿元，净增 325.98 亿元。累计发放住房公积金个人贷款 135.71 万笔，金额 8268.02 亿元。累计回收个贷金额 3370.75 亿元，余额 4897.27 亿元。

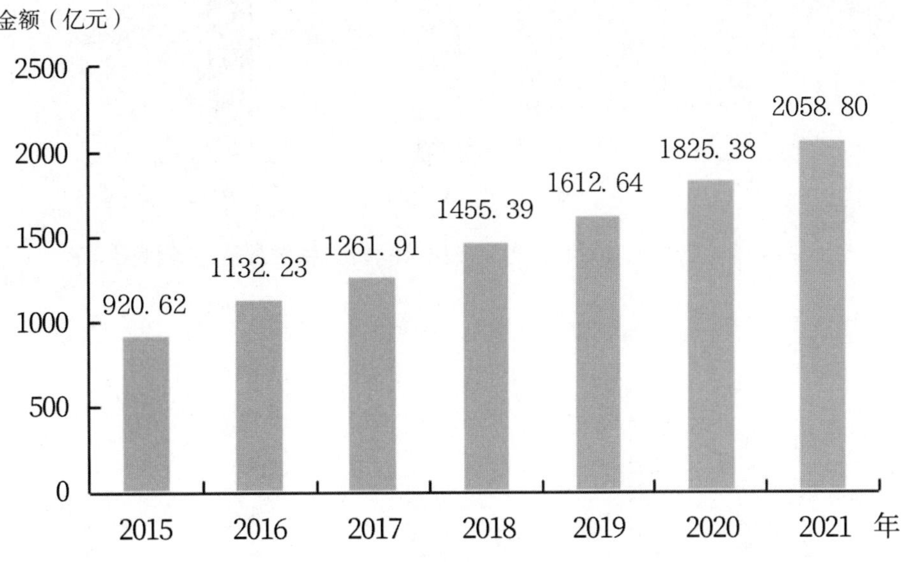

图 4-4　2015—2021 年北京住房公积金提取情况统计图

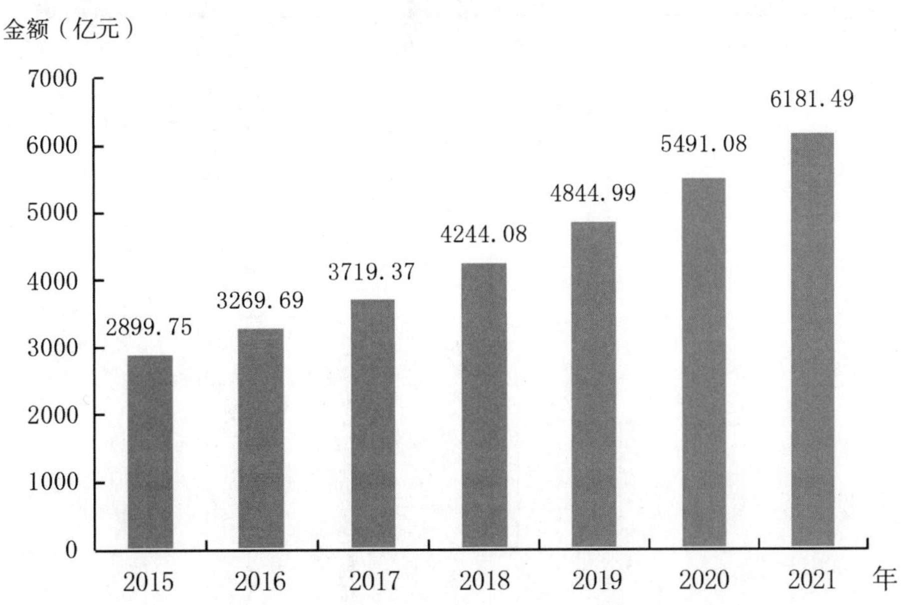

图 4-5　2015—2021 年北京住房公积金余额统计图

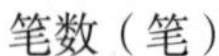

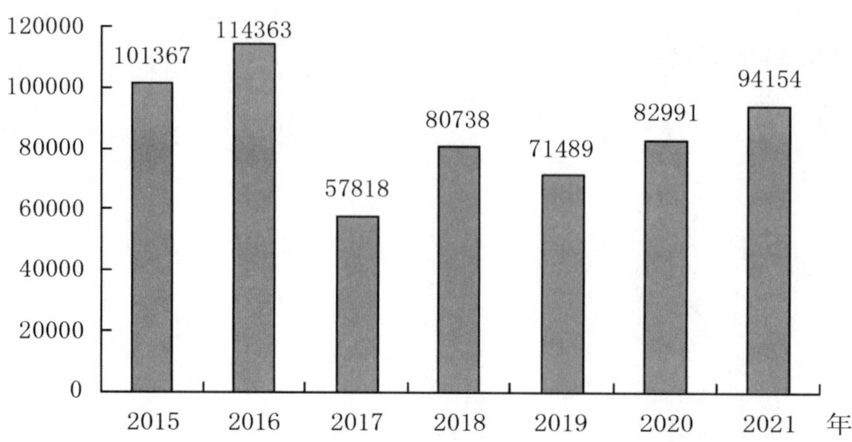

图 4-6　2015—2021 年北京住房公积金贷款发放笔数统计图

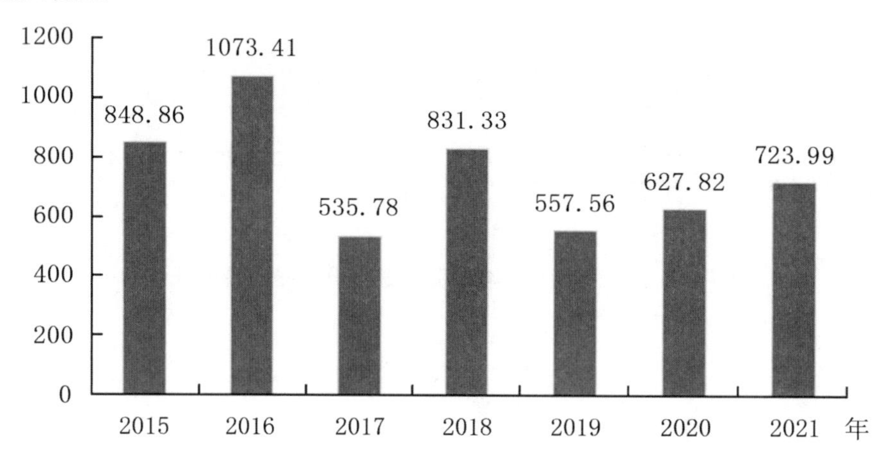

图 4-7　2015—2021 年北京住房公积金贷款发放金额统计图

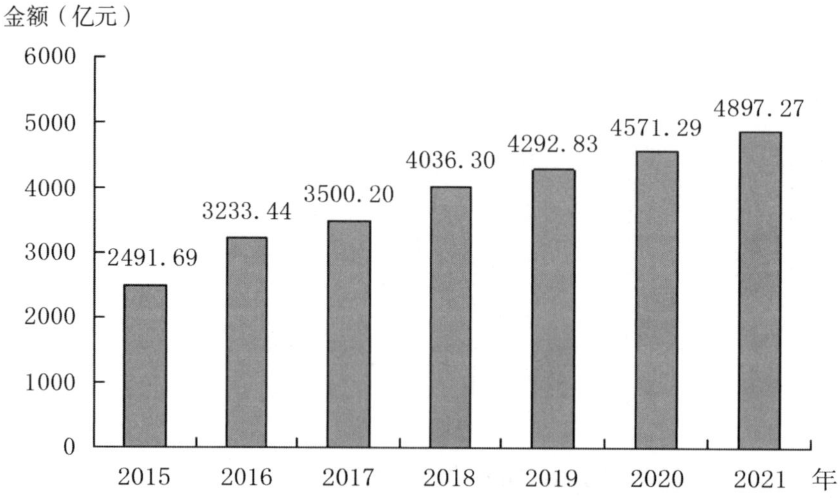

图 4-8　2015—2021 年北京住房公积金贷款发放余额统计图

2021 年末，累计发放项目贷款 37 个，贷款额度 236.09 亿元，建筑面积约 943 万平方米，可解决约 9 万户中低收入职工家庭的住房问题。35 个项目贷款资金已发放并还清贷款本息，无逾期项目贷款。

（二）2021 年发放的住房公积金贷款结构

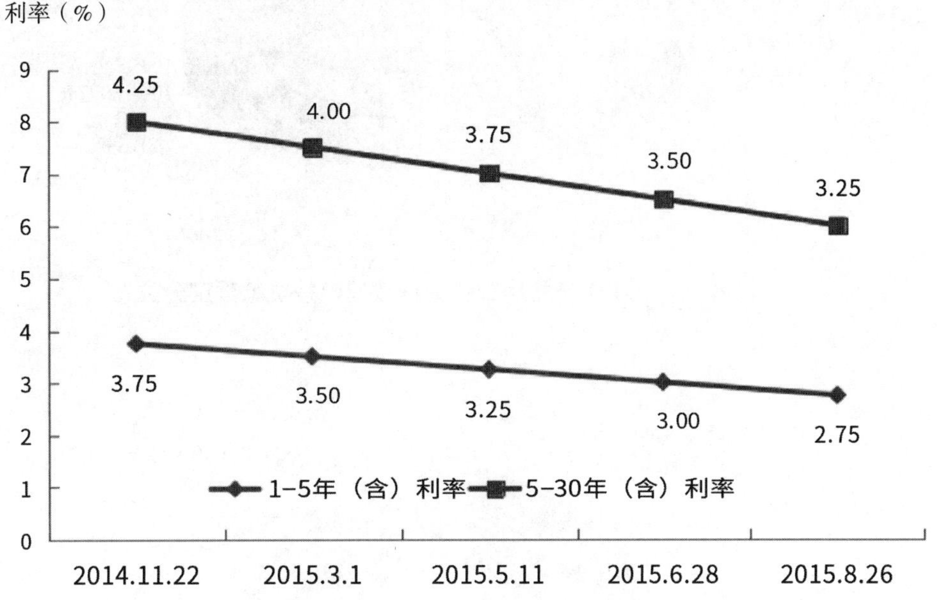

图 4-9　2014 年以来北京住房公积金贷款利率调整图

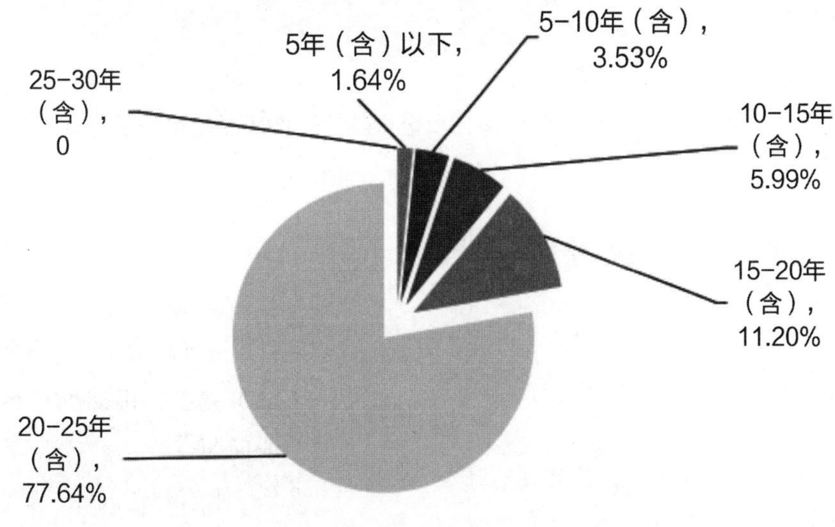

图 4-10　2021 年住房公积金贷款笔数按贷款年限分类

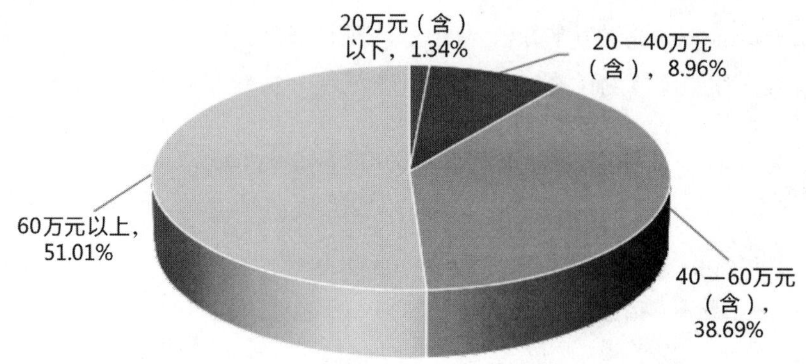

图 4–11　2021 年住房公积金贷款笔数按贷款额度分类

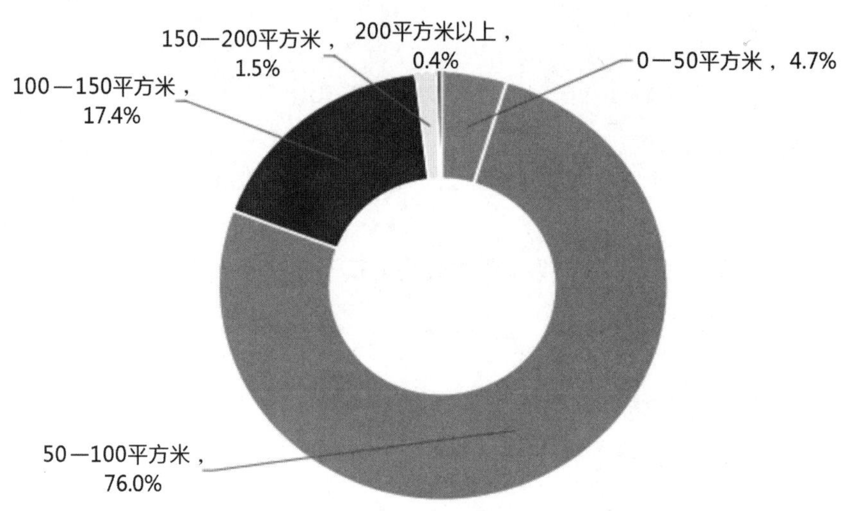

图 4–12　2021 年住房公积金贷款笔数按房屋建筑面积分类

三、住房公积金和政策性住房金融管理措施

（一）守牢疫情防控防线，纾困惠企政策成效显著

公积金中心坚决贯彻国家和北京市新冠肺炎疫情防控工作部署，从严压实“四方责任”，完善防疫工作机制，每日研判调度，加强重点场所和重点人员管控，持续巩固全系统“无病例”“零感染”防疫成果。助力“六稳”“六保”，疫情期间积极落实惠企政策，继续执行 5%—12% 缴存比例自主选择政策，加强政策宣传引导。

（二）完善接诉即办体系，高效解决群众急难愁盼问题

聚焦“七有”“五性”要求，持续完善接诉即办工作体系，深入推动主动治理、未诉先办，进一步提升接诉即办法治化、规范化、科学化水平。成立工作领导小组，组建服务指导处，坚持

"一周一碰头、一月一研究、一季一通报、一年一奖惩"，提出"一个舒服的场所、一个温情的电话、一个温馨的短信"办单导向，做到"1小时接单、1天内联系、7天内办结、节假日无休"，执行"见面是常态，不见面是例外"，原则上工单100%见面办理；统筹"局处长走流程"，优化73个业务问题和23项系统功能；推动"未诉先办"，梳理热点问题，加强宣传引导，妥善处理集体投诉案件，全年接听12329热线来电280万个、办理工单14000余件，12329热线来电同比下降30%；全年12345工单近4300件，公积金中心接诉即办全市排名第24名，"三率"成绩均高于全市平均水平，成绩良好。

（三）全面优化服务环境，服务效能大幅提升

制定《公积金优化服务环境1.0版》，18项措施任务全部完成。服务事项由52个精简整合为42个，办事时限由43天减至23天，办事材料由47份减至33份，跑动次数由0.35减到0.19，全程网办事项由28个增加到34个。81%的服务事项实现全程网办，15个事项"掌上办"；9项高频业务"跨省通办"；19个业务大厅全面实施首问负责、一次告知、"办不成事"反映窗口等措施，106个窗口推行综合服务，42个事项可无差别办理。

（四）积极推动改革创新，制度保障作用不断强化

北京市委全面深化改革委员会第二十次会议审议通过了《关于深化北京住房公积金制度改革的实施意见》。以加强住房保障、改善群众居住条件为落脚点，用好用活住房公积金相关政策，通过"小切口"解决好民生问题。从供给和需求两侧发挥作用，支持租赁住房和保障性住房建设；与市住房城乡建设委联合印发《关于住房公积金支持北京老旧小区综合整治的通知》，支持提取住房公积金用于加装电梯等老旧小区综合整治及维修资金补建续筹，翻建、改建或扩建危旧楼房可申请住房公积金个人贷款。推进京津冀住房公积金一体化，促进实现信息共享和业务通办；支持副中心职工职住平衡，近2000人次提取公积金支付宿舍综合使用费。统筹资金安全与监管服务，建立健全风险防控机制。

（五）加强行政执法体系建设，执法效能持续增强

加快建设"一套标准、一个系统、一批制度、一支队伍"执法体系。制定《重大行政执法决定审核办法》《行政执法全过程记录制度》等7项制度；开展"双随机、一公开"执法检查，加强事中事后执法检查监管；执法人员增至132人，严格实行"双证"上岗。全年受理执法案件约2万件，结案1.1万件，为1.2万名职工追缴住房公积金2.4亿元，有力维护了职工合法权益。

（六）推进"智慧公积金"建设，信息化支撑能力全面提升

编制实施管理中心"十四五"信息化发展规划，充分运用大数据、区块链等技术，扩大信息共享和业务联动范围，提升信息化、智能化服务水平。完成具备智能识别、智能推动、人机交互功能的自助系统建设，开展"自助终端机+服务指导员"业务模式试点；完成"全程留痕、可查可控、主动提醒"的执法业务系统建设，实现投诉案件闭环管理。29个事项79个场景应用人脸识别，151类单据304个场景应用电子签章，6类电子证照开展应用；微信公众号可智能推送6类服务信息；政务网站开通智能问答。综合服务平台建设、全国住房公积金微信小程序接入工作被住房和城乡建设部评为优秀，提升智慧城市建设工作三项指标全市排名第一，政务数据汇聚工作获全市通报表扬。

第三节 商业性房地产金融

2021 年，北京市房地产贷款增速由正转负，其中房地产开发贷款同比下降，个人购房贷款平稳增长。个人住房贷款平均首付比例及利率保持在合理水平。

一、房地产贷款增速由正转负

2021 年末，北京市人民币房地产贷款余额 18527.5 亿元，比年初下降 471.1 亿元；同比下降 2.5%，2020 年同比增速为 5.9%。

二、房地产开发贷款同比下降

2021 年末，北京市人民币房地产开发贷款余额 5774.7 亿元，同比下降 15.9%，2020 年同期增速为 10.4%。其中，保障性住房开发贷款余额 1075.5 亿元，同比下降 20.1%，2020 年同期增速为 21.9%。

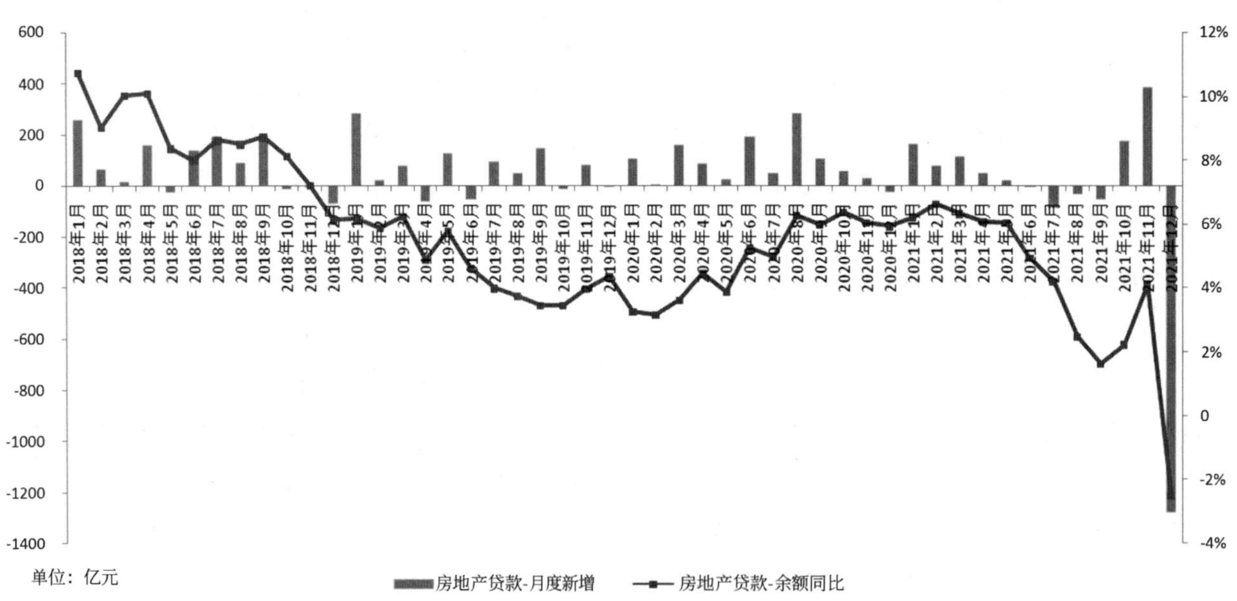

图 4-13 北京市房地产贷款余额月度新增及同比增速情况

三、个人住房贷款平稳增长

2021年末，北京市人民币个人住房贷款余额12083亿元，同比增长5.7%，增速较2020年提高1.7个百分点。其中，个人住房贷款余额11737.1亿元，比年初增加765.6亿元，比2020年多增191.5亿元；同比增长7.0%，增速较2020年提高1.5个百分点。

分类型看，2021年末，北京市新建住房贷款余额4595.6亿元，同比增长7.3%，增速比2020年提高3.5个百分点。二手住房贷款余额7141.5亿元，同比增长6.8%，增速比2020年提高0.2个百分点。

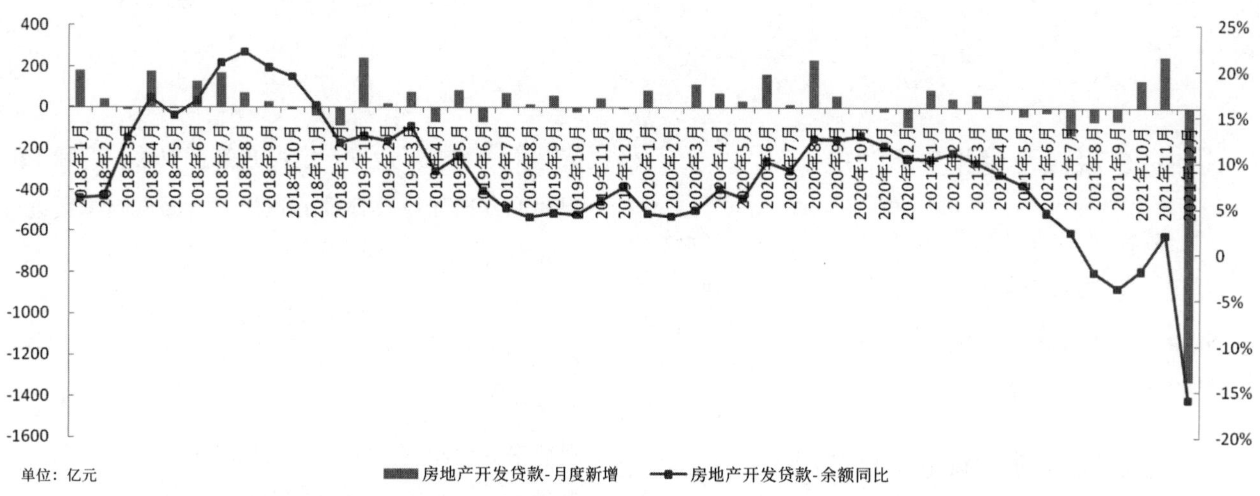

图4–14　北京市房地产开发贷款余额月度新增及同比增速情况

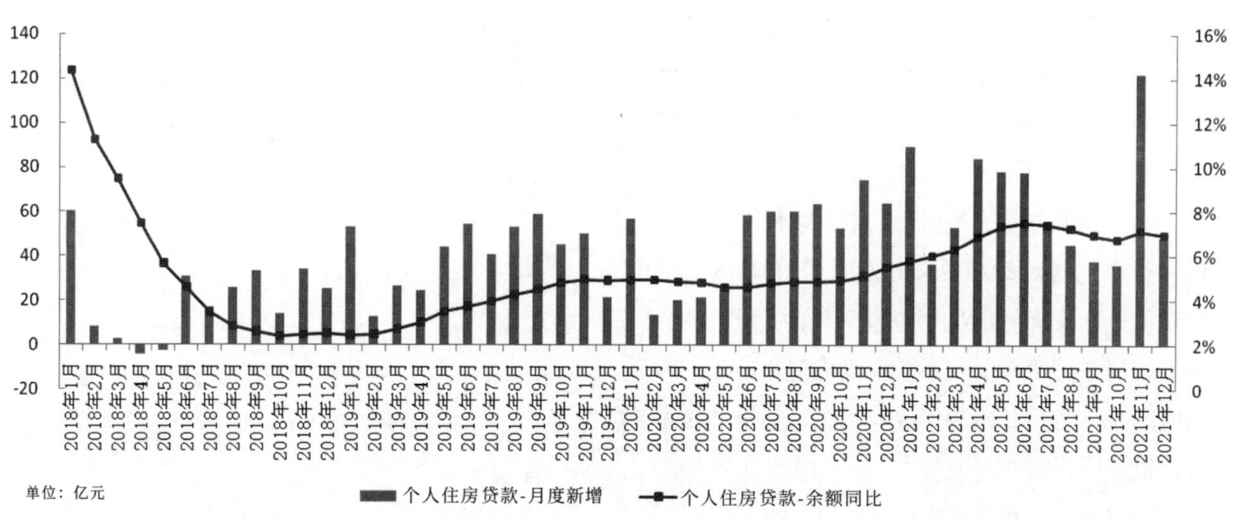

图4–15　北京市个人住房贷款增长情况

四、个人住房贷款平均首付比例及利率保持在合理水平

2021 年，北京市中资银行新发放个人住房贷款平均首付比例 51.1%，新发放个人住房贷款利率平均较同期 LPR 高 73.8 个基点。

第四节　房地产税收

一、税源及税收整体情况

截至 2021 年 12 月，北京市房地产行业税务登记户数共计 39436 户，行业登记总户数增幅 9.5%。全年各项税收收入合计 1167.7 亿元，同比增收 45.4 亿元，增幅 4%。

二、主要税收政策调整情况

（一）《中华人民共和国契税法》于 2021 年 9 月 1 日起施行，基本延续了契税暂行条例关于税收优惠的规定，同时还增加了其他税收优惠政策：为体现对公益事业的支持，增加对非营利性学校、医疗机构、社会福利机构承受土地、房屋用于办公、教学、医疗、科研、养老、救助免征契税等规定。

纳税申报方面更为简化。申报缴税期限由契税暂行条例规定的纳税义务发生后 10 日内申报并在税务机关核定期限内缴税，修改为办理土地、房屋权属登记手续前申报缴税，将契税申报和缴纳时间合二为一，减轻纳税人负担，促进纳税遵从，提高征管效率。

新契税法授权省、自治区、直辖市可以对不同主体、不同地区、不同类型的住房权属转移确定差别税率。这一规定体现了健全地方税体系改革思路，赋予了地方一定税政管理权限，有利于调动地方加强税政管理的积极性，因城施策促进房地产市场健康发展。

2021 年 7 月 30 日，北京市第十五届人民代表大会常务委员会第三十二次会议通过《北京市人民代表大会常务委员会关于北京市契税具体适用税率等事项的决定》，根据《中华人民共和国契税法》第三条第二款、第七条第二款的授权，决定北京市契税税率为百分之三；同时规定符合《中华人民共和国契税法》第七条规定情形的，因土地、房屋被县级以上人民政府征收、征用，重新承受土地、房屋权属，其成交价格没有超出土地、房屋补偿费、安置补助费的部分，以及因不可抗力灭失住房，重新承受住房权属的两种情形免征契税。

（二）《财政部 税务总局关于延长部分税收优惠政策执行期限的公告》（财政部税务总局公告 2021 年第 6 号）将《财政部税务总局关于公共租赁住房税收优惠政策的公告》（财政部 税务总局公告 2019 年第 61 号）执行期限延长至 2023 年 12 月 31 日。

（三）《财政部 税务总局关于明确增值税小规模纳税人免征增值税政策的公告》（财政部 税务总局公告 2021 年第 11 号）规定，自 2021 年 4

月 1 日至 2022 年 12 月 31 日，对月销售额 15 万元以下（含本数）的增值税小规模纳税人，免征增值税。

（四）《财政部 税务总局关于继续执行企业事业单位改制重组有关契税政策的公告》（财政部 税务总局公告 2021 年第 17 号），延续了企业在重组改制过程中的契税有关税收优惠政策。

（五）《财政部 税务总局关于继续实施企业改制重组有关土地增值税政策的公告》（财政部 税务总局公告 2021 年第 21 号），延续了企业在重组改制过程中的土地增值税有关税收优惠政策。

（六）《财政部 税务总局 住房城乡建设部关于完善住房租赁有关税收政策的公告》（财政部 税务总局 住房城乡建设部公告 2021 年第 24 号）规定，住房租赁企业中的增值税一般纳税人向个人出租住房取得的全部出租收入，可以选择适用简易计税方法，按照 5% 的征收率减按 1.5% 计算缴纳增值税，或适用一般计税方法计算缴纳增值税。住房租赁企业中的增值税小规模纳税人向个人出租住房，按照 5% 的征收率减按 1.5% 计算缴纳增值税。对利用非居住存量土地和非居住存量房屋（含商业办公用房、工业厂房改造后出租用于居住的房屋）建设的保障性租赁住房，取得保障性租赁住房项目认定书后，住房租赁企业向个人出租上述保障性租赁住房，比照适用上述规定的增值税政策。

（七）根据《财政部 自然资源部 税务总局人民银行关于将国有土地使用权出让收入、矿产资源专项收入、海域使用金、无居民海岛使用金四项政府非税收入划转税务部门征收有关问题的通知》（财综〔2021〕19 号）规定，2022 年 1 月 1 日起，将由自然资源部门负责征收的国有土地使用权出让收入、矿产资源专项收入、海域使用金、无居民海岛使用金四项政府非税收入，全部划转给税务部门负责征收。其中，房地产行业的相关政策调整主要涉及国有土地使用权出让收入，征管职责划转至税务部门承担后，将进一步提升房地产行业涉及税费征管的规范性。

三、房地产税收管理措施

（一）优化营商环境方面

北京市税务局坚持首善标准，积极落实优化营商环境改革要求，在不动产交易税收征管工作中持续推进与各部门合作，开展业务梳理、数据集成、流程再造、风险控制，将管理、服务、监管与大数据应用深度融合，实现“只跑一次”“一键办税”“一网办结”改革任务。

一是跨部门网上联办“减环节”。由“一网通办”平台集成交易、缴税、登记跨部门业务流程，各部门网上并联审核，为纳税人提供网银缴税和电子完税证明、电子不动产登记证服务，实现全流程网上办理“一次不用跑”。北京市 2021 年二手房交易网上办理 17 万笔，占全部二手房交易近七成，说明网办方式得到社会普遍认可，已成为二手房交易缴税的主要办理渠道。

二是数据共享“减材料”。税务、住建、登记、民政等部门共同拓展税收共治格局，应用共享数据取代房屋买卖合同等大量纸质材料，应用“区块链”技术免去纳税人提交《税收完税证明》等资料负担，在交易、缴税、登记“只收取一套材料”基础上，精简重复报送资料 40 余项，有效提升不动产登记办理便利化。

三是智能算税“减时间”。北京市税务局将不动产交易税收业务规则转化为数字模型算法，通过自动查询提取各类内外部相关数据，实现一分钟内“智能算税”，审核时间减少 90% 以上，大幅压减环节和时间。该措施响应了纳税人对办事快、办事简、办事易的切实诉求，同时减轻税务干部操作负担与执法风险，实现征纳双方改革获得感“双提升”，获得国务院第八次大督查通报表扬。

（二）落实优惠政策方面

针对住房租赁企业向个人出租住房的税收优惠政策的出台，为了便于政策精准辅导、事后风险筛查，北京市税务局依据住建部门提供的住房租赁企业名单，通过征管系统对企业进行批量归类管理。各区（地区）税务局根据所辖企业数量、管理情况采用面对面、电话、微信公众号推送、交付辅导材料、钉钉直播、电子税务局点对点推送政策辅导等多种辅导方式开展精准辅导，培训内容涵盖住房租赁企业向个人出租住房增值税政策要点、发票开具要求、纳税申报表填写等事项，确保相关企业对住房租赁政策应知尽知，确保税收优惠政策落实到位。

（三）便捷纳税方面

为贯彻《关于进一步深化税收征管改革的意见》中关于“深化税收大数据共享应用”和“全面改进办税缴费方式”的要求，北京市税务局以为民办实事为出发点，严格落实深改工作要求，在实现了土地出（转）让合同信息共享的基础上，实现了土地契税网上申报功能，纳税人可一键调取合同数据，自动填写税源信息，提升申报准确性和便捷度，全面改进办税方式，大幅减轻办税负担，使“非接触式”缴税范围进一步扩大。

（四）土地使用权出让收入征管方面

为规范国有土地使用权出让收入的征管工作，提升征管效率，北京市税务局与北京市财政局等多部门联合发布《关于将本市国有土地使用权出让收入、矿产资源专项收入两项政府非税收入划转税务部门征收有关问题的通知》（京财资环〔2021〕2463号）、牵头制定《国家税务总局北京市税务局 北京市财政局 北京市规划和自然资源委员会 中国人民银行营业管理部关于建立北京市国有土地使用权出让收入、矿产资源专项收入划转税务部门征收协商机制的通知》（京税发〔2021〕106号）、制发《国家税务总局北京市税务局关于四项政府非税收入划转税务部门征收有关事项的通知》（京税发〔2021〕108号）、发布《国家税务总局北京市税务局关于本市国有土地使用权出让收入、矿产资源专项收入划转税务部门征收有关征管事项的公告》（2021年第4号）等规范性文件。同时编写了《国有土地使用权出让收入等四项政府非税收入划转税务部门征收的有关问答》《北京市国有土地使用权出让收入、矿产资源专项收入划转工作手册》。

对于国有土地使用权出让收入涉及招拍挂、协议、租赁出让收入和矿产资源专项收入业务，打破原有线下征缴模式，用“数据跑路”替代“群众跑路”，推进费源信息在电子税务局自动预填报，实现线上申报缴纳更便捷、更高效、更准确；对于国有土地使用权出让收入涉及不动产登记补缴土地收益业务，按照网络预审、非预审情形制定统一工作流程，作为模板在全市推广复刻。

第五章

房地产市场运行与监管服务

第一节　房地产市场平稳健康发展综述

2021年，北京市坚决贯彻落实党中央、国务院决策部署，坚持房子是用来住的、不是用来炒的定位，实现了稳地价、稳房价、稳预期目标，蔡奇市委书记作出指示批示，部署房地产调控和防范化解风险工作，要求作为重大政治任务抓紧抓好。市长陈吉宁多次召开专题会，带队到市住房城乡建设委调研和部署房地产工作。主管副市长隋振江持续召开专班会议，密集调度，精心组织实施，首都房地产市场总体健康平稳。

一、坚持规划引领，谋划住房总量、结构、布局

编制“十四五”住房建设规划，明确发展战略，针对“市场腿长、保障腿短”“产权腿长、租赁腿短”，新市民、青年人住房矛盾突出的问题，加快发展长租房和保障性租赁住房，补齐“两个体系”短板，做好住房总量、结构、布局、时序统筹与平衡。2021年完成商品住宅用地供应352公顷，租赁房用地供应302公顷。用好国家专项奖补资金，加快发展长租房市场，培育专业化规模化住房租赁企业，截至2021年末，持有经营房屋达100万间。

二、保持政策连续稳定，预调微调实现年度三稳目标

坚持“房住不炒”定位，坚持不把房地产作为短期刺激经济的手段，积极稳妥实施长效机制，坚持因城施策，保持政策连续稳定。针对新情况、新问题，进一步完善政策工具箱，适时定点精准预调微调，打补丁、补漏洞，防止政策反复和过度。人、房、钱穿透式监管，精准支持合理需求和打击违规行为，持续释放坚持“房住不炒”和保持政策连续稳定的决心和态度，以及住房供应充足的积极信号，加强对市场各方预期的引导，多措并举实现“三稳”目标。

三、加强规范市场秩序，防范化解预售项目风险，保持房地产业健康发展

完善预售资金监管制度，修订商品房预售资金监督管理办法并向社会公开征求意见，设置监管银行门槛，建立退出机制，提高重点监管额度，从每平米3500元提高到不低于5000元。持续整顿规范市场秩序，特别是针对虚假宣传、合同欺诈等突出问题，实行交付样板间，购房人合法权益切实得到保障。统筹房地产金融调控和防范化解风险，强化大型房企“三线四档”融资管控，加强中小银行房地产贷款集中度管理，源头防范房企经营风险。坚决落实“保交楼、保民生、保稳定”要求，着力化解恒大在京项目风险，同步强化监管制度和机制，切实保障群众合法权益，维护社会稳定。

第二节　房屋销售情况

2021年，北京坚持房子是用来住的、不是用来炒的定位，围绕稳地价、稳房价、稳预期目标，稳妥实施房地产长效机制方案，保持政策连续稳定，针对新情况新问题，适时微调，精准打补丁，并创新实施房地联动、房钱联动、房学联动、一地一策等政策措施，着力防范化解房地产项目风险，市场运行总体健康平稳。

一、新建房屋批准预售情况

（一）新建房屋批准预售总体情况

2021年，全市新建房屋批准预售面积1160.7万平方米，较2020年增加1.8%。

十六区及开发区情况：顺义区、朝阳区、大兴区新建房屋批准预售面积超过100万平方米，多点地区批准预售总量占全市的50.8%。中心城区占比为36.7%，生态涵养区五区占比为12.5%。

表5-1　2011—2021年北京市新建房屋批准预售面积

单位：万平方米

年份	合计	住房	商业、工业、仓储用房	办公	其他
2011	1554.7	1079.3	95.1	302.5	77.8
2012	1379.2	1036.1	53.9	232.4	56.8
2013	1174.1	781.8	76.7	251.3	64.3
2014	1565.3	1150.9	74.1	246.3	94.0
2015	1308.3	807.1	75.7	321.0	104.5
2016	1121.7	559.5	102.4	365.3	94.5
2017	737.0	503.4	39.6	127.6	66.4
2018	1196.0	874.5	20.9	97.2	203.4
2019	1159.3	821.7	36.5	78.1	223.0
2020	1139.7	756.6	26.9	120.1	236.1
2021	1160.7	810.7	35.8	67.0	247.2

（二）不同用途房屋批准预售情况

1. 商品住房

2021年全市新建商品住房批准预售面积为810.7万平方米，比2020年增加了54.1万平方米，同比增加7.1%。

十六区及开发区情况：顺义区、朝阳区、大兴区、通州区、丰台区五区批准预售商品住房面积排名前五，占总量的55.2%，其中顺义区、朝阳区超过100万平方米，分别为121.8万平方米、107.6万平方米。

2. 办公用房

2021年，全市办公用房批准预售面积67万平方米，较2020年减少44.2%，2017年以来持续贯彻落实新总规提出的产业规模减量发展的要求。其中，石景山区、顺义区、通州区因应产业发展要求，供应量超过10万平方米，占全市供应总量的68.9%；核心区和生态涵养区（怀柔区除外）供应量均为0。

表5–2 2021年北京市各区新建房屋批准预售情况

区	上市面积（万平方米）
东城区	14.9
西城区	0
朝阳区	144.8
海淀区	82.4
丰台区	96.0
石景山区	89.7
通州区	90.9
房山区	62.0
顺义区	173.8
门头沟区	23.8
大兴区	115.3
怀柔区	55.3
密云区	39.4
昌平区	76.4
延庆区	11.5
平谷区	14.9
开发区	69.6
合计	1160.7

表5–3 2021年北京市各区批准预售商品住房面积

区	上市套数（套）	上市面积（万平方米）
东城区	871	9.8
西城区	0	0
朝阳区	8540	107.6
海淀区	2848	44.3

（续表 5-3）

区	上市套数（套）	上市面积（万平方米）
丰台区	4468	66.7
石景山区	3931	49.3
通州区	5443	66.8
房山区	5537	51.5
顺义区	9862	121.8
门头沟区	1139	12.3
大兴区	8802	85.4
怀柔区	4264	46.0
密云区	2654	31.2
昌平区	3904	48.8
延庆区	724	8.1
平谷区	1312	13.0
开发区	3804	48.1
合计	68103	810.7

表 5-4　2017—2021 年北京市各区办公用房批准预售面积

单位：万平方米

区	2017 年	2018 年	2019 年	2020 年	2021 年
东城区	0	0	0	0	0
西城区	0	0	0	0	0
朝阳区	3.4	0	4.5	11.7	4.3
丰台区	9.9	7.6	7.3	18.9	4
石景山区	0	0	0	10.3	18.7
海淀区	0	10.1	10.2	0	0
房山区	8.5	2.4	3.7	5.7	0
通州区	24.1	24.9	21.6	23.7	12.8
顺义区	25.5	14.9	4.5	0	14.7
昌平区	15.3	3.9	13.4	23.4	5.1
大兴区	5.7	23.4	5.5	14.3	4.2
开发区	6.2	2.4	4.2	5.7	0
门头沟区	10.9	2.7	2.7	0	2.3
怀柔区	0	0	0.5	6.4	0.9

（续表 5-4）

区	2017 年	2018 年	2019 年	2020 年	2021 年
平谷区	14.6	0	0	0	0
密云区	3.5	4.7	0	0	0
延庆区	0	0	0	0	0
合 计	127.6	97.2	78.1	120.1	67

3. 商业用房

2021 年，全市商业用房批准预售面积 35.8 万平方米，比 2020 年增加了 8.9 万平方米，同比增加 33%。其中，朝阳区、海淀区两区排前两名，供应量占全市总量的 51.4%。其他有新增供应的区包括中心城区的丰台区、石景山区和多点地区的通州区、顺义区、大兴区，核心区和生态涵养区（怀柔、门头沟除外）供应量为 0。

表 5-5　2017—2021 年北京市各区商业用房批准预售面积

单位：万平方米

区	2017 年	2018 年	2019 年	2020 年	2021 年
东城区	0	0	0	0	0
西城区	0	0	0	0	0
朝阳区	2.0	0	4.2	3.8	10.3
海淀区	0	2.0	9.9	0	8.1
丰台区	1.1	3.4	4.5	1.2	0.9
石景山区	0	0	0	1.3	2.6
通州区	4.8	4.4	1.1	4.2	2.6
房山区	6.7	1.0	11.9	1.4	0
顺义区	4.5	5.0	1.5	0	5.3
门头沟区	6.6	1.0	0.1	0	0.8
大兴区	9.9	2.4	0.8	3.4	0.7
怀柔区	0	0	0	0.4	2.1
密云区	0.5	1.5	0	0	0
昌平区	2.8	0.2	2.3	9.4	2.4
延庆区	0	0	0	1.7	0
平谷区	0.6	0	0	0	0
开发区	0.1	0	0.1	0	0
小计	39.6	20.9	36.5	26.9	35.8

二、新建房屋成交情况

（一）新建预售房屋成交情况

2021 年，全市新建预售房屋成交 905.5 万平方米，比 2020 年增加 27%。其中，住房 757.6 万平方米，比 2020 年增加 30%，办公、商业成交面积分别为 18.7 万平方米、11.5 万平方米，同比分别减少 47%、13%。

十六区及开发区情况：成交主要集中在首都功能拓展区和多点地区，两功能区成交总面积为 800 万平方米，占全市新建预售房屋成交总量的 90.7%。

表 5-6　2021 年北京市新建预售房屋成交情况（按用途分类）

用途	成交面积（万平方米）
住房	757.6
商业	11.5
办公	18.7
其他	117.7
合计	905.5

表 5-7　2017—2021 年北京市新建预售房屋成交面积情况

单位：万平方米

年份	合计	住房	商业	办公	其他
2017 年	535.7	348.5	35.5	117.8	33.9
2018 年	473.2	374.4	27.3	43.7	27.8
2019 年	655.0	573.4	9.5	31.0	41.1
2020 年	712.1	580.9	13.2	35.6	82.4
2021 年	905.5	757.6	11.5	18.7	117.7

表 5-8　2021 年北京市新建预售房屋分区成交情况

区	上市面积（万平方米）
东城区	4.6
西城区	0
朝阳区	64.4
海淀区	107.1

（续表 5-8）

区	上市面积（万平方米）
丰台区	89.8
石景山区	78.3
通州区	75.8
房山区	60.7
顺义区	118.7
门头沟区	8.2
大兴区	79.9
怀柔区	10.5
密云区	39.2
昌平区	75.7
延庆区	12.1
平谷区	9.3
开发区	71.2
合计	905.5

1. 住房

成交情况：2021 年，全市新建住房期房成交 6.85 万套，成交面积 757.5 万平方米，较 2020 年分别增加 1.35 万套和 176.7 万平方米，同比分别增加 24.5% 和 30.4%。

购买对象情况：2021 年，北京市新建住房期房购买主要以本市居民为主。本市居民购买住房 49168 套，面积 541.9 万平方米，成交套数占全市新建住房期房成交总套数的 71.7%。外地居民购买住房 16343 套，面积 165.6 万平方米，成交套数占全市的 23.8%。外国机构及个人购买住房 166 套，面积 3.3 万平方米，成交套数占全市的 0.2%。

表 5-9　2021 年北京市新建住房期房购买对象情况

单位：套，万平方米

购买对象	新建住房期房	
	成交套数	成交面积
本市居民	49168	541.9
外地居民	16343	165.6
外国机构及个人	166	3.3
其他	2863	46.7
合计	68540	757.5

2. 办公用房

2021 年，全市新建办公用房期房成交面积 18.7 万平方米，较 2020 年减少了 16.9 万平方米，同比减少 47.5%。其中，石景山区成交面积排名第一，为 5.6 万平方米，占比 30.0%。

表 5-10　2011—2021 年北京市新建住房期房购房对象所占比重情况表

单位：%

时间	本市居民	外地居民	外国机构及个人
2011 年	76.1	18.0	0.4
2012 年	80.5	17.2	0.3
2013 年	77.2	18.1	0.2
2014 年	81.2	17.1	0.1
2015 年	86.3	12.5	0.07
2016 年	86.1	12.2	0.1
2017 年	84.7	8.4	0.2
2018 年	86.7	11.5	0.1
2019 年	81.4	17.4	0.2
2020 年	76.6	22.7	0.2
2021 年	71.7	23.8	0.2

表 5-11　2021 年北京市新建办公用房期房分区成交情况

区	销售面积（万平方米）
东城区	0
西城区	0
朝阳区	0
海淀区	0
丰台区	0.4
石景山区	5.6
通州区	4.5
房山区	0
顺义区	2.9
门头沟区	0
大兴区	1.5
怀柔区	0.3
密云区	0
昌平区	3.5
延庆区	0

（续表 5-11）

区	销售面积（万平方米）
平谷区	0
开发区	0
合　计	18.7

3. 商业营业用房

2021 年，全市新建商业营业用房期房成交面积 11.5 万平方米，较 2020 年减少了 1.7 万平方米，同比减少 12.9%。其中，海淀区成交面积排名第一，总量合计 8.1 万平方米，占比为 70.4%。

（二）现房成交情况

2021 年，全市新建现售房屋转移登记面积 561.5 万平方米，其中住房 278.9 万平方米，办公用房为 69.8 万平方米，商业用房为 77.5 万平方米。

表 5-12　2021 年北京市新建商业营业用房期房分区成交情况

区	销售面积（万平方米）
朝阳区	0.0
海淀区	8.4
丰台区	0.1
房山区	0.3
通州区	0.2
顺义区	0.5
昌平区	0.3
大兴区	0.9
门头沟区	0.0
怀柔区	0.1
延庆区	0.7
合　计	11.5

表 5-13　2021 年北京市现售房屋转让成交情况

用途	成交面积（万平方米）
住房	278.9
商业	77.5
办公	69.8
其他	135.3
合计	561.5

三、存量房屋成交情况

（一）存量房屋交易总体情况

2021 年，全市存量房屋成交面积 1844.2 万平方米，同比增长 17.3%。

其中，存量住房成交 1730.4 万平方米，占比 93.8%；存量办公用房成交 50.8 万平方米，占比 2.8%；存量商业营业用房成交 18.0 万平方米，占比 1%；其他类型房屋成交 45.0 万平方米，占比 2.4%。

（二）存量住房成交情况

2021 年全市存量住房成交面积 1730.4 万平方米，同比增长 17%。

十六区及开发区情况：首都功能核心区成交总量为 147.6 万平方米，占比 8.5%。首都功能拓展区成交总量 893.6 万平方米，占比 51.6%；其中，朝阳区成交面积 455.2 万平方米，排名第一。

城市发展新区成交总量 578.2 万平方米，占比 33.4%；其中，昌平区成交面积 170 万平方米，排名第一。生态涵养发展区成交总量为 110.9 万平方米，占比 6.4%；其中，昌平区成交面积 39.7 万平方米，排名第一。

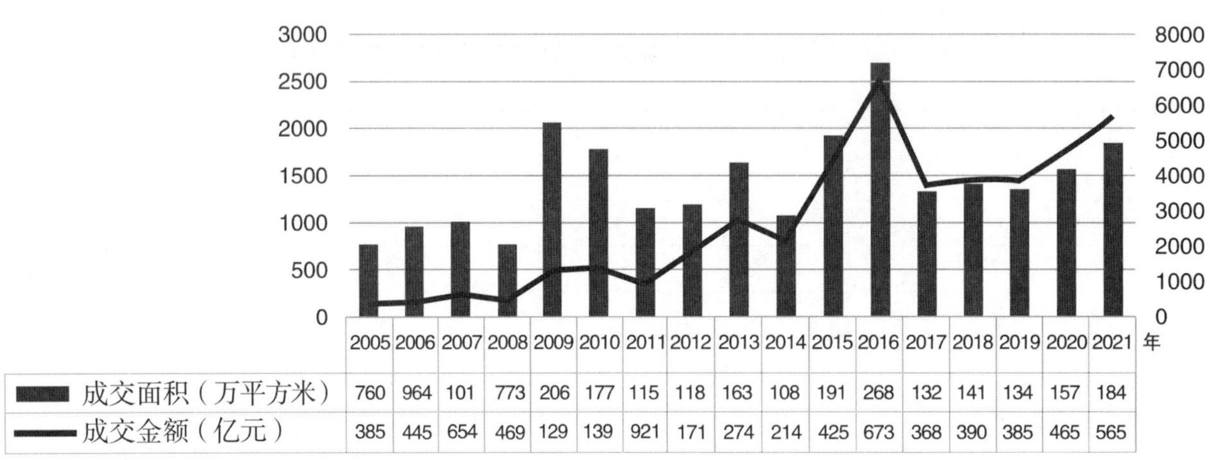

图 5-1　2005—2021 年度北京市存量房交易情况表图

表 5-14　2021 年北京市存量房成交总体情况

类别	成交套数（套或单元）	成交面积（万平方米）
存量住房	191084	1730.4
存量办公	6475	50.8
存量商业	1506	18.0
其他	12600	45.0
合计	211665	1844.2

表 5-15　2012—2021 年北京市存量商品住房成交情况

年度	2012 年	2013 年	2014 年	2015 年	2016 年	2017 年	2018 年	2019 年	2020 年	2021 年
成交套数（套）	124737	150495	98807	189888	260277	130546	148029	138728	164621	191084
成交面积（万平方米）	1090.0	1374.4	877.1	1714.3	2384.9	1174.4	1287.8	1220.9	1478.6	1730.4

表 5-16　2021 年北京市存量住宅交易情况（按功能区分）

功能区	存量住宅网签登记		同比增长（%）	
	面积（万平方米）	套数（套）	面积	套数
合计	1730.4	191084	17	16.1
首都功能核心区	147.6	20481	22.3	21.2
东城区	61.3	8148	34.2	37.1
西城区	86.3	12333	15	12.6
首都功能拓展区	893.6	100426	24.7	23.1
朝阳区	455.2	48080	23.7	22.2
海淀区	204.1	23471	18.6	15.8
丰台区	186.8	22670	37.5	36.4
石景山区	47.5	6205	16.5	16.5
城市发展新区	578.2	58234	12.9	12.3
房山区	81.4	9334	−0.2	−0.6
通州区	96.8	10510	24	22.9
顺义区	80.2	6877	5.5	5.1
昌平区	170	15857	16.1	16.1
大兴区	127	13564	10.9	11.3
亦庄	22.8	2092	36.5	36.7
生态涵养发展区	110.9	11943	−14.1	−16.4
门头沟区	17.3	2043	−1.5	−2.6
怀柔区	17.4	1750	−9.2	−11.2
平谷区	20.8	2217	5.6	2.8
密云区	39.7	4164	−28.2	−30.7
延庆区	15.7	1769	−9.5	−13.6

第三节　住房租赁情况

2021年全市住房租赁市场运行总体保持平稳，房屋租赁管理服务平台全年住房租赁合同备案95.7万笔，居全国首位。其中，公租房租赁备案4.5万笔，市场租赁备案91.2万笔。排名前十的租赁中介机构，备案量占全市的90.3%。全市整租市场平均租金88.6元/平方米·月，同比上涨4.8%。分租市场平均租金2916元/间·月，同比上涨5.3%。集体宿舍平均租金776元/床位·月，同比上涨3.7%。

一、整租市场运行情况

2021年整租合同备案52.1万笔，占市场租赁总备案量的57.1%，比2020年增加11.6万笔，同比上升28.9%。全市整租市场平均租金88.6元/平方米·月，同比上涨4.8%。

（一）户型面积情况

从居室看，一居、两居、三居、四居及以上，分别占比46.8%、42.4%、9.5%、1.3%。

从面积看，40平方米以下、40-60平方米、60-80平方米、80-100平方米、100-120平方米、120平方米以上，分别占比6.0%、39.2%、26.5%、17.8%、5.8%、4.7%。

（二）区域分布情况

从交易量看，朝阳区、丰台区、海淀区、昌平区、西城区等五个区备案量最高，分别为32.3%、14.8%、12.8%、6.6%、6.3%，合计占全市整租备案量的72.8%。丰台区新村街道、朝阳区高碑店乡、通州区梨园镇、大兴区大红门街道、丰台区卢沟桥街道等五个街道（乡、镇）备案量最高，分别为3.0%、1.7%、1.64%、1.63%、1.59%。

从租金价格看，东城区、西城区、海淀区、朝阳区、丰台区等五个区租金最高，分别为115.3元/平方米·月、113.2元/平方米·月、111.0元/平方米·月、93.1元/平方米·月、79.8元/平方米·月。西城区金融街街道、海淀区燕园街道、西城区什刹海街道、西城区西长安街街道、东城区交道口街道等五个街道租金最高，分别为178.7元/平方米·月、170.7元/平方米·月、162.6元/平方米·月、160.4元/平方米·月、156.5元/平方米·月。

（三）出租、承租人情况

出租人平均年龄50.2岁，男性占52.7%，女性占47.3%。承租人平均年龄34.1岁，男性占52.9%，女性占47.1%。

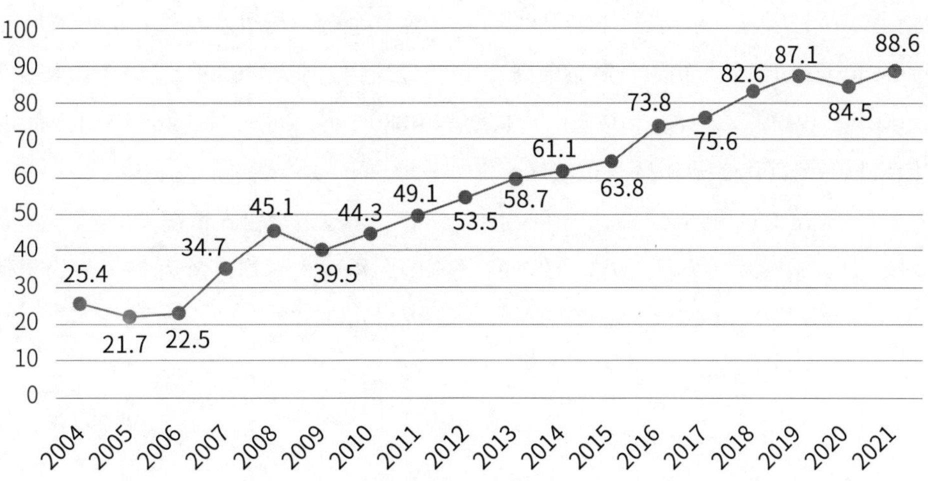

图 5-2　2004—2021 年北京市住房租赁整租价格走势图

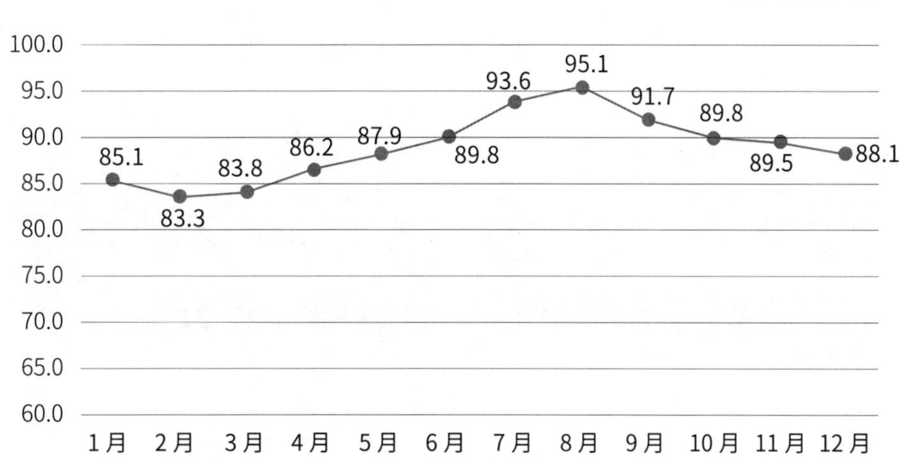

图 5-3　2021 年北京市住房租赁整租价格变化情况

二、分租市场运行情况

2021 年分租合同备案 34.3 万笔，占市场租赁总备案量的 37.6%，比 2020 年减少 9.6 万笔，同比下降 21.8%。全市分租市场平均租金 2916 元 / 间 · 月，同比上涨 5.3%。

（一）成交机构情况

自如、链家、我爱我家、魔方公寓、建信住房等五家企业备案量排名靠前，分别占比 46.5%、16.7%、14.7%、2.8%、2.4%，合计占分租市场租赁备案量的 83.1%。

（二）区域分布情况

从备案量看，朝阳区、海淀区、昌平区、丰台区、通州区等五个区备案量最高，分别为 32.1%、18.4%、13.7%、11.6%、4.8%，合计占全市分租备案量的 80.6%。丰台区新村街道、昌平区回龙观街道、昌平区龙泽园街道、朝阳区望京街道、昌平区霍营街道等五个街道备案量最高，分别为 2.8%、2.7%、2.5%、2.1%、2.1%。

从租金价格看，海淀区、西城区、东城区、朝阳区、昌平区等五个区租金最高，分别为 3492.6 元 / 间 · 月、3477.2 元 / 间 · 月、3387.2 元 / 间 · 月、3188.4 元 / 间 · 月、2714.5 元 / 间 · 月。海淀区中关村街道、海淀街道和西城区什刹海街道、金融街街道、西长安街街道等五个街道租金最高，分别是 4485.8 元 / 间 · 月、4307.9 元 / 间 · 月、4080.5 元 / 间 · 月、4066.5 元 / 间 · 月、3911.2 元 / 间 · 月。

（三）承租人情况

承租人平均年龄为 29.6 岁，男性占 54.3%，女性占 45.7%。

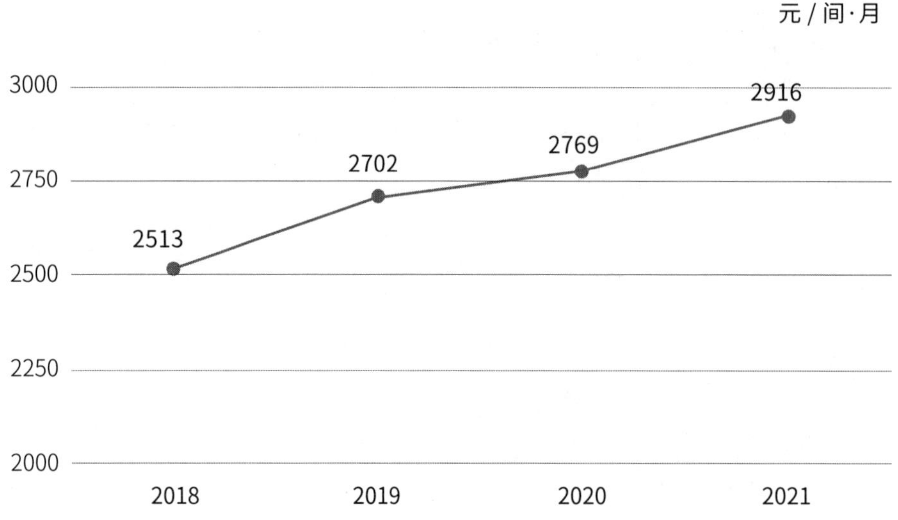

图 5-4　2018—2021 年北京市住房租赁分租价格走势图

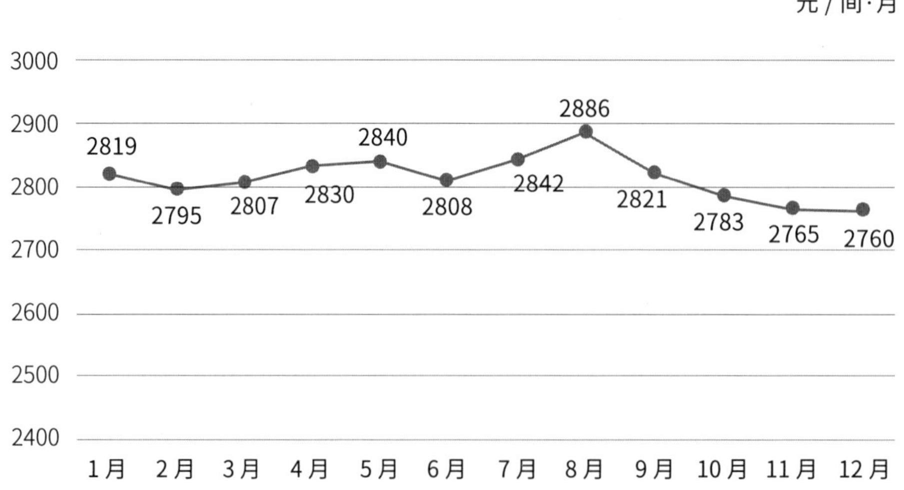

图 5-5　2021 年北京市住房租赁分租价格变化情况

三、集体宿舍市场运行情况

2021年集体宿舍合同备案4.8万笔，占市场租赁总备案量的5.3%，比2020年增加1.3万笔，同比增加37.1%。2021年集体宿舍平均租金776元/床位·月，同比上涨3.7%。

（一）成交房型结构情况

集中宿舍以6人间为主，其次为8人间、4人间，分别占比46.4%、34.2%、13.1%，其他占比6.3%。

（二）租金价格结构情况

月租金800–1000元的占比49%，600–800元的占比32.8%，400–600元的占比10%，1000元以上的占比4.7%，400元及以下的占比3.5%。

（三）承租人情况

承租人平均年龄为26.9岁，男性占比49.3%、女性占比50.7%。

四、租赁群体户籍情况

从近五年备案人群看，出租人京籍占比79.0%，非京籍中河北、黑龙江、山东、河南、辽宁籍占比较大，分别为3.8%、2.1%、1.7%、1.4%、1.3%。承租人京籍占比29.3%，非京籍中河北、黑龙江、河南、山东、山西籍占比较大，分别为13.7%、6.7%、6.5%、6.0%、5.0%。

第四节　房屋市场价格指数

2021年，北京继续严格落实“房住不炒”政策定位要求，积极引导市场预期，住宅销售价格由上涨趋于平稳。

一、住宅销售价格由涨转稳

（一）新房价格小幅波动后趋于平稳，二手房价格呈先涨后降走势

2021年，全市新建商品住宅价格各月环比表现为“10升2平”，环比指数变动幅度为0.9个百分点。分月看，1—7月新建商品住宅价格呈“W”形走势，环比指数在100.2%—100.9%之间小幅波动，6月达到100.9%的年内高点；8—12月，新建商品住宅价格逐步回落，9月和12月指数回落至年内低点，均为100.0%。

2021年，二手住宅价格各月环比表现为“9升3降”，环比指数变动幅度为1.9个百分点。分月看，1—6月受学区房交易带动等因素影响，二手住宅价格环比指数从1月的100.9%波动上行至6月的101.3%；7—11月，入学派位、离婚限购政策效应显现，二手住房市场趋于平稳，价格指数环比回落，9月价格指数环比由升转降，10月环比指数回落至99.5%的年内低点；12月，受住房信贷额度放松等因素影响，二手住宅成交量回升，带动销售价格再次上行。

（二）新房小户型价格波幅较大，二手房各户型价格回落明显

2021年，全市新建商品住宅90平方米及以下、90—144平方米和144平方米以上户型各月价格环比指数均值均为100.4%，表明各户型价格涨幅均较小，对新建商品住宅价格带动作用较为平

均。从变动幅度看，90 平方米及以下、90—144 平方米和 144 平方米以上户型环比指数变动幅度分别为 1.6 个、1.0 个和 0.9 个百分点，表明小户型价格波幅较大，对市场反应更为灵敏。

2021 年，二手住宅 90 平方米及以下、90—144 平方米和 144 平方米以上户型各月价格环比指数均值分别为 100.7%、100.7% 和 100.6%。其中，7—12 月，二手住宅 90 平方米及以下、90—144 平方米和 144 平方米以上户型各月价格环比指数均值分别为 100.1%、100.2% 和 100.3%，分别比 1—6 月的均值低 1.2 个、1.0 个和 0.7 个百分点，下半年二手住宅各户型价格回落明显，带动相关总指数趋于平稳。

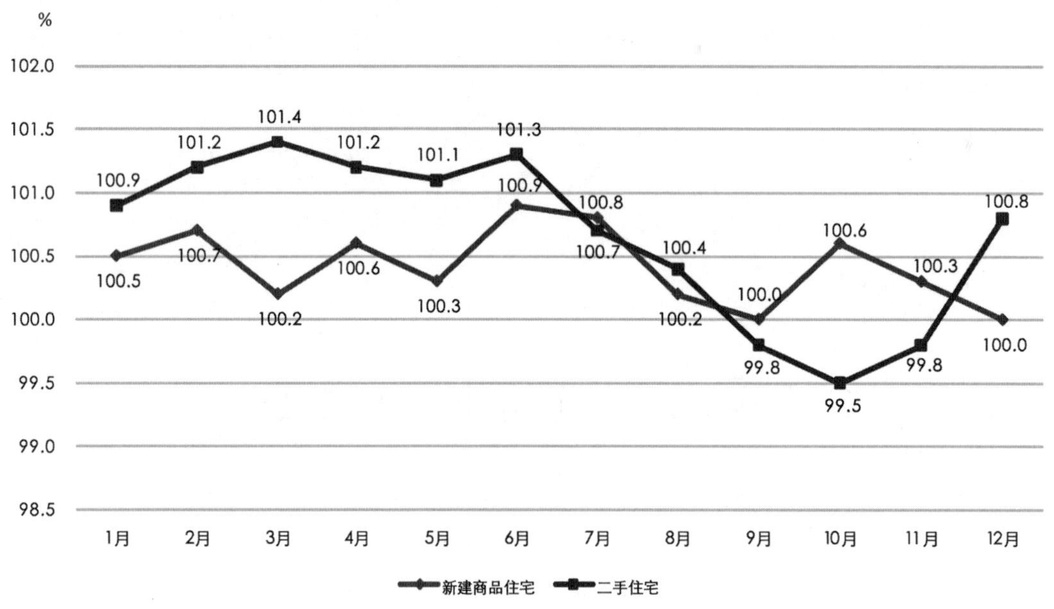

图 5-6　2021 年北京市住宅销售价格环比指数

二、一线城市房价指数比较

（一）新房价格均呈小幅波动态势

2021 年，北京、上海和广州新建商品住宅各月价格环比指数均值均为 100.4%，其中北京新建商品住宅价格 1—7 月波动上行，8—12 月有所回落，环比指数月度间变动幅度为 0.9 个百分点；上海价格环比指数变动幅度在 4 个城市中最小，为 0.5 个百分点，各月均为微涨态势；广州新建商品住宅价格先升后降，自 6 月起稳步回落，环比指数变动幅度为 2.1 个百分点；深圳各月价格环比指数均值为 100.3%，1—8 月波动上行至年内高位，9—12 月在 100.0% 上下波动，环比指数变动幅度为 1.2 个百分点。

（二）二手房价格总体由升转降

2021 年，北京和上海二手住宅价格自 9 月起连续 3 个月环比下降，广州自 9 月起连续 4 个月环比下降，深圳自 5 月起连续 8 个月环比下降。其中，北京二手住宅各月价格环比指数均值为 100.7%，环比指数月度走势总体呈前高后低特征，环比指数月度间变动幅度为1.9个百分点；上海和广州价格环比指数均值均为100.5%，变动幅度分别为1.9个和2.0个百分点，各月环比指数均在1—3季度波动下行并由升转降，4季度回稳；深圳价格环比指数均值为100.1%，从1月的101.7%逐步下行至9月的99.5%，10—12月环比降幅略有收窄，环比指数变动幅度为2.2个百分点。

第五节　房地产开发监管服务

2021年以来，房地产开发监测监管服务工作紧紧围绕房地产调控工作大局，以项目为核心，以项目手册备案和房地产开发管理平台为抓手，优化行政审批程序，提升行业监管水平，扎实有力推进疫情防控常态化形势下的商品房促开工稳投资，有序推进商品住宅小区配套公共服务设施建设和移交专项治理，促进房地产市场平稳健康发展。2021年，全市新增房地产开发项目77个、建筑面积829万平方米，较2020年增加15.8%。包括住房项目62个、558万平方米，预计可供应商品住房5.3万套、保障性租赁住房及公租房1.1万套，较2020年增加78.8万平方米、8900余套。

一、全力做好开发项目手册备案管理，为房地产市场监测监管夯实数据基础

市区两级联动，依托房地产开发项目手册备案机制，梳理完善开发项目台账，细化项目数据，逐一了解现状、存在问题和项目开工需求，为有针对性地开展协调推进提供数据基础依据。全面开展在途项目信息填报，施行房地产开发项目精细化全流程监测，提升研判决策水平。2021年，全年共办理房地产开发项目手册备案153份次，涉及开发项目110个，备案建筑面积1542.6万平方米，与2020年的1588.9万平方米相比微降2.9%，其中，备案商品住房775.3万平方米，较去年的879.5万平方米同比减少11.9%，占备案总量的50.3%，涉及项目88个；备案共有产权住房37.2万平方米；保障房（不含共有产权住房）28万平方米、商业办公271万平方米（详见附录三，附表3、4、5、6）。全年新注册项目102个，竣工项目114个，已转入历史项目管理。

二、多措并举推进商品房项目尽早开工建设，提升开发服务效能

坚持“促增量、推存量”调度房地产开发项目开工，全力推进在途项目实现“应开工尽开工”和建安投资有效落地。把握重点，主动服务，实现集中供地项目拿地到开工平均时间114天，较之前供地项目缩短了6个月以上。一是建立市、区、企业协同工作机制。建立由市住房城乡建设委牵头，各区住房城乡建设委、项目企业协同推进的工作格局，组建调度服务工作群、服务队，将148个项目促开工任务分区分片，因需施策，制定针对性措施，提高了项目开复工推进效率。针对项目和企业面临的问题，赴项目开展现场办公，为企业提供一对一的协调服务，为项目尽早开工建设创造有利条件。全年共赴项目开展现场办公30余次。二是开展集中供地和高标准住宅

项目调度协调服务专项行动。市住房城乡建设委、市发展改革委、市规划自然资源委等部门召开联席协调会议，逐项目逐问题开展协调调度。三是针对企业提出的“四审合一”具体操作、招投标手续办理、样板间标准、市政配套建设、道路命名、预售范围等具体问题，分别给予政策解答和指引。并在办理建设方案备案、招投标、预售等方面出台一揽子优惠政策，极大缩短了项目手续办理时间，比常态化办理平均缩短近50%。在第一批集中供地项目中，石景山衙门口项目从拿地到开工建设只用了短短的2个月时间。

三、稳步推进小区配套公共服务设施建设和移交专项治理，提升居住服务品质

市住房城乡建设委按照市委市政府的工作部署和“十四五”时期“疏整促”实施意见要求，联合市规划自然资源委开展商品住宅小区配套公共服务设施建设和移交专项治理工作。一是系统调研摸排商品住宅小区配套公共服务设施历史遗留问题，按照先易后难、分类有序原则，分年度稳步推进解决，在市、区住房城乡建设、规划自然资源及其他相关部门共同努力，治理工作总体进展顺利。二是强化配套设施建设移交管理，努力提升居住项目服务品质。联合市规划自然资源委，研究起草城镇居住项目配套公共服务设施规划建设接收相关指导文件，进一步规范北京市新建城镇居住建设项目配套公共服务设施规划、建设、移交和使用管理工作，改善居住条件，增强居民获得感和幸福感。三是深入开展居住项目前期物业停车位管理、配套设施产权确认等重点问题研究，努力化解与物业衔接相关政策后期物业管理矛盾隐患。开展居住项目停车位情况调研，着力解决居民停车难问题。四是联合市生态环境、交通等部门，深入开展“每月一题”居住项目周边交通噪声扰民问题协调治理，深化政策研究，探索历史问题解决路径。2021年，全市新建居住项目119项，组织开展商品房交房项目配套设施建设矛盾排查2次，共排查出配套设施建设类交房矛盾11项，及时开展协调处置，促进了交房矛盾的超前化解。

四、优化审批事项，提升行业监管服务水平

落实市政府有关优化营商环境的要求，不断优化房地产开发项目备案和开发资质核准程序及流程，通过精简要件，压缩时限，推行一网通办、全程网办等模式，提高了企业办事效率，行业监管水平进一步提升。一是完成涉及房地产开发管理多个系统的改造整合升级。开发管理“6合1”系统开发工作已取得阶段性成果，资质管理系统已上线试运行，大大提高了管理效率。二是优化资质备案流程和路径。针对企业普遍关心的资质有效期超期恢复、注销恢复、新设立企业超30天备案等具体事项进行研究，畅通配套移交确认单路径，采取部门数据共享的方式，让数据多跑路，企业少跑路，提高服务效率。三是开展走访工作，倾听企业发展需求，组织相关单位为企业解决实际问题，为企业发展助力。四是着力强化房地产开发企业批后监管。坚持对一级资质企业开展实地走访和二、三级资质企业谈话制度，引导企业依规诚信经营。全年共走访、面谈企业23家，深入开展政策宣贯。落实“两随机、一公开”要求，联合有关部门加大对企业违法违规行为的执法检查力度，向执法部门移送执法事项4项。五是开展房地产开发企业违法违规行为记分标准更新工作，为规范企业从业行为提供支撑。研究信用建设工作方案，目前已形成方案初稿，相关工作正在有序推进。配合市金融局开展房地产行

业打击非法集资专项行动，印发关于落实《北京市贯彻落实〈防范和处置非法集资条例〉实施办法》的通知文件。五是加大对各区行业管理工作的指导。通过开展业务专项交流、赴区检查资质管理工作、制定业务工作口径等方式，提升全市行业管理综合水平和能力。

第六节　房屋交易销售监管服务

一、完善房地产市场制度法规，促进市场健康平稳发展

（一）完善商品住房供应机制

2021 年，在商品住房用地上市前，构建了设置合理地价上限、明确住房销售价格上限、竞政府持有商品住房产权份额、竞高标准建设方案等 10 余项政策工具，根据各地块具体情况，合理确定土地竞买条件，实现“限地价、控房价、提品质”的综合目标。2021 年首批供应的 30 宗住宅用地平均溢价率 6.4%，为保“三稳”提供了坚实支撑。7 月 22 日，国务院召开加快发展保障性租赁住房和进一步做好房地产市场调控工作电视电话会议，韩正副总理对首批集中供地的“北京模式”充分肯定。8 月 30 日，北京土地交易市场发布了 2021 年度第二批次住宅用地出让公告，在首批次“房地联动、一地一策”调控措施取得积极成效的基础上，北京市二批次供地继续实施“限地价、控房价、提品质”，引导市场理性竞争，保持房地产市场平稳运行。

（二）规范学区房交易管理

针对年初“学区房”过热现象，各区均严格落实“多校划片”措施，热点区升级执行。西城区采取“跨片区”方式入学，2020 年 7 月后购买热点学区住房的，全部划至邻近片区入学；东城区扩大“多校划片”实施范围，有效弱化了住房的学区属性；海淀区推行二手房挂牌价格“窗口指导”，将 2021 年上半年以来涨幅过快、社会反应强烈的 29 个热点小区作为试点，由区经纪行业协会发出倡议，要求经纪机构对售房人申请挂牌价格超过指导价格的房源不予挂牌展示、不得接受代理，40 余家机构签订保证书响应协会倡议，承诺执行窗口指导价，不恶意哄抬房价争抢房源。

（三）持续优化购房资格核验

2021 年，购房资格核验工作坚持为群众办实事，完善联网审核机制，简化审核程序和办事材料，拓宽复核申请渠道，堵塞政策漏洞，坚持从严审核和主动服务并举，全年商品住房购房资格核验业务 43.6 万笔，同比增加 12.8%，其中新建商品住房资格核验 10.0 万笔和存量住房 33.6 万笔，另全年共核验申请 26 个共有产权住房的 18.9 万户家庭。

1. 完善购房资格联网审核机制。在会同市民政局联网审核本市婚姻登记信息基础上，与全国民政系统对接联网审核婚姻信息，进一步实现购房资格精准核验，一方面为购房家庭提供更为便捷的服务，另一方面有效防范因京外婚姻情况不清造成的监管漏洞。

2. 简化购房资格审核程序和办事材料。一是会同市规自委出台《关于进一步简化购房资格审核程序的通知》，自5月1日起，新提交购房资格申请并联网审核通过的居民家庭，在办理不动产权登记时，不再提交居民家庭购房资格证明材料。二是为落实限购政策执行到位，加强事中事后监管，制定具体方案，组织各区房屋交易管理部门按月抽查资格审核材料。三是完成购房资格审核系统整合，将新建商品房和存量房两个审核系统整合为一个系统，并调整简化资格申请方式，由原来的开发企业、经纪机构、购房人等多种方式申请资格改为由购房申请人直接申请资格。

3. 积极拓宽复核申请渠道。一是在原有电话及现场受理购房资格复核申请的基础上，进一步开通复核事项网上申请功能。因房产原因、未成年子女填报原因未通过资格核验的申请人可在线提交复核申请，无须再前往交易窗口申请复核手续。二是在交易过程中交易双方因贷款、缴税对房产套数认定有异议的，也可由经纪机构协助网上提出复核申请。此项举措立足于为群众办实事，实现“信息多跑路，群众少跑腿”，大大方便了群众。

4. 堵塞政策漏洞完善限购政策。出台《关于进一步完善商品住房限购政策的公告》，规定夫妻离异的，原家庭在离异前拥有住房套数不符合本市商品住房限购政策规定的，自离异之日起3年内，任何一方均不得在本市购买商品住房。补齐政策短板，有效遏制“假离婚”购房等违规现象。

二、积极回应社会关切，持续加强行业管理

（一）进一步规范商品住房销售行为

针对开发企业过度装饰样板间、过分美化楼盘展示，导致购房群众产生“货不对板”“严重减配”的问题，为进一步规范商品住房销售行为，2021年，市住房城乡建设委研究出台了《关于进一步规范新建商品住房销售行为的通知》（京建发〔2021〕258号），主要内容：一是样板间设置“三个一致”要求，即样板间的装修标准应与预售方案中所列的清单内容保持一致、与购房合同约定的交付标准保持一致、与项目实际的交房状况保持一致，不得增加交付标准以外的其他装饰和设施。二是销售宣传时，项目范围内展示内容应当与规划许可内容一致，项目以外应与现状保持一致，在销售现场显著位置公示项目不利因素。三是销售人员“四严禁”，即严禁虚假不实宣传、严禁误导客户处置占有公共部位、严禁宣传周边未建设的公共服务设施、严禁渲染紧张氛围促销。四是在确保安全的前提下，企业应在竣工验收前开展不少于2次的“工地开放日”，组织购房人进入工程现场了解项目实地情况。五是对热销项目（客源 / 户数超过3的），要在区住建部门指导下，公证摇号优先面向无房家庭、属地家庭、周边企事业单位员工家庭出售。

（二）研究修订预售资金监管办法

为切实防范风险，保障购房人合法权益，市住房城乡建设委对预售资金监管办法进行修订并公开征求意见，在压实银行责任、监管政策设计、落实各方监督、开展应急处置等方面进行加强完善，研究提出招标选取监管银行，夯实监管主体责任；实时共享政务信息，提高资金监管能力；落实属地监督职责，提高资金监管额度；持续优化营商环境，推动社会各方监督等多项措施，确保预售资金优先用于工程建设。

（三）修订完善售房合同示范文本

结合《民法典》《北京市物业管理条例》等新出台的法律法规及实践中出现的新问题，对现

行使用的预售合同、现售合同、存量房合同示范文本查漏补缺，及时修订；联合保障房部门完成共有产权房合同示范文本的编制。

三、持续优化营商环境，促进提质增效

（一）进一步推动多测合一

2021 年，市住房城乡建设委与市规划自然资源委联合印发《关于进一步优化北京市社会投资低风险工程建设项目“多测合一”工作的通知》及配套实施细则和技术指南，对社会投资简易低风险项目已在朝阳、海淀两区先行试点，在取得初步经验基础上，将在全市工程建设项目中推广。

（二）推进历史遗留问题解决

2021 年，市住房城乡建设委研究出台关于推进房地产开发项目历史遗留不产登记问题的一系列文件，有力推进“办证难”等历史遗留问题解决。

（三）开展企业破产清算查询

2021 年，市住房城乡建设委承担破产（强制清算）房屋交易信息查询政务服务事项，参与“世行”、国家营商环境评价，提供多项各类政策、案例、总结等材料，为评价考核提供有力支撑。

（四）梳理规范安置房网签

针对经适房、参照经适房管理住房、限价房、商品房等作为定向安置房门类多、性质不一的情况，明确各种材料内容，规范网签流程，确定网签路径及责任部门。

四、加强房地产市场监管，持续保持执法高压态势

（一）持续规范房地产市场秩序

2021 年初，市住房城乡建设委制定了 2021 年房地产市场执法检查工作安排。重点查处“无证售房”“不实宣传”“合同欺诈和不平等条款”“违反预售资金监管”“捆绑销售和违规分销”“信贷资金违规使用”“借学区房等炒作房价”“违规工改住、商改住销售”“发布虚假网络房源”等九方面问题。2021 年 4 月 20 日，下发《关于进一步加强房地产市场秩序整治工作的通知》（京建发〔2021〕115 号），贯彻落实住房和城乡建设部等八部委联合印发的《关于持续整治规范房地产市场秩序的通知》（建房〔2021〕55 号）要求，进一步持续规范市场秩序。同时，坚持对新批准的商品房预售项目负责人、销售负责人逐个进行约谈，对领导关心、群众反映集中的商品房买卖合同及补充协议中不平等条款、擅自处分物业公共部位、擅自改变规划设计、捆绑销售等违规行为，在执法过程中，为企业讲政策，讲规范，严查违法违规行为，针对媒体曝光及热点项目开展联合执法检查，组织开展“双随机”检查抽查、预售资金专项检查，组织各区开展执法培训，集中约谈违规开发企业，并通过官网和微信公众号主动公示违法案例查处情况。

（二）严查违规资金流入房地产市场

2021 年，市住房城乡建设委与市银保监局、人行营管部、市经侦总队等部门，开展 3 轮“经营贷”违规进入楼市联合专项检查，发现违规流入房地产市场资金约 3000 万元，对 4 家银行和 10 名责任人进行行政处罚，累计罚款 565 万元，有效震慑了违规使用经营贷的行为。

（三）禁止开发企业违规收取契税和公维

针对部分开发企业在商品房销售交付时，会将代收契税和住宅专项维修资金作为前置条件，代收后未及时缴纳，造成购房群众无法办理不动产登记，侵害购房群众利益这一问题，2021 年市住房城乡建设委研究制定了《关于禁止房地产开发企业违规收取契税和住宅专项维修资金有关问题的通知》（京建发〔2021〕96 号）（以下简称《通知》），《通知》规定在新建商品房交易过程中，

房地产开发企业不得代收、代缴应由购房人自行缴纳的契税和住宅专项维修资金，房地产开发企业不得将代收购房人应缴契税或住宅专项维修资金作为商品房销售和交付的前置条件。购房人缴纳契税或住宅专项维修资金，确有代办需要的，可委托开发企业或第三方办理，但相应款项不得转入开发企业或其他第三方账户。

五、强化因区施策，完善房地产调控工作机制

坚决落实党委、政府促进房地产市场平稳健康发展的主体责任，市、区两级党委加强领导，政府具体负责，依托房地产调控工作专班，落实各部门职责，做到各区各部门协同联动。进一步完善房地产调控工作专班运行机制，将防范化解风险、强化市场监管等工作明确纳入专班统筹推进，扩充成员单位，完善协调机制。坚持因区施策，压实各区主体责任，授权并指导各区因地制宜制定和用好政策工具，每季度通报各区相关指标完成情况，对市场波动大的区进行预警提示，确保各区域市场稳定。

第七节　房屋租赁监管服务

一、加快推进住房租赁条例立法

全面梳理北京市和国内外住房租赁政策法律制度、现状问题，深入各区、街乡镇、企业、项目开展专项调研，研究起草了《北京市住房租赁条例》，于2021年8月24日至9月23日面向社会公开征求意见，11月16日通过市政府常务会审议，2021年11月24日提请市人大常委会进行第一次审议。《条例（草案）》共6章69条，包括总则、出租与承租、租赁经营与服务、培育发展与监督管理、法律责任和附则等部分。规定的具体内容：一是坚持租购并举，明确培育发展住房租赁市场的导向。包括增加保障租赁住房供给，保护租赁关系，强调加强金融政策支持等。二是完善管理体制，将市场管理与社会秩序管理有机衔接。发挥基层作用，建立市区统筹、街乡负责、居村协助的治理架构。加强租赁合同备案与出租登记衔接。强化社会风险管控，明确遇有突发事件或者可能引发住房租赁市场系统性风险的紧急情况，政府发布特殊管控措施的，租赁当事人应当遵照执行。三是规范租赁行为，明确出租与承租安全管理要求。包括明确出租住房条件、明确出租人、承租人行为规范以及集中出租住房的安全管理要求。四是加强行业管理，明确相应法律责任，加大违法违规行为处罚力度，规范发展住房租赁市场。加强对住房租赁企业管理，包括规范从业、资金监管等要求。加强房地产经纪管理，规定房地产经纪机构不得开展住房转租经营业务。加强互联网信息服务管理，规定互联网信息平台承担身份核验、登记、信息审查和信息报送等责任。

二、全力做好长租公寓行业监管和风险处置

（一）全面做好蛋壳爆雷风险处置

按照市委市政府的决策部署，蛋壳公寓专班转换为长租公寓监管专班。经各方共同努力，全市累计成功化解蛋壳公寓租约 79437 件、化解率达 100%，协调免除“租金贷”15 亿元，蛋壳公寓社会面风险基本化解。

（二）研究制定长租公寓行业政策性措施

1. 市住房城乡建设委联合市市场监管局、市地方金融监管局、市委网信办、市银保监局印发《关于规范本市住房租赁企业经营活动的通知》，于 2021 年 3 月 1 日正式实施，从加强租赁合同管理、控制企业资金池、建立租赁纠纷调解机制等方面规范企业经营行为。2021 年已纳入押金托管租赁企业 114 家，托管资金总额 1.4 亿元。

2. 加强互联网平台房源信息监管。通过走访调研、集中约谈等进行互联网平台合规指导，强化平台信息发布主体及内容审核。联合市场监管部门进驻 58 同城、贝壳找房，驻点指导企业规范经营。研究起草房屋租赁互联网平台“一业一策”、“一企一策”工作方案，开展互联网房源信息发布合规手册编制，明确监管规则。

（三）加强信息公示

共分四批向社会公布了 106 家重点关注企业名单，提示广大消费者谨慎选择，同时移转市市场监管部门采取联合监管措施。

三、切实加强租赁备案管理和备案成果应用

（一）加强租赁备案政策宣传

全面整合本市住房租赁合同备案相关政策法规、租赁备案办事指南、备案信息查询、全市 17 个租赁备案服务窗口及 205 个住房租赁备案便民服务点相关信息，在市住房城乡建设委官方网站及首都之窗推出“住房租赁备案服务”专栏，切实方便群众查询和办事。

（二）全力做好租赁平台升级建设工作

利用中央财政奖补资金全力做好本市房屋租赁监管服务平台的升级建设工作，着力推进数据融合应用、强化市场监管功能、深化公共服务，全面整合相关信息与服务资源，为首都百姓和企业提供更加高效便捷的服务。同时主动联系协调具备条件的企业与租赁平台直连，2021 年全年与平台直连企业数量已扩至 40 家。

（三）夯实租赁备案成果应用

2021 年，通过租赁平台进行租赁合同备案企业数量提高至 1300 家、租赁合同备案量达到 407 万笔，保持全国第一。共协助核查 2.8 万条申请积分落户租赁合同备案信息，最终助力 100 余人成功落户；协助核查申请子女入学的租赁合同备案信息 41.4 万笔，最终助力 737 个本市无房家庭子女成功入学；协助 2 万余人通过租赁备案信息提取公积金，涉及金额 2.4 亿元。

（四）组织开展租赁合同备案专项检查

为进一步规范租赁市场秩序，督促租赁中介机构履行租赁合同备案义务，市住房城乡建设委组织各区开展住房租赁合同备案专项检查工作。各区累计检查住房租赁企业和房地产经纪机构 1068 家，针对未按规定备案、备案不及时等问题，综合运用约谈告诫、责令整改、暂停房源发布端口、公示曝光等手段督促整改。

四、扎实开展租赁进校园活动

（一）加强政策宣传和解读

发布《住房租赁指南 3.0》，同时向毕业生发放《租房需要知道的那些事儿》《牢记租房五须

知》《违法群租危害多》等宣传材料5000余份，科普如何甄别房源与选择正规的机构、如何判断房屋是否可以租住等租赁知识，并提示毕业生通过使用住房租赁合同示范文本、避开“低租金”钓鱼房源等方式的租房风险。

（二）搭建供需平台，向毕业生提供专属优惠，助力毕业生安心租房

聚焦新毕业大学生在租房过程中的急难愁盼问题，调动各方力量搭建大学生租房供需平台，深入北京工业大学等高校开展政策宣传和供需对接工作，组织本市17家大型住房租赁中介企业提供适配房源1.2万套（间），成功签约6961套（间），切实为毕业生安心租房保驾护航。组织北京房地产中介行业协会向全市房地产经纪机构、住房租赁企业发起服务高校应届毕业生租房的八大倡议，“足不出校可选房、即看即租真房源、市场租金有折扣、房屋租金可月付、租房押金可免收、租房佣金可减免、免费搬家可定制、合同期内可换租”。八大倡议涵盖了租房各环节，形成了服务链条全覆盖。

五、稳步推进违法群租房整治

2021年，市住房城乡建设委先后下发《关于开展违法群租房集中整治月行动的通知》和《关于进一步加强违法群租房整治工作的有关意见》，完善群租房整治工作机制；印发《关于创建无违法群租房小区试点工作方案》，组织开展违法群租房集中整治月；启动全市范围内无群租房示范小区创建工作，探索群租治理新路径。2021年，全市共整治上账违法群租房3809处，基本实现“动态清零”；各区上报创建无群租房试点小区110个。

六、持续加大执法监管和化解纠纷力度

2021年，市区两级住建房管部门累计下发《责令改正通知书》226份，行政处罚382起，罚款603.45万元；妥善处置鸿福嘉业、郡奇、日升广安、飞象长租、望京二房东跑路等事件；多元化化解住房租赁纠纷，联合市高级人民法院出台《关于深化住房租赁纠纷多元化解机制建设加强诉调对接工作的意见》，指导中介行业协会挂牌成立“房地产交易纠纷人民调解委员会”，调解住房租赁企业和当事人纠纷，化解诉前租赁纠纷。

2021年，印发《推动解决“接诉即办”“每月一题”房地产中介机构经营不规范问题工作方案的通知》，统一部署、市区联动，明确任务分工和工作要求，切实推进解决“房地产中介机构经营不规范问题”。联合相关部门出台《关于规范本市住房租赁企业经营活动的通知》，严格押金托管，保护租赁权益。建立被投诉企业分析排名机制，压实企业主体责任，引导房地产中介机构及从业人员增强守法意识，合法合规开展业务，营造良好市场环境。在做好“接诉即办”的同时，逐步向“未诉先办”转变，经过一年集中治理，2021年12345全市房地产中介问题工单同比下降44.1%，治理成效显著。

第八节 公有住房和集资合作建房监管

一、存量公房改革

（一）公有住房出售情况

2021年，全市出售公有住房166.28万平方米1.84万套，其中中央单位480家面积94.76万平方米，涉及住房8766套，市属单位209家面积56.11万平方米，涉及住房6950套，区属单位165家面积15.41万平方米，涉及住房2636套。

（二）公有住房调整情况

2021年，北京市各区房改部门总计核准347家单位调整公有住房方案，涉及住房1980套，面积15.54万平方米。主要为中央单位分配职工住宅后，按房改成本价、经济适用住房价格为职工调整住房，共计343家，涉及住房1941套，面积15.28万平方米，占调房总量的98.33%；市属单位4家，涉及住房39套，面积0.26万平方米，占当年调房总量的1.67%。

二、集资合作建房监管

按照国家和北京市的有关政策，持续加强住宅合作社的管理工作。2021年，配合市民政局对2家住宅合作社进行行政处罚，并为11家住宅合作社办理了年检初审。

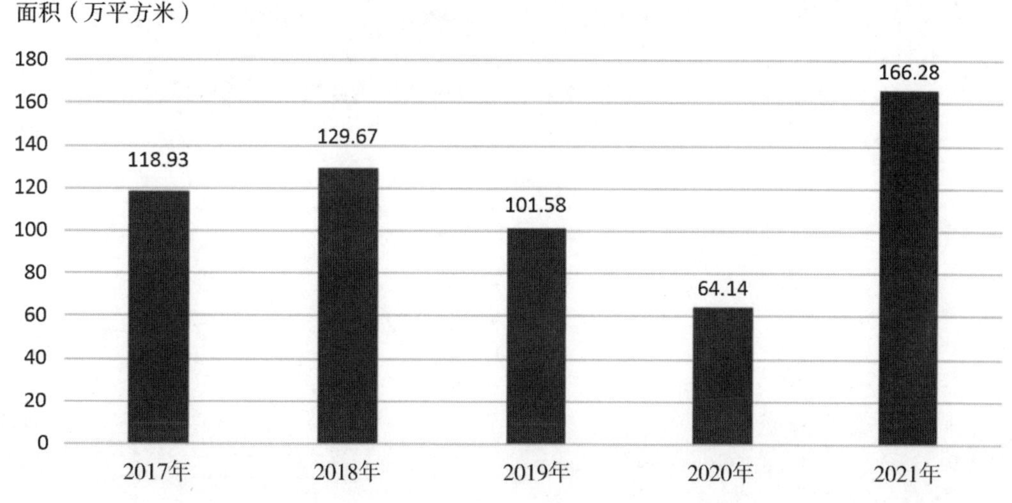

图5-7 2017—2021年北京市房改售房情况

三、其他住房资金管理

按照政策规定，公有住房售房款在市住房资金管理中心专户存储、专项使用。截至2021年年底，累计归集公有住房售房款583.35亿元，支取498.73亿元，余额84.62亿元。累计归集公有住宅专项维修资金90.68亿元，支取24.06亿元，余额66.62亿元。本年度归集公有住房售房款4.37亿元，支取2.15亿元，2021年年内净增额2.22亿元。本年度归集公有住宅专项维修资金2.12亿元，支取0.74亿元，年内净增额1.38亿元。

截至2021年年底，全市累计有1298家企业支取售房款79244.64万元用于公房修缮，23家企业支取售房款824.05万元。上述资金主要用于电梯更新维修、供水设备、消防设施整改、楼面及屋顶防水维修等事项。

2021年，全市各区房管部门共审核批准158家企业支取售后公有住房专项维修资金4977.42万元。主要用于屋面防水维修16.04万平方米，190部电梯维修及更新，其余资金用于消防设施改造、供水管道维修、排水管道维修等事项。

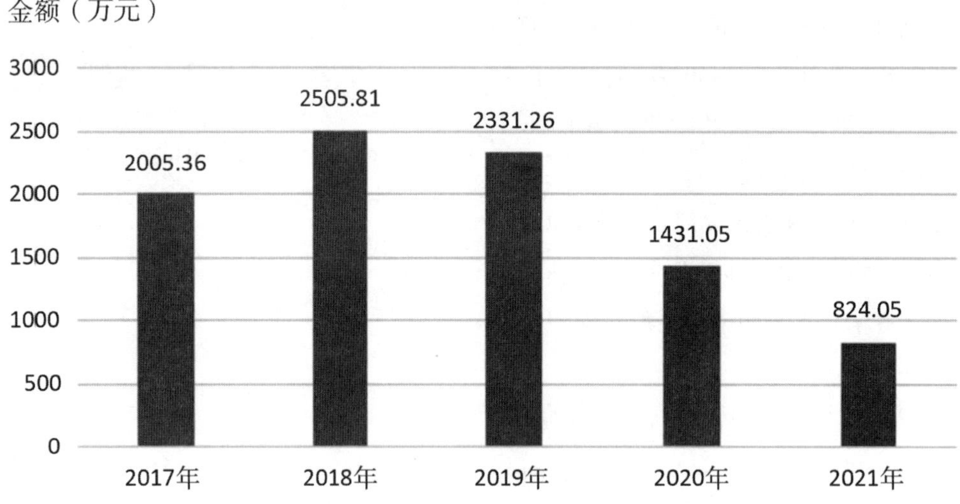

图5-8　2017—2021年北京市单位售房款修缮资金支取情况

第六章

住房保障

第一节 2021年北京市住房保障政策综述

2021年是“十四五”规划开局之年，也是建党100周年，北京市全面贯彻新发展理念，有效增加保障性租赁住房和共有产权住房供给，持续加大公租房备案家庭保障力度，努力实现“住有所居”目标。

一、加强住房保障规划编制和实施

一是印发保障性住房年度工作要点。经市政府批准，发布《关于印发〈北京市2021年住房保障工作要点〉和目标分解表及任务清单的通知》（京建发〔2021〕98号），明确3项年度目标任务，22项工作重点任务，作为市政府对各区及相关单位落实住房保障工作任务考核的依据。全年计划供应保障性租赁住房用地300公顷、共有产权住房用地100公顷，建设筹集政策性住房5万套（间）、竣工8万套（间），公租房备案家庭总体保障率比2020年底提高10个百分点以上，新增市场租房补贴5000户、补贴发放户不低于2万户，老城平房区申请式退租不少于2000户、简易楼腾退、危旧楼房改建实施20万平方米、棚户区改造完成签约3995户，进一步增加保障性住房有效供给，提高保障房分配运营管理水平。

二是编制“十四五”住房保障规划。年内已形成规划初稿，对“十四五”期间住房保障工作基本需求、工作目标和主要任务提出具体要求，完善以公租房、保障性租赁住房、共有产权住房和安置房为主体的新时期住房保障体系，计划建设筹集保障性租赁住房40万套（间）、公租房10万套、共有产权住房10万套。

二、加强保障性租赁住房政策研究

一是加快制定北京市发展保障性租赁住房实施方案。全面落实国家关于加快发展保障性租赁住房的意见，研究起草本市实施方案，明确重点缓解新市民、青年人住房问题，以建筑面积70平方米以下的小户型为主，租金低于同地段、同品质市场租赁住房租金水平。

二是进一步完善非居改建集体宿舍政策。市住房城乡建设委、市发改委、市规划自然资源委会、市消防局联合印发《关于进一步推进非居住建筑改建宿舍型租赁住房有关工作的通知》（京建发〔2021〕159号），明确改建原则、标准和程序，全市累计改造实施非居住建筑改建职工宿舍项目12个4304套（间）。

三、研究完善公租房管理政策

一是顺利推进公租房和保障性租赁住房配建工作。市住房城乡建设委、市发改委、市财政局、市规划自然资源委联合印发《关于进一步规范本市新供住宅项目配建公租房、保障性租赁住房工作的通知》（京建发〔2021〕389号），通过“一地一策”会商方式，按照“以需定供”思路，选择合适的商品住房、安置房地块进行配建，明确配建工作的程序和各环节要求，合理设定配建比例和回购价格，有效拓宽了房源筹集方式，促进职住平衡和项目可持续运营。在全年三次集中供地中累计推出配建公租房、保障性租赁住房地块25宗、建筑规模46万平方米、可提供房源约

5700套，共有产权住房地块4宗、建筑规模22万平方米，指导市区保障房平台有序做好配建地块回购工作。

二是完善公租房资格审核机制。印发实施《关于加强公租房资格复核及分配管理的通知》，建立公租房轮候家庭资格定期复核机制，在全国率先落实多未成年子女家庭住房支持政策。采取“三次告知、两次送达”复核工作机制，将家庭复核提交材料由13项简化为6项，全市完成轮候家庭告知10万户，累计终止不再符合条件公租房轮候家庭资格3万余户。

三是规范市场租房补贴发放管理。市住房城乡建设委正式印发《关于进一步规范市场租房补贴发放管理等问题的通知》（京建法〔2021〕6号），进一步加强市场租房补贴发放管理，简化补贴领取手续，规范租赁合同签订行为。联合市财政局、规建管专项小组，对市场租房补贴调整政策落实情况和实施效果开展专项督查。

四、不断完善共有产权住房配套政策

一是印发实施《关于未销售限价商品住房等政策性住房转为共有产权住房销售工作的通知》（京建发〔2021〕149号），明确转化路径、不动产办理、土地价款管理等，有力推进昌平中骏四季、东城豆各庄、首钢集资建房等多个项目的转化工作。

二是联合市财政、规划、国资四部门印发《关于加强本市共有产权住房政府产权份额代持机构管理的通知》（京建发〔2021〕419号），明确具体工作职责，确定市区两级代持机构名单，作为住房保障领域特殊功能类国有企业，将代表政府持有共有产权住房政府产权份额，业务开展情况纳入企业绩效考核业务指标体系，收益支出情况不计入经济效益指标范围。

三是联合市财政、发改、规自制定《关于规范共有产权住房出租管理工作的通知（试行）》，按照市领导指示要求深入研究完善，明确租赁流程、定额收益原则、监管措施，近期即将会签印发。同步指导市保障房中心开发建设“北京市共有产权住房租赁服务平台”，系统已随时具备上线功能。

五、加强人才住房支持

一是加大人才公寓建设指导力度。积极推进市级高层次战略科技人才公寓建设分配，已确定6个项目，其中3个项目980余套为现房，已入住185套。加快国际人才公寓规划、开工和投入使用，已确定8个项目，其中4个项目1000余套房源已具备入住条件。

二是搭建保障性租赁住房供需对接平台。梳理形成23家重点企业清单并持续增加，组织中海油、北交所等10余家单位参加首创朝阳十八里店、丰台花乡葆台村集租房项目专题供需对接会，为供需双方搭建起沟通平台，便于双方建立长效对接机制。

第二节 政策性住房建设

一、政策性住房建设筹集情况

2021年，全市建设筹集各类政策性住房6.1万套，其中集体土地租赁住房11899套，公共租赁住房3251套，定向安置住房38811套，共有产权住房7042套（见表6-1）。

表6-1 2021年北京市政策性住房建设筹集项目表

区	序号	项目名称	房源套数	房源类型
东城区	1	东城区2021年公租房筹集项目	512	公共租赁住房
	2	东城区望坛棚户区改造项目	1326	定向安置房
西城区	1	光源里棚户区改造项目	495	定向安置房
朝阳区	1	朝阳区垡头地区焦化厂剩余地块保障房项目	672	定向安置房
	2	朝阳区电子城北扩区6-2地块人才公租房项目	1270	公共租赁住房
	3	金盏乡长店组团定向安置房三期项目	3483	定向安置房
海淀区	1	双新村棚户区改造项目回迁安置房	2130	定向安置房
	2	海淀北部地区整体开发永丰产业基地（新）HD00-0403-013.122地块R2二类居住用地，A33基础教育用地项目	1518	共有产权住房
	3	海淀区清河安宁庄1820-618B，1820-619B，1820-624A，1820-622地块R2二类居住用地，A33基础教育用地项目	2848	共有产权住房
丰台区	1	张家坟A区棚户区改造土地开发项目	2795	定向安置房
	2	南苑村A区棚户区改造土地开发项目	2458	定向安置房
	3	长辛店镇太子峪村集体土地租赁住房项目	2880	集体土地租赁房
	4	丰台区张仪村集体土地租赁住房及配套公共服务设施项目	2267	集体土地租赁房
石景山区	1	石景山区北辛安棚户区改造A区土地开发项目	3347	定向安置房
	2	石景山区北辛安棚户区改造B区土地开发项目	388	定向安置房
	3	石景山阜石路1603-616（部分）地块R2二类居住项目（2#住宅楼等7项）	420	共有产权住房
门头沟区	1	门头沟区永定镇南区棚户区改造和环境整治项目安置房工程	492	定向安置房

（续表 6-1）

区	序号	项目名称	房源套数	房源类型
房山区	1	房山区拱辰街道办事处 FS00-LX05-0046 地块 R2 二类居住用地项目	356	共有产权住房
	2	高佃三村	300	定向安置房
	3	房山区长阳镇 06、07 街区棚户区改造土地开发六片区项目	663	定向安置房
	4	房山区城关中心区棚户区改造土地开发项目二期安置地块 FS00-YF06-0054 等地块	596	定向安置房
	5	房山区拱辰街道 FS00-LX09-6001 地块 R2 居住用地、FS00-LX09-6003 地块 A33 基础教育用地项目	770	共有产权住房
大兴区	1	大兴区西红门镇新建地区棚户区改造土地开发项目（A、B 片区）	1611	定向安置房
	2	大兴新城海户新村项目（公租房）	1469	公共租赁住房
	3	大兴区瀛海镇 YZ00-0803-2013A、2013B 地块项目	1130	共有产权住房
	4	大兴区黄村镇狼垡集体租赁住房项目	1002	集体土地租赁房
	5	大兴新城核心区埝坛安置房项目	1632	定向安置房
	6	大兴区首创团河西地块定向安置房项目	5371	定向安置房
	7	大兴黄村七街安置房项目	290	定向安置房
通州区	1	通州区嘉创二路 4 号地定向安置房项目	1662	定向安置房
	2	通州区永顺镇运通人和良园二期 FZX-0604-6002、FZX-0604-6006 地块 R2 二类居住用地、A334 托幼用地建设项目	715	定向安置房
	3	通州区张家湾镇南火垡村集体土地租赁住房项目二期	1460	集体土地租赁房
	4	通州区台湖镇集体土地租赁住房项目	1100	集体土地租赁房
	5	通州区张家湾镇南火垡村集体土地租赁住房项目 TZ04-0200-0001、TZ04-0200-0002 地块	1100	集体土地租赁房
顺义区	1	李遂镇柳各庄村棚改安置房项目	2641	定向安置房
	2	顺义区高丽营镇张喜庄村集体土地租赁住房项目	664	集体土地租赁房
	3	顺义区仁和镇前进村集体土地租赁住房项目	276	集体土地租赁房
	4	顺义区马坡镇西丰乐村棚户区改造土地开发项目	713	定向安置房
	5	顺义区高丽营镇张喜庄村集体土地租赁住房项目	316	集体土地租赁房
昌平区	1	创新基地 C-23、C-27-1 地块定向安置房项目	2033	定向安置房
延庆区	1	延庆区康庄镇一街村、二街村、三街村棚户区改造和环境整治项目	1999	定向安置房
	2	南菜园 1-5 巷棚户区改造项目安置房地块（南区）	435	定向安置房
平谷区	1	平谷区兴谷街道上纸寨村集体土地租赁住房项目	834	集体土地租赁房
怀柔区	1	怀柔区北房镇驸马庄村棚户区改造项目（回迁安置房）（1# 住宅楼等 8 项）	564	定向安置房
合计			61003	

二、政策性住房基本建成情况

2021年，全市共基本建成各类政策性住房8.3万套，其中公共租赁住房3394套，集体土地租赁住房4652套，定向安置住房53753套，限价商品住房1090套，共有产权住房20216套（见表6-2）。

表6-2 2021年北京市政策性住房基本建成项目表

区	序号	项目名称	房源套数	房源类型
东城区	1	豆各庄3、4号地通惠灌渠东侧地块东城区旧城保护定向安置房	990	定向安置房
	2	豆各庄3、4号地通惠灌渠西侧地块东城区旧城保护定向安置房	798	定向安置房
	3	豆各庄3、4号地通惠灌渠东侧地块东城区旧城保护定向安置房	464	定向安置房
朝阳区	1	朝阳区管庄乡塔营村1208-605地块F1住宅混合公建用地项目	656	共有产权住房
	2	百子湾定向安置房	2848	定向安置房
	3	常营乡1201-602、603地块住宅混合公建用地（配建自住型商品住房）	427	共有产权住房
	4	常营乡1201-602、603地块住宅混合公建用地（配建限价房）	437	限价商品房
海淀区	1	海淀北部1片区西郊农场东部局部地块	2922	定向安置房
	2	海淀区北部翠湖科技园HD00-0303-6019、6020地块R2二类居住用地项目	855	定向安置房
	3	北京电影洗印录像技术厂北三环中路40号院危旧房改造	130	定向安置房
丰台区	1	丰台区花乡纪家庙回迁安置房项目	726	定向安置房
	2	丰台区亚林西居住区8号地公共租赁住房项目	798	公共租赁住房
	3	丰台区西四环中路83号0606-0644地块R2二类居住用地	416	公共租赁住房
	4	丰台区城乡一体化槐房村、新宫村旧村改造二期NY-016等地块B4综合性商业金融服务业用地、F3其他类多功能用地、R2二类居住用地项目	478	共有产权住房
	5	西局安置房	3283	定向安置房
	6	丰台区城乡一体化槐房村、新宫村旧村改造项目第一期A组团配建公共租赁住房	950	公共租赁住房
	7	丰台区城乡一体化槐房村、新宫村旧村改造二期NY-005地块R2二类居住用地项目	999	共有产权住房
	8	丰台区花乡葆台集体土地租赁住房项目	2314	集体土地租赁住房
	9	丰台区花乡樊家村危改6号地公租房	707	公共租赁住房
	10	成寿寺集租房	901	集体土地租赁住房

（续表 6-2）

区	序号	项目名称	房源套数	房源类型
石景山区	1	石景山衙门口棚户区改造土地开发项目	926	定向安置房
	2	玉泉西一路共有产权房项目	452	共有产权住房
	3	石景山区古城南街东侧 1612-819、820 地块 R2 二类居住用地项目	887	共有产权住房
	4	石景山区北辛安棚户区改造 B 区土地开发项目	2267	定向安置房
	5	石景山区北辛安棚户区改造 A 区土地开发项目	1526	定向安置房
	6	石景山区东下庄 1605-630 地块 R2 二类居住用地项目	849	共有产权住房
	7	石景山区北辛安棚户区改造 B 区土地开发项目	1096	定向安置房
	8	石景山衙门口棚户区改造土地开发项目	880	定向安置房
门头沟区	1	何各庄共有产权房	588	共有产权住房
	2	液压支架厂项目	1122	定向安置房
	3	水煤浆厂项目	615	定向安置房
房山区	1	房山区长阳镇黄管屯村棚户区改造一片区土地开发项目回迁安置房工程	576	定向安置房
	2	房山区北部山区人口迁移良乡棚户区改造定向安置房项目	1468	定向安置房
	3	房山区韩村河镇 02-0066 地块自住型商品房项目	1107	共有产权住房
	4	房山区良乡镇中心区改造定向安置房项目（A 地块）	1090	定向安置房
	5	房山区阎村镇 LX-140602 等地块 R2 二类居住用地、S4 社会停车场用地、A33 基础教育用地项目（1# 住宅楼等 20 项）	1722	共有产权住房
大兴区	1	庞各庄二号地棚户区改造安置房项目	3998	定向安置房
	2	大兴区西红门镇 3 号地集体租赁住房项目	1005	集体土地租赁住房
	3	大兴区瀛海镇 C4 组团 YZ00-0803-0603 地块 F1 住宅混合公建项目	999	定向安置房
	4	大兴区黄村镇 DX00-0103-1304 地块 R2 二类居住用地项目	360	共有产权住房
	5	北京大兴国际机场噪声区安置房项目	14000	定向安置房
	6	大兴区西红门镇“创业之家”集体租赁住房项目	432	集体土地租赁住房
	7	庞各庄二号地棚户区改造安置房项目	989	定向安置房
	8	南郊农场棚户区改造安置房项目	1176	定向安置房
亦庄开发区	1	北京经济技术开发区河西区 X90R1、X90S1 地块共有产权房项目	999	共有产权住房
通州区	1	通州区永乐花园经济适用房一期项目	1300	定向安置房
	2	通州区台湖镇 YZ00-0405-0078、0079、0081 地块 R2 二类居住用地	1012	共有产权住房
顺义区	1	顺义区仁和镇第 5 街区 05-03-04-3 地块 R2 二类居住用地项目（胡各庄共有产权房）	748	共有产权住房
	2	后沙峪马头庄共有产权房项目	2952	共有产权住房
	3	顺义区天竺镇第 22 街区 SY00-0022-6015 R2 二类居住、SY00-0022-6016 A33 基础教育用地项目［1# 住宅楼（自住型商品房）等 11 项］	1300	共有产权住房

（续表 6-2）

区	序号	项目名称	房源套数	房源类型
昌平区	1	蓬莱温泉科艺苑项目	653	限价商品房
	2	昌平区北七家镇（未来科技城南区）CP07-0600-0014、0030 地块 F2 公建混合住宅用地项目（配建“人才公共租赁住房”）	224	公共租赁住房
	3	昌平区小汤山镇（未来科技城北区）CP05-0801-0018、0020、0021 地块 F2 公建混合住宅用地、F3 其他类多功能用地（配建“人才公共租赁住房”）项目	299	公共租赁住房
	4	昌平区北七家镇沟自头村定向安置房项目	275	定向安置房
延庆区	1	延庆区延庆新城 03 街区会展中心东侧一期 YQ00-0003-0002 地块二类居住、供电、环卫设施及基础教育用地项目	2506	共有产权住房
	2	李四官庄、谷家营棚户区改造项目	2782	定向安置房
	3	南菜园 1-5 巷棚户区改造项目	566	定向安置房
密云区	1	密云区檀营乡 MY00-0103-0402、MY00-0103-0502 等地块 R2、A33 基础教育用地项目	1409	共有产权住房
平谷区	1	平谷区马坊镇梨羊村 PG05-0108-0001 地块 R2 二类居住用地项目	495	共有产权住房
	2	平谷区马坊镇中心区南区定向安置房（一期）	1956	定向安置房
怀柔区	1	怀柔区刘各长村棚户区改造土地开发项目安置房	1130	定向安置房
	2	怀柔区怀柔镇张各长村 HR00-0004-6001 地块 F2 公建混合住宅用地项目（1# 住宅楼等 11 项）	270	共有产权住房
合计			83105	

第三节 住房保障资格审核与配租配售

一、资格审核情况

2021 年全年北京市各类保障性住房新增申请 35986 户。其中：

保障房（公租房实物住房）资格申请 18397 户，其中新申请 18175 户、“三房”轮候家庭 222 户，约占各类资格类型的 51.10%，与去年同期相比下降 12.36%；通过审核备案 15539 户，含“三房”轮候家庭 173 户。

公租房租金补贴资格申请 3835 户，备案 3972 户，约占 10.70%，与去年同期相比下降 34.75%。

新增市场租房补贴资格申请 13754 户，约占各类资格类型的 38.20%，比去年调标后增长了 1.23%，备案 8470 户。

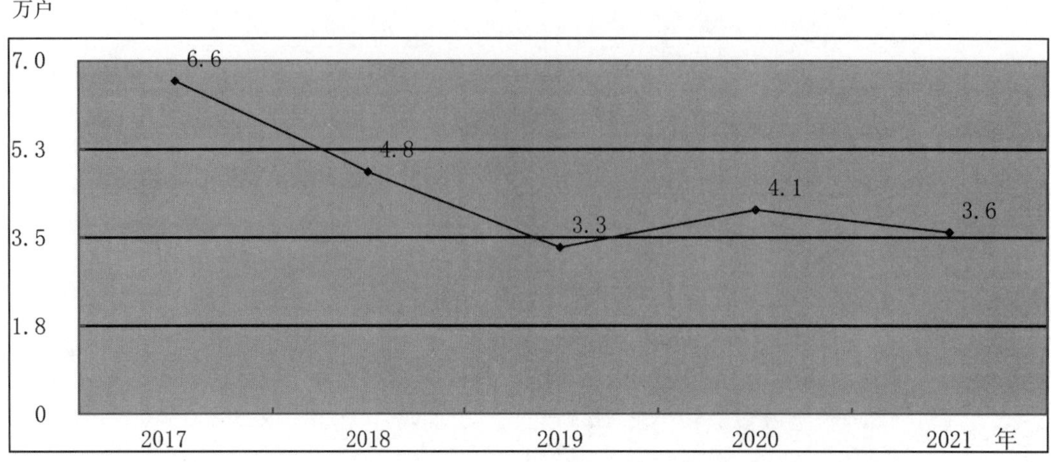

图 6–1　2017—2021 年北京市各类保障性住房新增申请户数

二、公租房分配情况

2021 年全年北京市累计启动公租房配租 37 批次，新增房源 2.28 万套，是去年同期的 1.77 倍，与 2020 年相比，全市公租房保障率提升了 12.39 个百分点；2020 年底前备案的低保、低收入、重残、大病四类家庭滚动实现依申请“应保尽保”。

三、共有产权住房销售情况

截至 2021 年 12 月共入市 81 个（34 个转化项目）共有产权住房项目，总房源约 8.3 万套。全市已开工共有产权住房 73 个，房源 74915 套。已交房项目 33 个，房源 31208 套。

累计启动申购 69 个项目，房源 70586 套（面向非京籍房源 10547 套），已启动选房项目 68 个，房源 66921 套，销售房源 54288 套，待售房源 12693 套。

2021 年全年北京市新增申购项目 5 个［朝阳区锦里雅苑、石景山区金安雅筑嘉园、房山区兴辰佳苑、昌平区未来逸园、顺义区颐盛嘉园（面向东城）］，房源 6215 套。

第四节　住房保障使用与监督管理

截至 2021 年底，全市累计入住公共租赁住房近 16 万套。2021 年当年发放补贴 5.85 万户 9.88 亿元，同比分别增长 24.2%、59.4%，其中，公共租赁住房租金补贴发放 2.87 万户 4.28 亿元，同比分别增长 5.5%、16.9%；市场租房补贴发放 2.98 万户 5.6 亿元，同比分别增长 49.7%、120.5%。累计发放 11.72 万户 46.47 亿元。

2021 年全市新增市场租房补贴发放 9224 户，当年市场租房补贴发放 2.98 万户，提前完成全年新增 5000 户，累计发放 2 万户的年度目标。

一、常抓不懈，持续加强保障房使用监管检查力度

保障房使用监督检查力度持续加大。市住房城乡建设委印发《2021年保障房使用监督检查工作要点》《关于开展2021年已入住公共租赁住房项目专项检查的工作方案》《2021年市场租房补贴家庭租赁房屋情况检查工作方案》，进一步压实属地监管责任，强化保障性住房使用监督工作，加大违规行为查处力度。持续开展公共租赁住房项目双随机检查，加强对公共租赁住房运营过程的事中事后监管，全年双随机检查项目24个。对公共租赁住房违规行为持续保持高压态势，安排专人督促区级监管部门和产权单位加快查证、加大处理力度。2021年市级收到8起公共租赁住房转租转借违规线索，违规家庭均已责任整改，对不属实的家庭作为重点监管对象，加大日常入户检查频次。

公共租赁住房年度检查重点突出。此次检查按照产权单位自查整改、区级专项检查、市级抽查等阶段进行，检查内容包括运营管理、使用监督、社会化管理及社区沟通等方面。通过突出重点，加大对是否存在空置房屋、已入住房屋是否转租转借，是否以租代售等问题的抽查力度，对全市80个公共租赁住房项目进行实地检查，并抽取承租家庭入户访谈，了解租户真实想法和一线情况。从检查情况看，运营水平持续提升，动态监管稳中求进。通过针对发现的问题，向各区下发通知，已逐一整改，确保专项检查效果落到实处。

二、积极探索，不断完善住房保障租金补贴机制

退回补贴政策机制不断完善。全面梳理公共租赁住房补贴和市场租房补贴发放管理政策，针对区住保部门退回补贴中的执行问题，印发《公租房补贴和市场租房补贴退回处理依据》的通知，明确需退回补贴的情形及处理依据，捋顺退回补贴的调查处理程序，并规范退回补贴、催告、强制执行申请、违法行为移送等文书样式，切实有效指导区里加强公共租赁住房租金补贴和市场租房补贴退回管理，维护补贴发放公平正义。

补贴发放告知承诺试点取得初步成效。为进一步落实补贴政策，确保财政资金合规使用，提升补贴家庭的守法意识，组织东城、西城、朝阳、海淀的四个街道开展市场租房补贴告知承诺试点。签订承诺书时，工作人员详细讲解补贴政策，申请家庭认真了解签订租赁合同示范文本、及时申报租赁变更情况、主动配合检查等内容，确保补贴申报内容真实有效。承诺试点得到了区、街住房保障管理部门的认可，普遍表示有利于更好地向保障家庭宣贯政策，以及加强后期监管。

首次启动市场租房补贴家庭第三方实地检查工作。在各区组织全面核查的基础上，市住房城乡建设委从全市抽取1000户领取补贴家庭核对是否实际居住等情况。经在市住房城乡建设委官网发布公告，遴选北京房地产业协会作为第三方开展市场租房补贴现场抽查工作。对于核查中发现的问题，向涉及的15个区住建委（房管局）下发通知，列出需进一步核查的家庭名单，要求逐一核实、逐一整改、逐一建档，确保问题线索依规处理。

市场租金补贴系统建设趋向精细化。联合“北京通”APP推出在线办理市场租房补贴资格申请、补贴领取登记业务，该项业务于9月20日正式上线。符合办理条件的申请家庭足不出户便可通过掌上“北京通”APP完成相关业务办理，并实现通知查看、进度查询、文件上传等功能，群众获得感不断提升。同时不断完善管理系统及数据，加强补贴专项资金监管，在原公租补贴、

市场补贴模块基础上新增两类补贴与公共租赁住房合同之间逻辑校验，提出新增四类预警及一项禁用操作系统。

三、多措并举，有效提升公共租赁住房社会化管理水平

迎接建党 100 周年，公共租赁住房社区活动成效斐然。为庆祝建党 100 周年，深入贯彻习近平总书记在党史学习教育动员大会上的重要讲话精神，引导广大租户知党恩、铭党情、见行动，印发《关于在公租房社区开展“爱党敬党、共建共治、和谐社区、贡献有我”系列活动的通知》，在全市公共租赁住房社区开展系列活动，先后到北焦家园、燕保马泉营、郭公庄等公共租赁住房小区实地发放政策宣传海报和问答手册，并向承租户面对面地进行政策宣讲，实地召开现场会，总结活动成果。各产权单位主动谋划，积极作为，以“从租户需求中来、到租户需求中去”为出发点和落脚点，围绕公共租赁住房运营管理工作重点难点，不断提升公共租赁住房社区服务品质，探索符合公共租赁住房运营实际的党建引领社区治理现代化路径。

党建引领，公共租赁住房纳入属地社区管理。按照市委组织部等部门印发的《巩固社区疫情防控成果 推进首都社区治理方案》（京组通〔2020〕19 号），联合市民政等部门落实党建引领，进一步加强公共租赁住房社区服务管理工作，开展公共租赁住房产权单位到社区报到工作。截至年底，全市 240 余个已入住公共租赁住房项目，除个别新入住项目因常住居民不足、暂未划定所属社区等，其他均纳入属地社区管理，较往年有了较大的提升。

第五节　住房保障标准与评审

2021 年，北京市坚持高起点规划、高品质设计、高质量建设，稳步提升保障房设计质量和居住品质，得到了社会各界的充分肯定。

一、强化保障性住房规划设计方案审查制度

北京市从设计方案入手，坚持合规性审查和优化审查有机融合，以高水平的规划设计为精品保障房的建设保驾护航。规划设计方案评审工作创新实施事前专家辅导、事中企业承诺、事后政府监管制度，为项目加快落地奠定基础，大力优化营商环境。2021 年，全市累计审查保障房项目规划设计方案 49 个，涉及住房 502.5 万平方米 6.7 万套（间）；全市累计结合全装修样板间审查保障房项目全装修方案 17 个，涉及住房 229.2 万平方米 2.7 万套（间）。

二、不断完善保障性住房建设标准

2021 年，北京市发布了《北京市共有产权住房规划设计宜居建设导则（2021 年版）》，对 2017 年发布的《北京市共有产权住房规划设计宜居建设导则（试行）》进行了 11 项修订，对共有产权住房选址、配套、户型、面积等作出调整，进一步优化提升了共有产权住房建设标准。同时，

发布了《关于调整本市公共租赁住房装配式装修建安工程造价标准的通知》，对公租房装配式装修建安工程造价标准从单方建筑面积800元调整至1000元，旨在提升公租房家庭居住体验，并提高开发建设企业对公租房建设的积极性。

三、通过“小切口、微改革”，为百姓办实事

北京市出台《关于细化保障性住房户门门槛部位尺寸要求的通知》，规定保障房户门门槛高度原则上不超过35毫米，比市场上的主流门槛降低了15毫米以上，真正解决部分行动不便住房保障对象反映的“高门槛绊倒人”“轮椅通行不便”等问题，截至目前，全市已有18个在建项目，建设规模81万平方米约1万套保障房按照新要求降低了门槛高度。

四、推进《北京市历史文化名城保护条例》落实

根据《北京历史文化名城保护条例》《关于发布〈北京老城保护房屋修缮技术导则（2019版）〉的通知》要求，北京市成立老城保护房屋修缮修建技术专家委员会，第一批专家共35位，将深度参与老城房屋修缮修建方案评审、技术指导、技能传承等工作。同步发布了《北京市老城保护房屋修缮修建技术专家委员会管理办法》，明确专家委员会专家职责、权利义务、议事原则、评审流程及各区工作职责等内容。

五、大力推进保障房产业化，全面推进绿色建筑行动

保障房始终走在住宅产业化前列，自2017年起，新建保障房全部采用装配式建筑，推广应用BIM技术，其中共有产权住房达到绿色建筑二星级及以上标准。截至2021年底，全市累计实施装配式建筑的保障房项目共计3974万平方米，房源48.3万套，其中2021年新增429万平方米，房源5.1万套。

第七章

综合整治与改造更新

第一节　2021 年北京市城市更新综述

实施城市更新行动是党的十九届五中全会作出的重要决策部署，是国家“十四五”规划《纲要》明确的重大工程项目。北京市作为首批城市更新试点城市，坚决贯彻落实党中央、国务院决策部署，落实住房和城乡建设部防止大拆大建要求，把城市更新作为重要民生工程和促发展的重要措施，积极探索城市更新机制，研究出台针对性政策。2021 年，北京市城市更新组织保障体系、政策体系逐步完善，示范项目按计划稳步推进，各项工作进展顺利。

一、构建政策体系

（一）明确更新目标方向，加强顶层制度设计

2021 年 6 月，北京市政府印发了《关于实施城市更新行动的指导意见》及 4 个配套实施细则。2021 年 8 月 21 日，市委办公厅、市政府办公厅正式印发《北京市城市更新行动计划（2021—2025 年）》。2022 年 5 月 13 日，《北京市城市更新专项规划》印发实施。明确了北京市城市更新是减量背景下，严控大拆大建，严守安全底线，严格生态保护，是小规模、渐进式、可持续的更新。确定了北京城市更新主要包括 6 类项目：核心区平房（院落）、老旧小区、危旧楼和简易楼、老旧楼宇与传统商圈、低效产业园区和老旧厂房、城镇棚户区，4 种实施路径：以街区为单元统筹城市更新、以轨道交通站城融合方式推进城市更新、以重点项目建设带动城市更新、有序推进单项更新改造项目。

（二）推进城市更新立法工作，提供城市更新法规保障

为深入贯彻落实市委十二届十七次全会精神，加快推动城市更新领域立法，市人大城建环保办于 2021 年 8 月 19 日召开了《北京市城市更新条例》立项启动会，正式启动《条例》立项论证工作。市住房城乡建设委牵头起草立项论证报告，通过赴东城区、通州区等区及上海、深圳考察调研，学习借鉴国内外先进经验，广泛征求各部门、各区意见，形成立项论证报告。2021 年 11 月 30 日，市人大常委会主任会议正式审议通过。2022 年 2 月 18 日，市人大侯君舒副主任与市政府隋振江副市长召开立法启动会，研究部署相关工作。2 月 22 日，印发《〈北京市城市更新条例〉立法工作方案》。成立市级立法专班，加快推进城市更新立法工作。

（三）加强政策创新，构建更新动力体系

一是规划土地政策创新。市规划自然资源委出台《北京市建筑规模管控实施管理办法（试行）》，按照总量管控、流量引导、存量盘活的总体思路，通过加强时序调控和重点管控，将指标一次性落地调整为分时序逐步释放，实现建筑规模按需精准投放和集约高效使用。研究《北京市建设用地功能混合使用管理办法》，坚持土地集约、活力增强、环境提升、功能相容、使用安全的原则，合理引导街区功能混合、用地功能兼容和建筑功能转换，满足人们不同层次的空间使用功能需求。二是审批管理政策创新。市住房城乡建设委联合市规划自然资源委出台《北京市既有建筑改造工

程消防设计指南（试行）》和《北京市关于深化城市更新中既有建筑改造消防设计审查验收改革的实施方案》，提出42条"松绑式"设计要求，打通更新项目消防设计和验收中的堵点。出台《关于优化新建社会投资简易低风险工程建设项目审批服务的若干规定》《关于完善简易低风险工程建设项目审批服务的意见》《关于进一步做好危旧楼房改建项目审批工作的通知》《关于优化和完善老旧小区综合整治项目招投标工作的通知》《北京市老旧小区综合整治完成标准与技术导则》，精简审批事项、压缩审批时限，为社会主体参与更新改造提供便利；市商务局出台了《北京市商业服务业商圈改造提升工作评价指标》，联合市交通委出台了《北京市商业区周边交通综合治理指导意见》，联合市城市管理委出台了《北京市商业街区店铺招牌设置规范（试行）》，明确改造规范和标准，提升商圈改造质量。三是资金支持政策创新。市住房城乡建设委出台《关于引入社会资本参与老旧小区改造的意见》，构建居民、企业、产权单位、政府多方参与的资金分担方式。市发改委出台了《关于加强腾退空间和低效楼宇改造利用促进高精尖产业发展的工作方案》，充分发挥政府投资引导作用，激发市场主体活力。

市住房城乡建设委积极沟通协调金融机构，磋商构建政银、银企合作机制。探索设立城市更新基金。按照市领导批示，推动实施专班赴上海调研城市更新基金设立情况，联合市发改委、市财政局、市金融局、市银保监局、建行、国开行、首开集团、北投基金等单位积极探讨谋划北京如何搭建平台公司、发起城市更新基金顶层设计事宜；与建行北京分行签署《合作备忘录》，就共同推动城市更新金融支持工作开展合作，并以此为契机，探索搭建城市更新项目金融支持平台；已协调国开行北京分行在老旧小区改造、棚户区改造方面提供低息、超长期限创新金融产品。

二、2021年城市更新项目进展情况

一是核心区平房（院落）申请式退租共完成签约2008户、"共生院"修缮1576户，退租（换租）、修缮及控规三年行动计划、中轴线申遗退租任务圆满完成。二是老旧小区改造去年列入计划558个小区，新开工301个、完工177个，加装电梯新开工499部、完成418部，超额完成年度任务。34个引入社会资本试点项目推进顺利。按照"双纳入"机制支持配合244个央产小区改造陆续开展。三是危旧楼房（含简易楼）排查643栋约80万平方米，7个市属危旧楼房改建试点项目启动实施，4个中央改造试点项目积极对接推进。目前，中央单位4个项目，西便门10号院、真武庙三里、百万庄等3个项目，北京市已与国管局就实施主体的确定、改建资金、工作流程等问题进行对接；中关村东区改造项目，北京市已与中科院就实施主体的确定进行对接，正在抓紧推进项目启动前期准备工作。四是老旧楼宇和传统商圈改造中，东城区三友百货楼宇改造提升、海淀区未来科技大厦等9个项目已完成改造。22个传统商圈均已完成三年行动方案改造任务。五是低效产业园区和老旧厂房改造项目中，海淀区草场7号院、石龙科创新建研发办公及配套用房工程等3个低效产业园项目已完成改造。石景山区冬奥广场、首钢遗址公园、通州区未来设计小镇等14个老旧厂房项目已完成改造。六是棚户区改造完成4547户，为全年任务的113.8%；15个"拔钉子"项目完成784户（宗），为年度任务的174%，实现15个项目净地；11个区21个项目、35宗资金平衡地块上市（挂牌）。

三、加强工作组织，确保项目落地实施

（一）编制"一库三清单"

按照分类指导、动态调整、滚动实施、边实

践边完善政策机制的原则，组织各区编制城市更新项目储备库。按照分类指导、动态调整、滚动实施、边实践边完善政策机制的原则，组织各区编制城市更新项目储备库，编制2021年拟实施项目清单639项、市级示范项目清单59项，为顺利实施城市更新行动打好基础。

（二）加强城市更新项目调度力度

按照“项目化推进，清单化管理”的工作思路，结合城市更新六类项目和四种实施路径，聚焦59个示范项目，坚持定期专题调度。以问题为导向，分类筛选项目，梳理难点堵点问题，会议讨论研究，提出对策建议，专报请示市政府，责任部门采取“谁的孩子谁抱走”的方式落实市领导批示，创新项目调度工作机制。已专题调度北人厂老旧厂房、鼎好大厦老旧楼宇、今鼎时代商圈、平安里站城融合一体化、长辛店老城街区更新改造、天宁一号老旧厂房等项目。隋振江副市长已针对北人厂老旧厂房改造、鼎好大厦老旧楼宇改造和平安里站城融合一体化等项目专报进行批示。

（三）坚持样本引路，编制案例指引

推广望京小街、门头沟小院经济、东城区光明楼17号简易楼改建、经开区产业园区更新改造、真武庙五里以租换租模式等成功经验。

四、完善工作机制，强化组织保障

（一）建立市城工委城市更新专项小组统筹推进、相关专班协调落实的工作模式

市委城市工作委员会下设城市更新专项小组由陈吉宁市长任组长，崔述强、隋振江同志任副组长，成员由市政府相关委办局主要领导组成，协调推进北京市城市更新各项工作任务落实，明确成员单位职责分工、建立会议、调研、咨询等日常工作机制。专项小组下设推动实施、规划政策、资金支持3个工作专班，负责部署年度重点工作并组织实施、做好政策制度的补充完善和集成整合、创新财税激励机制吸引社会资本参与，并定期听取各成员单位、各区推进城市更新重点任务的情况汇报，研究重点难点问题，指导督促工作落实。

（二）督促各区落实《行动计划》

一是各区制定出台五年行动计划。以专项小组推动实施专班名义印发《制定辖区城市更新行动计划（2021—2025年）的函》至各区政府，请各区建立健全区级工作机制，全面梳理本区城市更新各类项目。二是开展2021年度总结和2022年拟实施清单及示范项目清单编制工作。印发《关于做好各区城市更新工作2021年总结和2022年项目计划的函》至各区政府，要求总结2021年工作及示范项目进展，同步梳理2022年拟实施项目和示范项目。

（三）开展城市更新政策宣传培训

按照市政府工作部署，推动实施专班负责人在市委党校城市更新专题培训班为部分区主管区长、相关市级部门分管领导及相关街道主要负责同志授课。通过新闻媒体对《行动计划》和《指导意见》进行广泛宣传。制定面向市区各部门、各实施主体的实施城市更新行动宣传培训工作计划。制作菜西申请式退租、真武庙老旧小区改造、隆福寺街区改造更新、丽都商圈和首钢改造等示范项目宣传视频，加强案例宣传推介工作。加强对《北京市关于深化城市更新中既有建筑改造消防设计审查验收改革的实施方案》的宣贯培训，先后两次组织市区两级住建部门及相关领域实施主体共计600余人，开展线上宣贯培训交流会。要求各区深刻领会第22次市委深改委会议精神，坚持守正创新、开拓创新，积极稳妥开展改革试点，摒弃“坐等靠”思想，推动各项改革举措落细落实落地。

（四）做好城市更新试点城市工作

贯彻落实住建部《关于在实施城市更新中防

止大拆大建问题的通知》，城市更新专班完善试点城市工作方案，申报皇城景山片区申请式退租和恢复性修建项目、光明楼17号危旧楼改建项目和中粮置地广场老旧楼宇改造项目3个示范项目作为试点城市示范项目。2021年12月，住建部召开城市更新试点城市视频会，市住房城乡建设委介绍试点工作方案、城市更新特色、工作进展及明年工作计划。2022年1月，市住房城乡建设委陪同住建部科技司赴北京市皇城景山片区申请式退租及恢复性修建项目、光明楼17号危楼改建项目、望京小街街区改造更新项目及天宁一号老旧厂房改造项目调研。

第二节 房屋安全使用管理

为全面掌握本市城镇房屋安全状况，保障房屋住用安全，依据《北京市房屋建筑使用安全管理办法》（北京市政府229号令）、《城市危险房屋管理规定》（建设部129号令），市住房城乡建设委印发了《关于开展2022年度北京市城镇房屋安全检查工作的通知》（京建发〔2021〕356号），北京市各区住建委（房管局）及各管房单位按市住房城乡建设委统一部署，组织实施城镇房屋安全检查。2022年城镇房屋安全检查坚持属地为主、分级负责，预防为主、防治结合，全面检查、综合治理、确保安全的原则，积极探索房屋安全管理工作的新手段、新途径，为首都城市运行安全、经济持续发展提供安全保障。

一、房屋安全检查总量及完损状况分析

从2021年11月至2022年2月，实查城镇房屋72888万平方米，为应查（不包括军产、外事用房及厂矿工业用房等）77538万平方米的94.0%，各区查房数量详见图7–1。

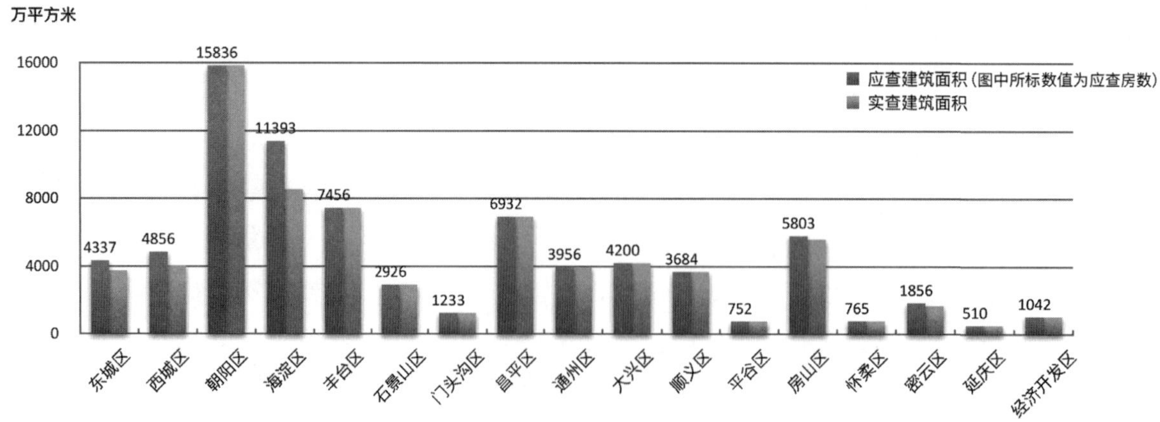

图7–1 2022年度城镇房屋安全检查中各区应查和实查房屋建筑面积

在实查城镇房屋 72888 万平方米中，查出疑似危险房屋（未鉴定，以下同）22.05 万平方米，占实查房屋的 0.03%；严重破损房屋 161 万平方米，占实查房屋的 0.22%；一般破损房屋 1936 万平方米，占实查房屋的 2.66%。按房屋类型划分：疑似危险平房（含中式旧楼）5.34 万平方米，占疑似危险房屋总量 22.05 万平方米的 24.22%；严重破损平房（含中式旧楼）101 万平方米，占严重破损房屋总量 161 万平方米的 62.73%；一般破损平房（含中式旧楼）218 万平方米，占一般破损房屋总量 1936 万平方米的 11.26%。疑似危险楼房 16.71 万平方米，占疑似危险房屋总量 22.05 万平方米的 75.78%；严重破损楼房 59 万平方米，占严重破损房屋总量 161 万平方米的 36.65%；一般破损楼房 1718 万平方米，占一般破损房屋总量 1936 万平方米的 88.74%。按房屋区域划分：东城区和西城区查出疑似危险房屋0.94万平方米，占疑似危险房屋总量 22.05 万平方米的 4.26%；东西城严重破损房屋 122 万平方米，占严重破损房屋总量 161 万平方米的 75.78%；东西城一般破损房屋 518 万平方米，占一般破损房屋总量 1936 万平方米的 26.76%。疑似危险房屋分布情况：疑似危险房屋 22.05 万平方米中所占比例较多的是：海淀区 10.89 万平方米，占总量的 49.39%；大兴区 5.14 万平方米，占总量的 23.31%；石景山区 1.79 万平方米，占总量的 8.12%（见表 7–1）。

二、直管房屋安全检查分析

直管房屋安全检查从 2021 年 11 月 15 日开始至 2022 年 2 月 10 日结束。共组织了 151 个查房小组，627 人参加查房，动员工日 2.33 万个。实查直管房 1569.37 万平方米，占应查房屋 1577.30 万平方米的 99.50%。其中：实查平房 287.37 万平方米（包括中式旧楼 11.25 万平方米），占实查直管房总量 1569.37 万平方米的 18.31%；实查楼房 1282.00 万平方米，占实查直管房总量的 81.69%。

表 7–1　2022 年城镇房屋完损状况分析表

		应查房屋建筑面积（万平方米）	实查房屋建筑面积												危旧房小计（三四五类）		危破房小计（四五类）	
			合计		完好房屋		基本完好房		一般破损房		严重破损房		疑似危险房					
			万平方米	占应查%	万平方米	占实查%	万平方米	占实查%	万平方米	占实查%	万平方米	占实查%	万平方米	占实查%	万平方米	占实查%	万平方米	占实查%
合计		77538	72888	94.00	57691	79.15	13078	17.94	1936	2.66	161	0.22	22.05	0.03	2119	2.91	183	0.25
按房屋类型分	楼房	75586	71049	94.00	56943	80.15	12312	17.33	1718	2.42	59	0.08	16.71	0.02	1794	2.53	76	0.11
	平房（含中式旧楼）	1952	1839	94.22	748	40.69	766	41.65	218	11.85	102	5.51	5.34	0.29	325	17.65	107	5.80
按区域分	东城西城	9193	7784	84.67	4355	55.95	2788	35.82	518	6.65	122	1.56	0.94	0.01	641	8.23	123	1.58
	朝海丰石	37611	34752	92.40	27270	78.47	6360	18.30	1078	3.10	31	0.09	13.06	0.04	1122	3.23	44	0.13
	其他区	30734	30352	98.76	26066	85.88	3930	12.95	340	1.12	8	0.03	8.05	0.03	356	0.17	16	0.05

（一）直管房屋完损状况

直管房屋完好率（完好房和基本完好房）所占的比例由上年的63.00%下降为62.93%，下降0.07个百分点，其中：平房完好率（包括中式旧楼，以下同）由上年的56.08%上升为56.23%，上升0.15个百分点；楼房完好率由上年的64.49%下降为64.42%，下降0.07个百分点。

直管一般破损房所占的比例由上年的31.46%下降为31.18%，下降0.28个百分点。其中：一般破损平房由上年的24.40%下降为24.10%，下降0.30个百分点；一般破损楼房由上年的32.98%下降为32.77%，下降0.21个百分点。

直管严重破损和疑似危险房屋所占比例由上年的5.54%上升为5.89%，上升0.35个百分点。其中：直管严重破损和疑似危险平房由上年的19.52%上升为19.66%，上升0.14个百分点；楼房由上年的2.53%上升为2.80%，上升0.27个百分点。

（二）直管房屋应修缮情况

实查直管平房19.88万间（包括中式旧楼0.70万间），实查直管楼房3718幢24.67万套、1282.00万平方米。应修缮项目见表7-2。

三、物业和单位自管房屋安全检查分析

物业和单位自管房屋安全检查应查面积75746.0万平方米，实查71120.99万平方米，占应查面积的93.89%。其中：完好和基本完好房占97.95%，比上年下降0.5个百分点；一般破损房占1.97%，比上年上升0.5个百分点；严重破损及疑似危险房占0.08%，比上年上升0.01个百分点（见图7-2）。

查出物业和单位自管楼房应修880.74万平方米，占实查楼房建筑面积71049.24万平方米的1.24%。主要修缮项目：（1）楼房应综合维修168.55万平方米；（2）整幢楼外墙板缝漏雨应修4.76万平方米；（3）外立面应粉饰74.08万平方米；（4）楼房屋面应大修及维修256.37万平方米；（5）上下水应更新155.34万平方米；（6）楼内墙公共部分应粉刷221.64万平方米。

查出物业和单位自管平房应修1054间，占实查平房44.32万间的0.24%。主要修缮项目：（1）应挑翻大修157间；（2）木结构应加固6间；（3）平房屋面应补漏719间；（4）墙体应整修21间；（5）房屋严重阴暗、潮湿、掉土，需做顶棚、地面、改装修151间。

表7-2　直管房屋中查出的应修缮项目

单位：平房（间）；楼房（万平方米）

	平房应修缮						楼房应修缮				
	挑翻大修	木结构加固	墙体整修	屋面维修	改善项目	解除院落积水（处）	综合维修	屋面大修	上下水更新	整楼外墙板缝漏雨或外立面粉饰	屋面维修
数量	21289	477	4554	68524	3439	49	20.30	25.15	98.37	0.37	11.52
占总量%	10.71	0.24	2.29	34.47	1.73	—	1.58	1.96	7.67	0.03	0.90

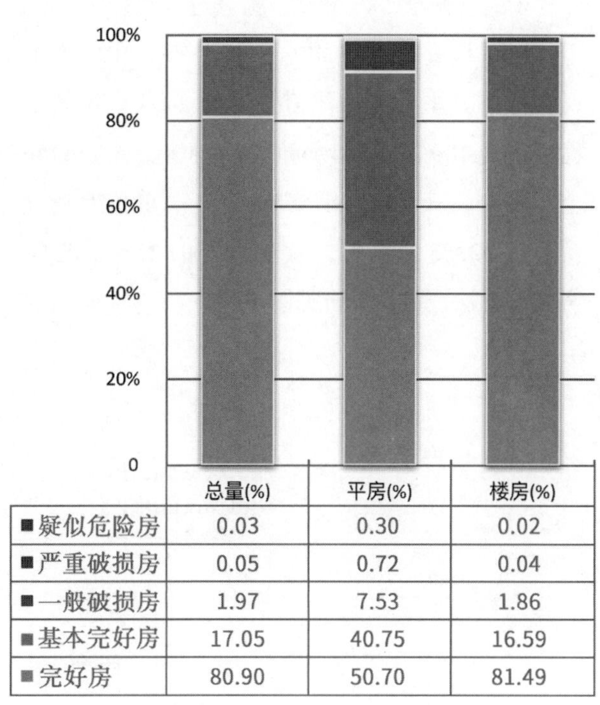

	总量(%)	平房(%)	楼房(%)
■疑似危险房	0.03	0.30	0.02
■严重破损房	0.05	0.72	0.04
■一般破损房	1.97	7.53	1.86
■基本完好房	17.05	40.75	16.59
■完好房	80.90	50.70	81.49

图 7–2 物业和单位自管房完损状况

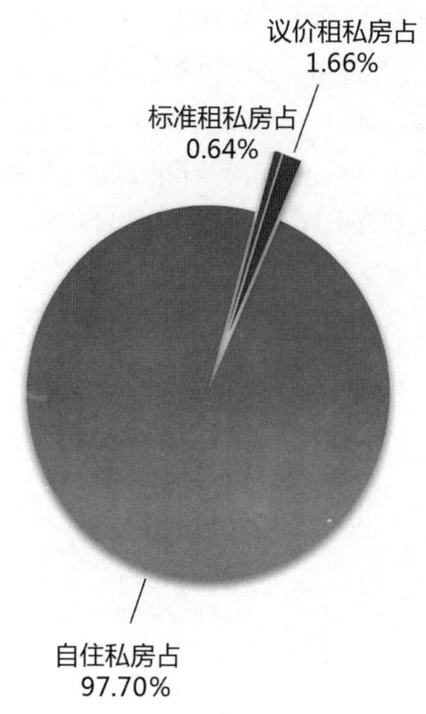

图 7–3 城镇私有平房按产别分类图

四、城镇私有平房安全检查分析

实查城镇私有平房 12.80 万间，占应查 13.95 万间的 91.76%。其中，97.70% 为自住私有平房，按其产别分类所占比例见图 7–3。

（一）标准租私房：实查标准租私房 0.99 万平方米，占应查 1.22 万平方米的 81.15%，其中：完好和基本完好房占 12.12%，一般破损房占 21.21%，严重破损房占 66.67%。查出应修标准租私房 375 间，占实查 819 间的 45.79%。主要修缮项目：应挑翻大修 308 间，占实查间数的 37.61%；木结构应抢修加固 6 间，占实查间数的 0.73%；墙体应整修 41 间，占实查间数的 5.01%；严重漏雨 20 间，占实查间数的 2.45%。

（二）自住私房及议价租私房（未规定评定房屋完损等级）：共实查 12.72 万间，占应查 13.84 万间的 91.91%。查出应修自住私房及议价租私房 23443 间，占实查 12.72 万间的 18.43%。主要修缮项目：应挑翻大修 16195 间，占实查间数的 12.73%；木结构应抢修加固 1258 间，占实查间数的 0.99%；墙体应整修 4849 间，占实查间数的 3.81%；严重漏雨 1141 间，占实查间数的 0.90%。

五、房屋设备检查总量分析

（一）截至 2022 年初，检查电梯 109638 部，电梯检查率为 99.01%，比上年上升 0.44 个百分点。其中检查直管房屋电梯 537 部，检查率为 100%；检查物业管理电梯 95756 部，检查率为 99.67%；

检查自管房电梯 13345 部，检查率为 94.48%。

（二）截至 2022 年初，检查高层楼二次供水水泵 40086 台，检查率为 97.36%，比上年上升 1.19 个百分点。其中直管房屋高层二次供水水泵 428 台，检查率为 100%；物业管理高层二次供水水泵 31925 台，检查率为 99.88%；自管房高层二次供水水泵 7733 台，检查率为 88.09%。

（三）截至 2022 年初，检查避雷装置 249066 个系统，检查率为 99.42%，比上年上升 0.15 个百分点。其中直管房屋避雷装置 2494 个系统，检查率为 100%；物业管理检查避雷装置 213749 个系统，检查率为 99.78%；自管房单位检查避雷装置 32823 个系统，检查率为 97.15%。近年房屋设备检查数量分析见图 7–4。

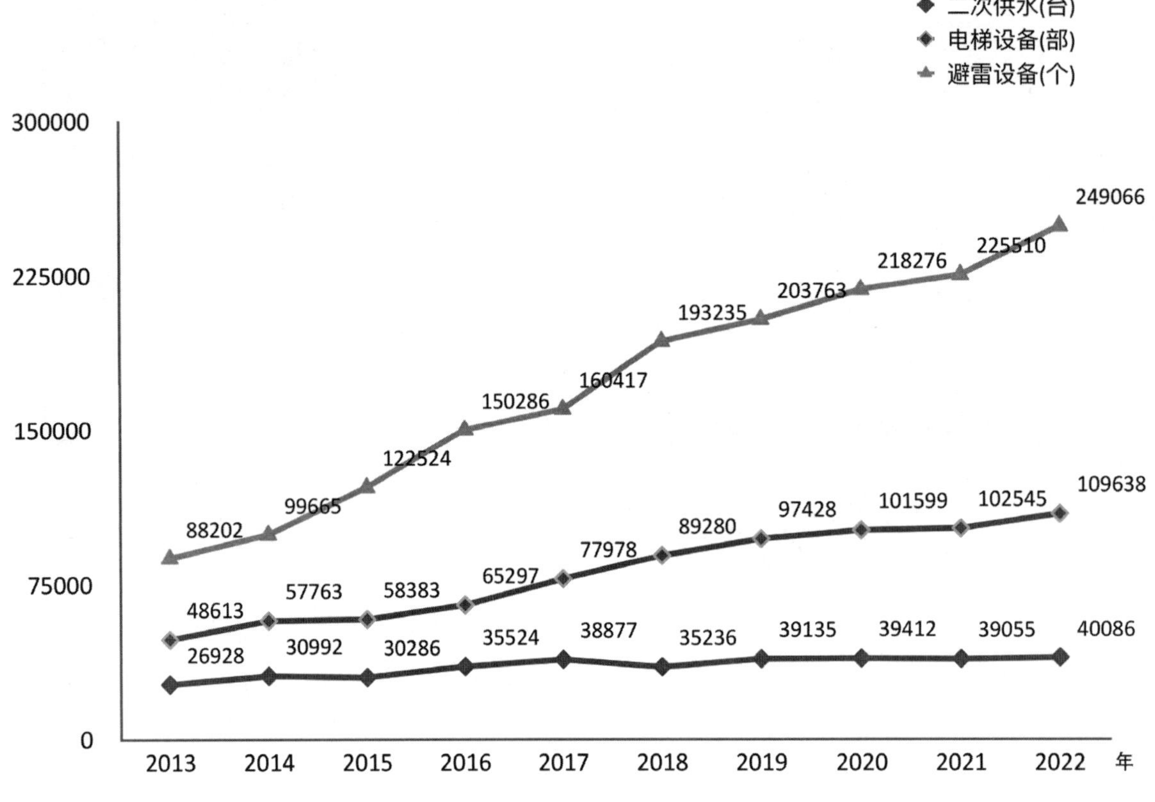

图 7–4　近年房屋设备检查数量分析

六、房屋设备完好状况分析（见表 7-3）

表 7-3　2022 年城镇房屋设备完好状况

		应查	实查							
			合计		完好		一般		较差	
			数量	占应查%	数量	占实查%	数量	占实查%	数量	占实查%
甲		1	2	3=2÷1	4	5=4÷2	6	7=6÷2	8	9=8÷2
合计	电梯设备（部）	110739	109638	99.01	100021	91.23	8119	7.41	1498	1.37
	二次供水（台）	41171	40086	97.36	36079	90.00	3328	8.36	679	1.71
	避雷设备（个）	250508	249066	99.42	241079	96.79	7153	2.87	834	0.33
直管	电梯设备（部）	537	537	100	433	80.63	80	14.90	24	4.47
	二次供水（台）	428	428	100	338	78.97	28	6.54	62	14.49
	避雷设备（个）	2494	2494	100	2238	89.74	200	8.02	56	2.25
自管和物业	电梯设备（部）	110202	109101	99.00	99588	91.28	8039	7.37	1474	1.35
	二次供水（台）	40743	39658	97.34	35741	90.12	3300	8.32	617	1.56
	避雷设备（个）	248014	246572	99.42	238841	96.86	6953	2.82	778	0.32

（一）电梯设备完好状况

检查电梯 109638 部，其中完好电梯 100021 部，完好率 91.23%，比上年上升 0.26 个百分点；电梯状况一般的 8119 部，占 7.41%，比上年下降 0.09 个百分点；电梯状况较差的 1498 部，占 1.37%，比上年下降 0.17 个百分点。其中：直管电梯设备完好率 80.63%，比上年 79.31% 上升 1.32 个百分点；单位自管电梯设备完好率 88.83%，比上年 89.25% 下降 0.42 个百分点；物业管理电梯设备完好率 91.62%，比上年 91.30% 上升 0.32 个百分点。

（二）二次供水设备完好状况

检查二次供水设备 40086 台，其中供水设备完好的 36079 台，完好率为 90.00%，比上年下降 4.16 个百分点；供水设备状况一般的 3328 台，占 8.36%，比上年上升 3.21 个百分点；供水设备状况较差的 679 台，占 1.71%，比上年上升 0.95 个百分点。

（三）避雷设备完好状况

检查避雷设备 249066 个系统，其中避雷完好的 241079 个系统，完好率为 96.79%，比上年下降 0.48 个百分点；避雷设备状况一般的 7153 个系统，占 2.87%，比上年上升 0.40 个百分点；避雷设备状况较差的 834 个系统，占 0.33%，比上年上升 0.12 个百分点。

七、普通地下室安全使用管理

部署开展普通地下室违规住人动态清零专项排查工作，2021 年 3 月 1 日，市住房城乡建设委制定下发《关于开展普通地下室违规住人动态清零专项排查工作的通知》，累计排查普通地下室 12091 处，发现违规住人普通地下室 8 处，动态清零 8 处。为持续加强地下空间违规住人动态清零工作，制定印发《普通地下室重点监控名录管理办法》（京建发〔2021〕198 号），7 月 1 日起施行。高度重视“疏整促”地下空间专项整治工作，提前完成2021年普通地下室综合整治挂账任务，通州区12处普通地下室已完成隔断清理环境恢复工作，并已审核销账。

八、超限高层建筑工程抗震设防审查

2021年内，依据《建设工程抗震管理条例》（中华人民共和国国务院令第744号）、《超限高层建筑工程抗震设防管理规定》（建设部令第111号）、《超限高层建筑工程抗震设防专项审查技术要点》（建质〔2015〕67号）等文件的要求，对13项超限高层建筑工程进行了抗震设防专项审查。

九、城镇房屋防汛准备情况

结合房屋安全检查情况，在总结历年房屋防汛经验的基础上，2021年4月15日制发了《2021年北京市城镇房屋防汛工作要点》，要求各区主管部门和管房单位，认真做好防汛预案、组织机构、抢险队伍、物资准备和避险转移“五落实”工作。按市防汛抗旱指挥部的要求，成立市住房城乡建设委防汛指挥部。在市住房城乡建设委防汛指挥部的领导下，进一步完善房屋防汛组织协调机制，明确了各区负责房屋防汛工作的科室和责任人。2021年5月12日，联合海淀区海房投资集团在苏家坨镇管家岭村开展2021年北京市城镇房屋防汛演习观摩会，中直管理局、国管局、市防汛办，以及全市16个区住建房管部门、直管公房管理单位参加了演习观摩。此次演习涉及住宅平房室内承重结构加固、外墙歪闪支护；屋顶漏雨苫盖；房屋、地下室雨水倒灌拦挡；房屋、院落积水区域排水等五个科目。12支抢险队在现场指挥的统一部署下，按科目实施抢险抢修和排水，顺利完成了防汛演习。2021年5月13日，市住房城乡建设委组织召开2021年房屋防汛工作动员视频会，各区住建委、房管局、管房单位负责同志参加会议。会议对防汛工作进行了再部署，并在心中有数、组织保障到位、应急值守到位、严肃工作纪律等方面提出了明确具体要求。结合办理“接诉即办”“每月一题”，积极推进各区解决房屋滴漏和管道堵塞问题，“12345”反映的房屋漏雨问题解决率总体达97%以上，确定的16个小区100个重点点位已全部解决。在推进解决漏和堵问题期间，市住房城乡建设委领导分别走访了9个区20余个重点点位，并同步对房屋防汛工作进行了检查督促。在做好“每月一题”办理的同时，结合城镇房屋防汛工作，对低洼院落、危房解危和防汛物资准备情况进行了检查。2021年5月22日，市住房城乡建设委房屋防汛办公室先后组织到东城区东四五条98号院检查低洼院落排水情况，东四六条77号检查直管公房解危情况，并检查东城区直管公房管理单位防汛物资储备情况；检查了西城区柳荫街20号检查危房翻建情况，天景胡同7号检查低洼院落排水情况，以及西城区房屋管理单位防汛物资准备情况。

十、汛期检查和应急抢险工作

2021年6月至8月，对各区房屋防汛带班和值班备勤等情况进行了多次抽查，各区房屋防汛主要领导均在岗职守，确保了指挥通畅，随时做好重点地区、重点房屋的巡视检查和抢修抢险工作。2021年7月12日上午，按照蔡奇书记、陈吉宁市长调度指示，市住房城乡建设委领导以及房屋防汛办公室人员到一线检查首开集团所属东城区演乐胡同90号和礼士胡同43号房屋抢险维修工作。从检查情况看，各单位抢险人员都在一线抢修，居民反映的问题处理均及时到位。2021年7月12日下午，市住房城乡建设委领导带队对通州区月季园、紫金苑小区的房屋防汛落实情况进行检查，要求物业管理人员重视业主反映的房屋漏雨问题，帮助业主做好应急维修工作。为督促各区认真解决市民向“12345”平台反映房屋漏雨问题，协调“12345”市民热线，及时对接降雨导致市民反映的房屋漏雨问题。特别是7月11日18时至12日21时降雨，涉及房屋漏雨问题1303个，涉及15个区和亦庄开发区，均及时分发到各区并督促落实解决。经统计，全市累计在岗值守215424人次，检查平房430148间次，楼房227015栋次；接报修电话8706个，发现院落积水832处、雨水进屋770间，地下室倒灌848处，平房漏雨3177间，楼房漏雨6137栋；雨中苫盖房屋2808间，疏通排水2121处1414间。其他均根据天气情况及时妥善进行了处置。

第三节　老旧小区综合整治

一、全市老旧小区综合整治和老楼加装电梯进展情况

2021年初，按照“任务制”与“申报制”相结合，滚动实施、压茬推进工作要求，以及“十四五”时期每年市属改造任务按照不低于总任务量20%的工作安排，北京市确定了“新确认400个小区、新开工300个小区、新完工100个小区”的年度市属老旧小区改造任务目标，并分解下达各区。截至12月底，全市实现新确认558个小区约2044万平方米，超额40%，并已超过前4年任务总和。实现新完工177个小区约636万平方米，超额77%。已新开工301个小区约1089万平方米，完成率100%。加装电梯新开工499部，完成418部，已完成年度任务目标，全市已累计完成加装电梯2261部。“十三五”时期，全市列入改造计划的508个约2020万平方米老旧小区，94%已实现开工，涉及476个小区约1938万平方米；完工291个小区约1057万平方米。90%以上小区成立了业委会或物管会，物业管理基本覆盖，完工小区的居民满意度达90%以上。

二、积极支持配合中央单位在京老旧小区改造工作

按照“双纳入”机制，组织各区全力做好中直机关和中央国家机关改造项目的支持配合服务工作，积极协调加快已审批立项项目招标和实施，统筹做好小区红线外市政管线基础设施改造。2021年7月8日，印发《关于进一步统筹推进中央国家机关老旧小区综合整治工作的通知》，要求各区积极主动对接中央国家机关改造项目，同时协调推进央地混合产权项目实施。2021年7月26日，印发《中央国家机关在京老旧小区红线外基础设施改造工作方案》，要求各区积极支持配合和服务好相关改造工作。中央国家机关本级144个改造项目，各区已对接105个，其中完成改造1个，在施7个，其他正在前期准备；中央国家机关拟委托北京市实施的699个混合产权楼房，已完成改造54个，准备纳入各区改造计划631个。中直机关100个改造项目中，19个正在开展前期准备工作。与中央单位建立多层级联络协调工作机制，在市领导高位调度下，推动出台部委下属事业单位老旧小区综合整治政策，在京

中央企业相关政策措施也已基本明确。进一步加强中央在京单位住宅小区物业管理工作，积极推动改造后小区纳入属地社区治理。

三、细化完善配套政策措施

按照国务院办公厅23号文和市委市政府10号文有关要求，制定完善老旧小区改造配套政策措施。2021年4月22日，印发《关于引入社会资本参与老旧小区改造的意见》，推动构建政府与居民、社会力量合理共担改造资金的工作机制。5月7日，印发实施《北京市2021年老旧小区综合整治工作方案》，明确工作目标、重点任务分工和实施保障等。5月9日，印发《关于老旧小区综合整治实施适老化改造和无障碍环境建设的指导意见》，推进老旧小区综合整治与适老化改造和无障碍环境建设同步实施。7月2日，印发《关于责任规划师参与老旧小区综合整治工作的意见》，提出责任规划师提供全流程的项目规划咨询、协助开展公众参与等服务。7月6日、7月13日，分别印发《关于开展2021年老旧小区综合整治察访核验和资金使用专项检查工作的通知》《2021年北京市老旧小区综合整治察访核验和资金使用情况专项检查工作方案》，部署开展年度察访核验工作。7月20日，印发《关于优化和完善老旧小区综合整治项目招投标工作的通知》，优化审批流程、完善配套措施。7月22日，印发《关于完善老旧小区综合整治项目申报工作的通知》，加快推进项目生成确认。8月9日，印发《关于进一步加强老旧小区更新改造工程质量管理工作的通知》，强化改造工程质量管控。8月19日，正式印发《北京市"十四五"时期老旧小区改造规划》《北京市老旧小区综合整治标准与技术导则》，进一步明确"十四五"时期工作方向、具体流程及技术指南等。9月1日，印发《关于做好城镇老旧小区改造施工管理增强人民群众获得感幸福感安全感的意见》，进一步加强改造工程质量管理，提出具体要求举措。9月2日，印发《关于开展全市城镇老旧小区改造工程专项检查的通知》，在全市范围组织开展老旧小区改造工程专项检查。同时，立足"小切口、微改革"，联合市市场监管局、市交管局等部门明确了简化便民业态营业执照办理、做好改造施工期间停车管理等具体措施；正在研究制定中的措施还包括加装电梯利益平衡、上下水改造实施办法、引入社会资本财政贴息、施工监理白名单、施工现场管理指引等。随着政策措施不断细化完善，为"十四五"时期改造工作推进奠定了良好基础。

四、大力推动引入社会资本

重点推进的朝阳区劲松北社区环境改造和公共服务设施提升、石景山区鲁谷街道"投资＋改造＋运营服务"一体化、大兴区枣园和三合南里跨小区统筹资源、通州区玉桥街道街区更新、西城区真武庙租赁置换，以及石景山区古城街道首开有机更新等第一批6个试点项目，已取得积极进展成效。市住房城乡建设委联合市国资委积极推动市属国企落实自管老旧小区改造的主体责任，推广石景山"区企合作"模式，助推市属国企与各区对接，鼓励市属国企搭建平台，以"平台＋专业企业"方式参与改造实施。按照市领导试点扩面有关要求，推动各区梳理项目对接相关企业，目前新列入试点项目达到34个（含第一批6个）。其中，首开参与的有17个，愿景参与的有10个，另有金隅、北辰、大兴物业集团等7家市、区属企业参与改造，各试点项目正在有序推进。

五、拓宽改造资金支持渠道

积极拓宽公积金使用范围和渠道，2021 年 8 月 4 日，北京住房公积金管理委员会印发《关于深化北京住房公积金制度改革的实施意见》，支持老旧小区居民提取住房公积金，用于自住房改造。市住房城乡建设委与市住房公积金管理中心研究制定住房公积金支持老旧小区综合整治的通知，进一步明确住房公积金提取范围、限额、程序、所需材料，住房公积金个人贷款支持危旧楼改建的额度、期限、利率、首付款比例，以及可提取住房公积金交存住宅专项维修资金等。同时，进一步深化住宅专项维修资金管理改革，制定相应改革和实施方案，严格维修资金首期交存的规定，分类细化了补建的主体和标准，强化了业主组织职责，进一步规范支取使用，简化使用备案材料。同步拟订住宅专项维修资金续筹补建试点工作方案，已在全市选取试点小区 30 个。

六、推进管线改造统筹工作

多部门联合成立老旧小区改造专业管线统筹工作专班，全面摸排列入改造计划老旧小区的管线改造需求，研究制定进一步加强老旧小区市政管线改造工作意见，力争实现“七个一”，即“一个方案、一次批复、一次改造、一个勘察单位、一个设计单位、一个施工总承包单位、一个监理单位”，推动改造后水电气热市政服务延伸至产权分界点；研究适度降低老楼加装电梯涉及的专业管线改移补贴标准，完善管线改移统筹实施工作机制。7 月 26 日，市住房城乡建设委联合市发展改革委、市城市管理委向各区印发《北京市老旧小区综合整治市政专业管线改造统筹工作指导手册》，统筹指导相关工作开展。

七、结合“每月一题”全力推进解决“老旧小区改造项目推进难”问题

制定“一方案三清单”，统筹全年工作。2021 年 6 月 7 日，落实市委“接诉即办”“每月一题”工作要求，正式印发《关于解决“老旧小区改造项目推进难”问题的工作方案》。积极与市政务服务局研究制定分类考核清单，进一步精准分类诉求，优化考核标准，减轻基层考核压力，调动基层工作积极性。同时，重点围绕市民热线“申请”“工程质量”两方面集中诉求，完善项目申报工作机制，建立诉求集中小区清单并按季度通报制度；组织 2019 年、2020 年改造项目工程质量“回头看”和全市改造工程专项检查，建立工程质量监管长效机制，回应好居民诉求。

第四节　老城整体保护

2021 年，是“十四五”的开局之年，按照有关工作部署，以落实北京市新总规为抓手，积极践行“我为群众办实事”要求，有序推进老城平房申请式改善、恢复性修建试点，各项工作取得积极成效。

一、持续推进平房直管公房申请式改善、共生院改造

一是全年累计启动东城区钟鼓楼周边、三眼井、故宫周边、西草红庙街区、景山二期、西总

布以及西城区钟鼓楼周边等7个项目，截至2021年12月底，共完成签约退租2008户，其中东城区1300户，西城区708户。共完成核心区修缮1576户，其中东城650户，西城926户。二是严格控制腾退成本，实现整体资金平衡。落实“保障对保障”原则，明确腾退补偿标准，统一各类奖励补助标准，合理限定政策周期。项目实施过程中坚持先拆违再腾退，严格按补偿标准执行，坚持“一把尺子量到底”，为实现整体资金平衡创造条件。三是完善政策体系，出台老城申请式换租政策。市城乡住房建设委联合东、西城区共同研究核心区历史文化街区平房直管公房开展“申请式换租”模式，于2021年12月19日印发实施《关于核心区历史文化街区平房直管公房开展申请式换租工作有关问题的通知》（京建发〔2021〕332号）。在“申请式退租工作”中增加“申请式换租模式”，两种方式并举，租售联动，增加了居民的选择，调动社会资本参与的积极性。

二、深入抓好核心区控规三年行动计划落实

坚决落实《首都功能核心区控制性详细规划（街区层面）（2018年—2035年）》（以下简称《核心区控规》）和《首都功能核心区控制性详细规划三年行动计划（2020年—2022年）》，派专人负责积极推进。市城乡住房建设委联合其他相关责任部门定期召开会议，及时掌握工作落实情况，建立信息报送机制，定期报送信息进展。

三、统筹助力中轴线申遗工作

统筹钟鼓楼周边申请式退租工作，市城乡住房建设委多次与区政府就项目实施商议，确保两区退租补偿政策一致、房源一致、流程一致、启动时点一致。协调五八二电台及庆成宫腾退，编制腾退方案。对为中轴线申遗专项调配的美澜湾项目和豆各庄项目及时办理转化手续。协调确定国家话剧院、北京血液中心和育才学校征收政策和腾退房源。100%满足了中央音乐学院醇亲王府和贤良祠等重点文物项目腾退房源需求。

四、统筹核心区安置房建设管理工作

统筹集中建设的核心区人口疏解安置房建设进度，销售价格审定，房源分配使用，房源性质转化等工作。推进百子湾项目等网签手续办理，邮政房源使用等工作。市城乡住房建设委与市发改委对安置房社区治理工作联合进行调研，推进基层问题解决。

第五节　棚户区改造

2021年，北京市住房城乡建设委深入学习贯彻党的十九届六中全会精神，认真落实市委市政府工作部署，紧紧围绕“疏解整治促提升”要求和新总规要求，对棚户区改造工作加强精细化管理，下大力量开展征拆收尾工作，扎实推进安置房建设、土地整理等各项工作。

一、超额完成年度任务

2021年1—12月，全市计划完成改造3995户，实际完成4547户，完成全年任务的113.8%。全市共有15个项目完成征拆收尾。促进入市地块土地整理工作开展，推动棚改项目地块集中上市，全年共完成上市交易地块19宗，成交金额814.43亿元，为实现居民妥善安置奠定良好基础。

二、整理编印项目册

2021年内，完成《北京市棚户区改造项目清册》编印，汇集全市2020年实施棚户区改造项目在土地性质、改造户数等方面的基本信息。

三、积极协调项目进程

通过月报制度、定期调度会议、重点项目过程跟踪、现场实地调研等多种渠道，及时掌握、加快推进项目进展。

四、探索全过程计划管理体系

在2021年计划编制过程中，加强全过程计划管理体系，搭建“1个任务+3个计划”的全过程计划管控体系。将征收拆迁、安置房建设回迁、入市地块整理纳入计划管控范围，逐个项目明确了推进计划和形象进度目标。

五、加强项目收尾力度

发挥绩效考核作用，加大督查考核力度；以棚改项目征拆收尾净地和回迁安置房为重点，深入调研，精准调度，逐项协调；加强与相关单位协调配合，发挥府院联动机制作用，依法快裁、快执，破解签约不交房的执行难题，完成了一批棚改项目的征拆收尾工作，东城区望坛、西城区菜园街等项目实现了净地。

第六节　房屋征收拆迁

一、房屋征收拆迁情况综述

2021年是“十四五”的开局之年，也是建党100周年。全年，在继续做好房屋征收拆迁政策协调及服务的同时，主要在全市逾期未安置项目清理、征收拆迁腾退在途项目清理、行政司法衔接、安置房信息系统建设、政策拟定完善、中轴线申遗重点项目推进等方面开展了工作。

二、全市房屋征收拆迁项目基本情况

（一）全市房屋征收拆迁项目基本情况

2021年，全市新启动房屋征收项目20个，征收住宅户数1361户，涉及住宅建筑面积约14.33万平方米。

（二）房屋征收拆迁项目签约情况

2021年，全市房屋征收拆迁项目共签约住宅户数2030户（其中征收签约1115户，拆迁签约

915户），涉及住宅建筑面积约30.04万平方米（其中征收涉及约4.74万平方米，拆迁涉及25.3万平方米）。

2021年全年共清理完成在征在拆项目38个，其中征收项目10个，拆迁项目28个。

三、征收拆迁管理工作情况

（一）全市逾期未安置项目清理工作成效显著

全年，按照市政府关于加快清理全市各类逾期未安置项目的工作部署，在2020年全市第一批88个逾期未安置项目中已进入正常进展状态的基础上，针对剩余23个推进缓慢的项目，聚焦清理难点堵点问题，坚持“三强三提”，强担当、促协同，主动协调解决各区难题；强指导，促破题，实地指导，整合现有政策，推动项目进展；强督导，促进度，针对进展缓慢的项目，分两批向10个区发出督办函，明确进度节点，督促如期完成。截至2021年底，88个项目有32个项目完成，其余进入正常状态。

（二）全市房屋征收拆迁腾退在途项目清理加快推进

全市房屋征收、拆迁和腾退在途项目共计275个，经过市区两级积极推动，2021年内实现42个项目净地（住宅已清零仅剩非宅的有54个项目；住宅户数在10户及以内的有96个项目；住宅户数在11—100户（含）的有50个项目；住宅户数在100户以上的有33个项目）。

（三）加快安置房信息系统建设，有序推进征收拆迁信息系统升级改造

为落实市委市政府加强安置房管理相关指示精神，着力做好规范安置房管理的相关工作，在全年多次调研会基础上，2021年8月向市政府上报《关于加强安置房管理有关工作的请示》，得到市领导的充分肯定。12月联合市规划自然委、市税务局印发《关于统筹规范房屋征收中安置房管理工作的通知》（京建发〔2021〕391号），并同步推进安置房信息系统建设，在安居北京系统中增加安置房管理模块。2021年底，安置房管理功能模块一期已开发完成并投入使用，同时组织在各区巡回培训指导。

（四）积极做好中轴线申遗房屋征收的政策支持工作

2021年3月《北京历史文化名城保护条例》施行后，为落实条例规定，配合做好中轴线申遗工作，市住房城乡建设委代市政府起草了《北京市国有土地上房屋征收与补偿实施意见的补充通知》，2021年6月印发施行。同时，在减量发展大背景下，对东西城区的国家话剧院职工宿舍楼、北京红十字血液中心、育才学校多层住宅楼征收进行方案统筹，遵照市政府会议精神，起草了《中轴线申遗文物保护房屋置换政策统筹方案》报市申遗办。统筹东西城区申请式退租自管公房使用权评估价格，重点参与市申遗办对庆成宫、五八二电台等重点文物保护区腾退拟订方案及资金测算。

（五）房屋征收评估鉴定有序开展

组建北京市房屋征收评估鉴定专家委员会，从全市28家评估机构及大学选聘产生29名专家。印发《北京市国有土地上房屋征收评估鉴定暂行办法》（京建发〔2021〕69号）、《北京市住房和城乡建设委员会关于成立房屋征收评估鉴定专家委员会的通知》（京建发〔2021〕72号）等相关配套文件。4月初召开全市征收评估鉴定工作培训会，评估鉴定工作于4月15日正常开展。全年完成评估报告鉴定10件，组织咨询专家论证23次，既维护了征收当事人的合法利益，又促进了行业健康有序发展，也为全市城市更新工作提供了智力支撑。

（六）房屋征收拆迁行政司法衔接机制日臻完善

2021年，房屋征收拆迁行政司法衔接机制取得明显成效。进一步优化征收收尾工作程序，在全国率先印发《关于进一步做好国有土地上房屋征收补偿决定有关工作的通知》（京建法〔2021〕2号），压缩了行政机关工作时限，提升了工作效率。全年汇总全市房屋征收、拆迁在审及在执案件共计189件，及时报送市高级人民法院，推动快裁快执。指导各区加强行政司法衔接配套工作，目前各区已出台“裁执分离”实施细则。协调各区政府与区法院之间建立定期常态化沟通交流机制，完善了行政司法衔接的工作基础。加强与市高院、四中院就丰台站、昌平区沙河镇棚改等典型行政诉讼案例的沟通阐释，有效发挥行政司法衔接平台重点难点问题协商作用。

（七）做好重点专项协调推进工作

2021年，房屋征收管理部门加强对重点征拆项目的协调推进工作，加强成本管控，加大司法协调力度，如丰台站项目的成本管控及剩余滞留户的快审快裁；参与协调蒙藏学校项目的清退补偿工作，与市估价师协会共同明确评估原则，遴选评估机构等。加强房屋征收拆迁成本管控，通过参加地价审核会、棚改方案审核等方式指导各区征拆成本减量管控。与北京房地产业协会沟通协调，成功举办面向征拆专业服务机构的业务培训会。参与市规划自然资源委组织的集体土地房屋征收调研、修订工作，研究市政府令第124号废止及北京市集体土地房屋征收补偿政策拟定工作，为集体土地房屋征收管理体制机制设置、政策拟定及征收补偿具体实施等提出相关建议。

（八）国有土地上房屋征收成本数据监测分析圆满完成

加强监督指导，委托第三方机构完成对本市16区38个监测样点的房屋市场价格及征收成本数据的监测分析，出具季度监测分析报告4份、年度监测分析报告1份、典型征收项目成本分析报告3份。重视监测分析成果转化运用，发布2期监测信息专报，调整房屋重置成新价系数1次，形成国有土地上非住宅征收评估研究成果1份，有力有序有效规范引导了征收成本平稳合理下降。

第八章

物业服务
与居住社区治理

第一节　2021 年北京市物业管理综述

2021 年，蔡奇书记持续高度关注物业管理工作，纳入区委书记点评会按月点评，《物业管理条例》实施一周年之际与陈吉宁市长共同开展“双调研”专题部署相关工作；各级领导多次深入一线调研指导，召开专题会议加强统筹调度；各区坚持党建引领不动摇，将物业管理纳入社区治理并作为“一把手”工程推进，组织各部门，各街道（乡镇）、社区持续发力，扎实抓好各项工作落实。2021 年，全市上下共同努力，以提升物业管理“三率”为核心，提前完成任务目标；以强化物业管理突出问题治理为主线，扎实推进诉求前 100 小区专项治理、“治理类”小区治理和接诉即办后十街道约谈指导调度；以提升群众获得感、满足感为重点，抓实抓好“我为群众办实事”、“每月一题”和“接诉即办”；以改革创新为动力，深化专维资金改革和信托制物业试点、专维资金引入保险试点、社会企业试点；以夯实基础为根本，不断健全体制机制，推进政策制定、宣传、培训、执法等各项工作落实。

第二节　主要工作实践与做法

一、全市物业管理“三率”提前完成任务目标

（一）物业管理“三率”稳步提升

截至 2021 年 12 月，北京市业委会（物管会）组建率、物业服务覆盖率、党的组织覆盖率分别达到 95.6%、95.4%、98.8%，分别比上年（85.1%、90.9%、96.6%）增加 10.5%、4.5%、2.2%；业委会占比为 27.3%，比上年（11.2%）提升 16.1%。

（二）各区持续加大力度推进物管会向业委会转化

2021 年度，共有 332 个物管会转化为业委会，其中顺义 153 个、房山 65 个、东城 27 个、昌平 38 个、通州 21 个、石景山 10 个、丰台 9 个、延庆 5 个、海淀 3 个、平谷 1 个。

二、物业管理突出问题专项治理取得实效

（一）诉求前100小区物业管理突出问题专项治理持续滚动开展

坚持通过全市住宅小区物业管理诉求月监测锁定诉求前100小区，按季度滚动推进物业管理突出问题专项治理。共计395个项目纳入专项治理，物业服务不规范、停车秩序混乱、安全管理不到位、业委会运行不规范、违规使用专项维修资金等一批群众诉求集中的问题和项目得到有效治理。

（二）聚焦高频诉求开展“治理类”小区治理

在系统分析群众反映突出的物业管理高频诉求问题的基础上，锁定“深层次难题”，印发《物业管理高频诉求暨“治理类小区”治理工作实施方案》，第一批“治理类”小区清单共63个项目已下发各区开展治理。同时建立市区常态化督导机制，联合北京市委督查室开展“点穴式”督导；市区部门确定了25个项目采取“包项目”式全过程督导。

（三）开展排名后十街道约谈指导提升办理质量

市住房城乡建设委联合市委组织部、市委城工委、市政务局，按月组织物业管理类“12345”市民服务热线回访10件以上的“三率”排名后十位街乡镇及相关区住建房管部门，按照见人见事原则，共同分析“接诉即办”问题，研究整改措施。从区域分布来看，2021年每月排名后十的街乡镇共涉及11个区。从约谈整改情况看，全年12次约谈共涉及82个街道（有31个2次以上上榜），有5个街道3次进入后十，有1个街道4次进入后十，约谈指导成效突出。

三、抓实“办实事”群众获得感、满足感不断提升

（一）推进“我为群众办实事”实践活动

围绕党史教育活动，物业专班开展“三个一”实践活动，40余人深入小区一线解决具体问题50余个；联合北京电视台拍摄《我为群众办实事接诉即办之解决物业交接难题》节目，深入基层走流程调研体验，主动破解物业交接难题；全面优化升级“北京业主”APP系统功能和操作流程，协调解决朝阳区双花园南里二区、海淀区浩思家园、朝阳区世茂奥临花园等小区APP投票票权计算问题；整合升级物业管理“一网通办”信息系统，细化项目信息和企业信息，提高物业管理数字政务管理水平；持续督办新交房项目开发企业滞留业主专维资金问题。

（二）通过“每月一题”破解难题

2021年，市区两级合力破解“每月一题”小区电动汽车充电桩安装难问题，制定《关于做好住宅区电动车充电桩安装及后期秩序维护工作的意见》等5个政策文件，明确充电桩安装难问题工作流程、工作职责图和问答口径，全方位对基层进行政策指导。深入基层做好实地跟进督导，圆满完成全市确定的点位建设安装目标。提前谋划2022年“每月一题”，将“物业服务不规范问题”纳入治理范围，认真梳理研究2021年全市物业服务不规范问题工单，按照制定的“一方案三清单”，集中对物业收费公开、装修押金退还、楼道堆物、消防通道或疏散通道乱堆乱放杂物和公共区域保洁不及时等五个方面问题开展整治。

（三）深化“接诉即办”大数据分析

突出数据分析的时效性和权威性，48小时内完成数据分析报告，服务保障每月书记点评会和“接诉即办”调度会；统一全市物业管理接诉即办数据口径，确保数据准确完整。突出数据分析

的深度和维度，除常态化分布数量分析外，开展了大量实地案例调研，共汇总编写各区工作案例36篇，实地调查案例72篇；将6大诉求分类细分为20小类82个具体问题，新增总量情况趋势分析、各区月度占比分析等。突出重点和专项分析，锁定诉求前100小区开展深度分析，形成4批专项治理项目清单，并对治理项目进行长期数据分析和监测，总结十大高频诉求，筛选出“治理类”小区开展重点治理。

四、强化改革创新推进物业管理取得新突破

（一）推进住宅专项维修资金管理改革工作

起草《北京市深化住宅专项维修资金管理改革实施意见》，进一步细化改革政策；开展住宅专项维修资金补建续筹试点工作，32个试点项目阶段性完成试点任务并形成初步可行经验；探索维修资金引入保险机制，加强与住建部、中物协维修资金专委会沟通，联合北京银保监局、市住房资金中心、中国人保公司等单位共同研究可行性路径。

（二）推进“信托制”物业和社会企业试点

选取丰台区角门东里二社区角门甲120号院、门头沟区德露苑、昌平区冠芳园、西城区朗琴园共4个试点项目，探索破解物业服务收费难、调价难问题，深入开展社会企业试点研究。

五、数字化监管与“智慧物业”建设持续推进

（一）推进物业管理事项“一网通办”，优化营商环境

整合物业备案系统和北京市物业管理系统，加快推进“一网通办”，实现物业服务人网上备案和项目信息采集以及电子合同网上备案，简化办事流程，提高工作效率。组织开展全市物业管理区域“落点落图”，纳入“三率”考核的8200余个小区已落图完毕，实现纳入“三率”考核物业管理区域划分底数清、范围明。

（二）提升“北京业主”APP各项功能

研究以推进“北京业主”APP服务功能为基础，以补齐居住社区服务短板为导向，推动物业服务线上线下融合发展；全面升级改造“北京业主”APP系统，提高系统便利度，共上线项目3500余个，累计注册用户约30万人，约18万业主完成认证，完成880余次业主投票。

六、推进物业服务行业党委组建

在系统全面调研的基础上，市委组织部正式批复市物业服务行业党委成立，行业党委筹备组开展了排名前100家物业企业党建工作调研，初步拟定了二级行业党委成员的任职资格。持续推进行业党建品牌创建，首佳物业党委“1+4服务型党组织”党建品牌入选全市100个两新组织“党建强、发展强”党建品牌项目。

七、持续健全完善工作机制，工作基础不断夯实

（一）工作机制不断健全完善

持续保持市级物业专班实体化高效运行，专项工作与属地指导同步推进，条块结合破解工作难题。建立物业管理月综合调度机制，市住房城乡建设委联合市委组织部、市委城工委、市政务局按月召开市区两级物业管理工作综合调度会，对物业管理重点工作进行综合调度，对物业管理问题市民诉求“三率”排名后十街乡镇约谈指导协调，加强全市物业管理诉求前100项目治理情况督办，集中统筹调度冬奥会服务保障、每月一题、疫情防控、住建部“美好家园”活动、垃圾分类、安全生产、房屋安全、汛期防汛、自然灾害风险普查房屋建筑调查、平安校园建设、创建

文明城区、城市更新、老旧小区改造等各项任务。

（二）完善配套政策体系和案例指引机制

出台《北京市物业管理委员会组建办法》《北京市住宅物业服务项目清单》等8个配套文件，印发《〈条例〉实施操作指引》共9批89个问题合编。启动物业纠纷典型案例库建设工作，联合二中院共同编写并发布首批9个物业纠纷典型案例。完善"一册一表多案例"指导机制，制定专项执法指引，通过以案说法，带动各区提高执法效能，共进行物业检查13427项次，实施物业类处罚440起，其中依据《北京市物业管理条例》273起，下达责令改正通知292项次。

（三）扎实做好物业管理宣传贯彻和培训工作

持续保持高强度宣贯，组织新闻发布会3次，组织媒体集体采访5次，发布新闻通稿14篇，中央、市属、区属主流媒体累计在物业管理方面发稿589篇；制作由栗娜担任形象大使的海报2万张及物业宣传短视频4个；与北京电视台新闻频道《怎么看》栏目合作拍摄制作了"解难题办实事，物业管理开新局"5集专题电视节目；与广播电台合作录制了8集《物业管理小课堂》、3期《新闻天天谈》栏目；在北京经典调频FM96.9广播电台播出"物业知识小课堂"3期；歌华有线开机画面《北京物业》专栏发布物业热点短视频32个。累计编写典型案例167篇。打造市住房城乡建设委官网"党建引领小物业 社区治理大民生"物业管理专栏，累计发布信息259条。强化物业管理培训，组织各区物业管理主管领导、物业管理部门负责人、街道（乡镇）和社区的物业管理工作人员就如何履责等开展针对性培训。

第三节　北京市各区工作亮点

东城区制定《东城区物业管理考核指标方案》，开展业委会组建率、物业缴费率、投诉量降低率"新三率"提升工作。

西城区梳理制定《住宅专项维修资金补建续筹试点工作方案》，推动使用个人住房公积金续筹住宅专项维修资金试点成功。

朝阳区举办"弘工匠精神，创朝阳品牌"第一届物业管理员职业技能竞赛。

海淀区创新实施物业管理"社区伙伴行动计划"，建立首批15个"伙伴小区"，并健全社区报到、多方议事、信息公开、诉求联办、社区开放日等工作机制。

丰台区创新开展"两率一量"，推动物业管理多元主体融入社区协商议事和共建共治。

石景山区鲁谷街道开展"四个一"和"接诉即办双派双考"试点改革，创新物业考核奖励机制。

房山区在拱辰街道行宫园小区开展动态调费机制试点，通过党员带头、多方参与、发动群众等措施，成功将物业费由0.48元/平方米·月调整到1.2元/平方米·月。

门头沟区制定《住宅项目物业服务成本信息

和计价规则》，为引入物业管理提供价格参考。

大兴区强化物业行业监管，发挥社会舆论监督作用，建立“红黑榜”机制。

昌平区强化基层培训指导，分批次组织650余名镇街、社区一线工作人员进行培训。

通州区通过打破围墙单元化、打破产权单位一体化、推动物业市场化、物业企业服务标准化等方式，试点推进老旧小区物业管理长效机制建立。

顺义区大力推进物管会向业委会转化，全年累计完成转化153个小区，业委会占比从年初的10.7%提高到92.2%。

密云区制定《关于落实全市街道工作专班物业管理问题的实施方案》，成立由主管副区长牵头的专项工作领导小组，针对市委主要领导关注的十个物业问题，厘清各方责任，健全长效治理机制。

怀柔区针对物业诉求量较高的40个小区，按照每季度10个小区的频次，组织开展区级主动治理。

平谷区出台业委会工作手册、物业服务综合评价指引，组织开展业委会履职指导。

延庆区针对新能源汽车充电、物业市场化推进难题，先后与北京电视台录制播出2期《向前一步》节目。

经开区党建引领物业行业发展，成立行业党委，打造物业行业党建工作阵地。

第九章

房地产行业信息

第一节 房地产开发企业

一、2021 年房地产开发企业概况

截至 2021 年底，全市资质有效期内开发企业共 1867 家，其中一级资质企业 32 家，二级资质企业 99 家，三级资质企业 61 家，四级资质企业 1477 家，暂定资质企业 198 家。

二、房地产开发企业资质等级核定情况

2021 年内，全市审查房地产开发企业资质等级核定事项 1337 项，其中，四级 560 项，三级 39 项，二级 45 项，暂定级延续资质 204 项，资质变更 350 项，新备案资质 120 项（见表 9–1）。

表 9–1 2021 年度北京市房地产开发企业资质业务办理情况表

注册区	新备案	暂定级延续	四级核定	三级核定	二级核定	一级初审	变更	总 计
东城区	3	5	4	4	2	2	9	29
西城区	0	3	24	1	5	1	18	52
朝阳区	19	21	75	5	4	2	49	175
海淀区	25	20	54	4	4	3	40	150
丰台区	10	18	38	3	2	2	25	98
石景山区	4	10	17	0	1	1	10	43
门头沟区	0	10	14	0	1	0	7	32
房山区	5	13	27	1	2	0	19	67
通州区	7	12	124	4	3	0	39	189
顺义区	4	13	30	0	4	1	27	79
昌平区	5	16	72	4	3	1	34	135
大兴区	13	20	24	3	1	2	22	85
怀柔区	8	8	9	2	2	1	6	36
平谷区	11	9	22	0	2	2	10	56
密云区	1	10	14	3	2	0	19	49
延庆区	0	6	9	1	1	1	6	24
经开区	5	10	3	4	6	0	10	38
合计	120	204	560	39	45	19	350	1337

三、2021 年房地产开发企业名录

截至 2021 年底，北京市资质有效期内一、二、三级房地产开发企业 192 家，其中一级企业 32 家，二级企业 99 家，三级企业 61 家（见附表 3–7）。

第二节 房地产经纪行业

截至 2021 年 12 月 31 日，全市已备案的房地产经纪机构共 6379 家，其中分支机构 3552 家。截至 2021 年底，全市已报送信息的住房租赁企业共 1021 家。截至 2021 年底，全市主要互联网信息发布平台共 12 家，其中注册地为北京的有 7 家。全市房地产经纪机构和住房租赁企业从业人员备案人数为 86204 人。

表 9–2 北京市房地产经纪机构备案情况（不含分支机构）

企业类型 \ 数量 \ 注册资金（万元）	10 以下	10–30	30–50	50–100	100 以上	合计
有限责任公司	246	158	622	868	844	2738
合伙制企业	1	0	0	0	0	1
三资企业	0	0	0	0	0	0
股份合伙制企业	1	1	0	2	3	7
全民所有制企业	0	1	0	2	2	5
集体所有制企业	0	3	0	3	1	7
其他	20	4	8	12	25	69
合计	268	167	630	887	875	2827

备注：数据来源企业申请备案信息，注册资本含下限，不含上限。

表 9–3 北京市已报送信息住房租赁企业情况

企业类型 \ 数量 \ 注册资金（万元）	10 以下	10–30	30–50	50–100	100 以上	合计
有限责任公司	57	25	114	441	371	1008
合伙制企业	0	0	1	0	0	1
三资企业	0	0	0	0	0	0

（续表 9-3）

	10 以下	10-30	30-50	50-100	100 以上	合计
股份合伙制企业	0	0	0	0	0	0
全民所有制企业	0	0	0	0	0	0
集体所有制企业	1	0	0	0	0	1
其他	1	0	1	5	4	11
合计	59	25	116	446	375	1021

备注：数据来源企业报送信息，注册资本含下限，不含上限。

表 9-4　2021 年北京市房地产经纪机构分区情况

区县	经纪机构数量	住房租赁企业数量
东城区	146	1
西城区	123	13
朝阳区	753	108
海淀区	329	120
丰台区	287	139
石景山区	115	56
通州区	161	286
房山区	123	30
顺义区	152	3
门头沟区	36	7
大兴区	78	15
怀柔区	75	8
密云区	72	34
昌平区	221	121
延庆区	19	0
平谷区	32	1
开发区	77	79
合计	2799	1021

备注：不含外埠机构。

表 9-5　2021 年北京市主要发布房源信息互联网平台名单

序号	企业名称	注册名称	注册地
1	58 同城	五八同城信息技术有限公司	北京
2	房天下	北京搜房网房天下有限公司（北京搜房科技发展有限公司）	北京
3	贝壳找房	贝壳找房（北京）科技有限公司	北京
4	幸福里	北京字节跳动科技有限公司	北京
5	建融家园	建信住房服务有限责任公司	北京
6	搜狐焦点	北京焦点互动信息服务有限公司	北京
7	新浪乐居	北京新浪互联信息服务有限公司	北京
8	闲鱼网	浙江阿里巴巴闲鱼网络科技有限公司	杭州
9	安居客	上海瑞家信息技术有限公司	上海
10	百姓网	百姓网股份有限公司	上海
11	诸葛找房	苏州诸葛找房信息技术有限公司 （诸葛启航（苏州）科技有限公司）	苏州
12	巴乐兔	上海万间信息技术有限公司	上海

第三节　房产测绘行业

一、党建引领，继续推进落实历史遗留项目及“接诉即办”“每月一题”中房产测绘有关问题

2021 年，发挥党建引领作用，对群众或企业反映的历史遗留项目、军队停偿工作以及国企资产划拨中涉及房产测绘有关问题，主动作为，多次与组织相关部门进行研究，积极推进了 11 个历史遗留项目的解决。

二、深化放管服改革，全市范围推广“多测合一”

2021 年 4 月，市住房城乡建设委与规自委联合印发《关于进一步优化北京市社会投资低风险工程建设项目“多测合一”工作的通知》（京规自发〔2021〕137 号），优化低风险工程建设项目“多测合一”报告书格式及内容，搭建“多测合一”服务信息平台。目前已在海淀、朝阳区试点，完善后年底在全市推广。

2021 年 6 月，市住房城乡建设委与规自委联合印发《关于印发工程建设项目“多测合一”试点工作实施细则和技术指南的通知》（京规自发〔2021〕192 号），在 137 号文件低风险项目基础上，选择朝阳区、海淀区开展工程建设项目“多测合一”改革试点。

2021年9月，市住房城乡建设委与规自委联合印发《关于进一步推进工程建设项目“多测合一”改革工作的通知》（京规自发〔2021〕309号），优化服务平台，实现一次提交，智能转派，成果共享互认。

三、房产测绘单位及人员情况

截至2021年底，全市已在市住房城乡建设委备案的房产测绘机构148家，从业人员1292人。其中，甲级资质29家，乙级资质46家，丙级资质39家，丁级资质34家（机构名录见附表3–8）。

第四节　房地产评估行业

一、房地产估价机构情况

2021年，北京市全市执业的房地产估价机构137家。其中，一级估价机构62家；二级估价机构35家；三级估价机构22家；三级（暂定）估价机构9家；外地一级机构在京设立分支机构9家。详见表9–2至表9–6。

表9–6　2021年北京市三级（暂定）房地产估价机构列表

序号	机构名称	备案等级
1	北京德润恒道土地房地产资产评估有限公司	三级暂定
2	北京国京汇得房地产土地资产评估有限公司	三级暂定
3	北京澎昊房地产土地评估中心（有限合伙）	三级暂定
4	北京世邦魏理仕房地产评估有限公司	三级暂定
5	北京新博智胜房地产土地资产评估有限公司	三级暂定
6	北京中金浩房地产土地评估有限责任公司	三级暂定
7	创麦国际房地产土地资产评估有限公司	三级暂定
8	和睿达（北京）房地产土地资产评估有限公司	三级暂定
9	佳美华审房地产土地评估（北京）有限公司	三级暂定

表9–7　2021年北京市三级房地产估价机构列表

序号	机构名称	备案等级
1	北京奥隆房地产评估有限责任公司	三级
2	北京昌房房地产评估有限责任公司	三级

（续表 9-7）

序号	机构名称	备案等级
3	北京大通兴业房地产评估有限公司	三级
4	北京德祥长江房地产评估有限责任公司	三级
5	北京富川房地产土地资产评估有限公司	三级
6	北京富地宏业房地产评估有限公司	三级
7	北京高力国际房地产评估有限公司	三级
8	北京海基伟业房地产评估事务所（普通合伙）	三级
9	北京建和信房地产土地资产评估有限责任公司	三级
10	北京金凯博雄房地产土地评估有限公司	三级
11	北京开元恒基房地产土地评估有限公司	三级
12	北京天兴房地产评估事务所（普通合伙）	三级
13	北京鑫泰房地产估价有限公司	三级
14	北京兴庆房地产土地评估有限公司	三级
15	北京永信达泽房地产估价有限责任公司	三级
16	北京宇恒土地房地产评估有限公司	三级
17	北京岳华中天房地产评估有限公司	三级
18	北京正平房地产评估有限公司	三级
19	北京中海盛房地产资产评估有限公司	三级
20	北京中恒永兴房地产评估事务所有限公司	三级
21	北京中天华腾房地产评估有限公司	三级
22	中天成土地房地产资产评估（北京）有限公司	三级

表 9-8　2021 年北京市二级房地产估价机构列表

序号	机构名称	备案等级
1	保诚联合（北京）房地产土地评估有限公司	二级
2	北京安兴润房地产土地评估有限公司	二级
3	北京诚达信房地产评估有限公司	二级
4	北京大信中和房地产土地评估有限公司	二级
5	北京房兴土地房地产评估有限公司	二级
6	北京国诚房地产土地评估有限公司	二级
7	北京国土联房地产评估中心有限公司	二级
8	北京国土永业房地产土地评估有限公司	二级
9	北京海创房地产土地评估有限公司	二级
10	北京海评兴业房地产土地评估有限公司	二级

（续表 9-8）

序号	机构名称	备案等级
11	北京浩诚业房地产评估有限公司	二级
12	北京恒浩房地产评估有限公司	二级
13	北京鸿天涉外房地产土地估价有限责任公司	二级
14	北京华城房地产土地评估有限公司	二级
15	北京金地房地产土地评估有限公司	二级
16	北京金典天平房地产评估有限责任公司	二级
17	北京瑞德联盟房地产估价有限公司	二级
18	北京瑞华腾房地产评估有限公司	二级
19	北京瑞欧房地产评估咨询有限责任公司	二级
20	北京申和天成房地产评估有限公司	二级
21	北京世纪方廉房地产评估事务所（普通合伙）	二级
22	北京统信房地产土地资产评估有限公司	二级
23	北京西域房地产价格评估有限公司	二级
24	北京新兴宏基房地产土地评估有限公司	二级
25	北京兴远房地产土地评估有限公司	二级
26	北京宣房房地产评估有限公司	二级
27	北京屹城房地产土地评估有限责任公司	二级
28	北京友诚房地产土地评估有限公司	二级
29	北京中创伟业房地产评估有限责任公司	二级
30	北京中地联合房地产评估有限公司	二级
31	北京中海城房地产评估有限公司	二级
32	北京中恒房地产评估有限公司	二级
33	北京中坤房地产土地评估有限公司	二级
34	沃克森（北京）国际房地产土地评估有限公司	二级
35	中联房地产评估有限公司	二级

表 9-9　2021 年北京市一级房地产估价机构列表

序号	机构名称	备案等级
1	北京金诚立信房地产土地评估有限公司	一级
2	名洋灏正房地产土地评估（北京）有限公司	一级
3	北京市国盛房地产评估有限责任公司	一级
4	北京高地经典房地产评估有限责任公司	一级
5	北京中锐行房地产土地评估有限公司	一级
6	北京汇盛信达房地产土地评估有限公司	一级

（续表 9-9）

序号	机构名称	备案等级
7	北京宝孚房地产评估事务所有限公司	一级
8	北京国众联土地房地产评估有限公司	一级
9	北京安泰祥土地房地产评估有限公司	一级
10	北京潞通房地产土地评估有限公司	一级
11	北京华中兆源房地产土地评估有限公司	一级
12	北京植地通诚房地产评估有限公司	一级
13	北京华天通房地产评估有限公司	一级
14	北京银通安泰房地产评估有限公司	一级
15	北京市中恒业房地产评估有限责任公司	一级
16	北京京港房地产土地资产评估有限公司	一级
17	北京中盛行房地产土地评估有限公司	一级
18	北京百成首信房地产评估有限公司	一级
19	北京中地华夏土地房地产评估有限公司	一级
20	北京吉翔房地产土地评估有限公司	一级
21	顺建投申洋（北京）房地产土地评估有限公司	一级
22	北京北方房地产咨询评估有限责任公司	一级
23	北京圣元房地产评估咨询有限公司	一级
24	北京华瑞行房地产评估咨询有限公司	一级
25	北京鼎春德房地产土地评估有限公司	一级
26	北京明鉴永兴房地产土地资产评估有限公司	一级
27	北京建正合生房地产评估有限公司	一级
28	北京新兴宏基房地产土地评估有限公司	一级
29	中安盛世（北京）土地房地产评估有限责任公司	一级
30	北京瀚鼎房地产土地评估有限公司	一级
31	中财宝信（北京）房地产土地资产评估有限公司	一级
32	博文房地产评估造价集团有限公司	一级
33	北京中土源房地产评估有限公司	一级
34	北京中企华土地房地产资产评估有限公司	一级
35	北京大信中和房地产土地评估有限公司	一级
36	北京京都房地产土地评估有限公司	一级
37	北京京城捷信房地产评估有限公司	一级
38	北京中鼎联合房地产土地资产评估有限公司	一级
39	北京中海城房地产评估有限公司	一级
40	北京东华天业房地产评估有限公司	一级
41	北京盛华翔伦房地产土地评估有限责任公司	一级

（续表 9-9）

序号	机构名称	备案等级
42	北京世诚嘉业房地产土地评估有限责任公司	一级
43	杜鸣联合房地产土地资产评估（北京）有限公司	一级
44	北京中资房地产土地评估有限公司	一级
45	仲量联行（北京）土地房地产评估顾问有限公司	一级
46	北京大地盛业房地产土地评估有限公司	一级
47	北京国地房地产土地评估有限公司	一级
48	北京银地联合房地产土地资产评估有限公司	一级
49	中瑞国际房地产土地资产评估有限公司	一级
50	中兴华咨（北京）房地产评估工程咨询有限公司	一级
51	北京国信达房地产土地评估有限公司	一级
52	北京建亚恒泰房地产评估有限公司	一级
53	北京北方亚事房地产土地评估有限公司	一级
54	宝业恒（北京）土地房地产资产评估咨询有限公司	一级
55	北京康正宏基房地产评估有限公司	一级
56	中建银（北京）房地产土地资产评估有限公司	一级
57	北京仁达房地产土地资产评估有限公司	一级
58	北京华源龙泰房地产土地资产评估有限公司	一级
59	北京华信房地产评估有限公司	一级
60	北京首佳房地产评估有限公司	一级
61	北京市金利安房地产咨询评估有限责任公司	一级
62	北京中诚亿房地产土地评估有限责任公司	一级

表 9-10　2021 年外地一级房地产估价机构在京分支机构列表

序号	机构名称	备案等级
1	广州第一太平戴维斯房地产与土地评估有限公司北京分公司	分支机构
2	国众联资产评估土地房地产估价有限公司北京分公司	分支机构
3	厦门均达房地产资产评估咨询有限公司北京分公司	分支机构
4	深圳市戴德梁行土地房地产评估有限公司北京分公司	分支机构
5	深圳市国策房地产土地资产评估有限公司北京分公司	分支机构
6	深圳市国房土地房地产资产评估咨询有限公司北京分公司	分支机构
7	深圳市融泽源资产评估土地房地产估价有限公司北京分公司	分支机构
8	深圳市世联土地房地产评估有限公司北京分公司	分支机构
9	深圳市同致诚土地房地产估价顾问有限公司北京分公司	分支机构

第五节　房屋安全鉴定行业

一、房屋安全鉴定机构情况

2021 年全市新增 2 个业务范围不限的房屋安全鉴定机构备案（北京建业通工程检测技术有限公司、中宏检验认证集团有限公司），鉴定机构备案注销 2 个（北京市房屋安全鉴定总站、大兴区房屋安全鉴定站）。截至 2021 年底，全市备案鉴定机构总数达 36 个，其中业务范围不限 22 个，中小型 4 个，小型 10 个（见表 9–7）。

业务范围不限的鉴定机构可以受理各种房屋建筑的安全评估与鉴定业务。

业务范围中小型的鉴定机构可以受理的业务有：（1）一般公共建筑工程，（a）单体建筑面积 20000 平方米及以下，不含钢结构；（b）建筑高度 50 米及以下。（2）住宅宿舍，20 层及以下一般标准的居住建筑工程，不含钢结构。（3）地下工程，（a）总建筑面积 10000 平方米及以下地下空间；（b）防护等级五级及以下附建式人防工程。（4）其他类，（a）使用住宅专项维修资金鉴定；（b）变动房屋建筑主体和承重结构认定。

业务范围小型的鉴定机构可以受理的业务有：（1）使用住宅专项维修资金鉴定。（2）变动房屋建筑主体和承重结构认定。（3）平房（文物古建筑房屋除外）。（4）跨度小于 12 米的单层空旷砖房。（5）六层及以下砖混、砖木结构楼房。

表 9–11　北京市房屋安全鉴定机构一览表

序号	备案编号	机构名称	联系电话	业务范围
1	京鉴字 01002	北京紫衡轩建筑工程检测有限公司	69376993	不限
2	京鉴字 01007	北京市朝阳区房屋安全鉴定站	64186164	不限
3	京鉴字 01008	北京市海淀区房屋安全鉴定站	62525745	不限
4	京鉴字 01012	北京市建设工程质量第三检测所有限责任公司	88373018	不限
5	京鉴字 01016	北京众鑫云工程质量检测有限公司	88426983	不限
6	京鉴字 01018	北京市建设工程质量第六检测所有限公司	87148751	不限
7	京鉴字 01021	北京市建设工程质量第二检测所有限公司	68048508	不限
8	京鉴字 01023	北京市建设工程质量第一检测所有限责任公司	88223802	不限
9	京鉴字 01025	北京科远智恒鉴定检测技术有限公司	63812390	不限
10	京鉴字 01028	奥来国信（北京）检测技术有限责任公司	81700898	不限
11	京鉴字 01029	北京市建设工程质量第五检测所有限公司	67731836	不限

（续表 9-11）

序号	备案编号	机构名称	联系电话	业务范围
12	京鉴字 01030	中国国检测试控股集团股份有限公司	80896652	不限
13	京鉴字 01031	中电投工程研究检测评定中心有限公司	010-88194105	不限
14	京鉴字 01032	北京三茂建筑工程检测鉴定有限公司	62912726	不限
15	京鉴字 01033	清华大学 / 清华大学结构工程检测中心	62794828	不限
16	京鉴字 01034	中大检测（湖南）股份有限公司北京分公司	010-61096100	不限
17	京鉴字 01038	北京康桥隆盛工程检测有限责任公司	69269124	不限
18	京鉴字 01039	北京环安工程检测有限责任公司	010-62258860	不限
19	京鉴字 01041	中冶检测认证有限公司	82227228	不限
20	京鉴字 01042	中宏检验认证集团有限公司	0311-85296688	不限
21	京鉴字 01043	北京建业通工程检测技术有限公司	010-60214780	不限
22	京鉴字 01044	建研院检测中心有限公司	64517235	不限
23	京鉴字 02001	北京首华建设经营有限公司房屋安全鉴定室	65287722-1102	中小型
24	京鉴字 02004	北京德源佳宁安信房屋安全鉴定有限公司	66026813	中小型
25	京鉴字 02014	北京房地集团有限公司房屋安全鉴定室	84631858	中小型
26	京鉴字 02040	中震（北京）工程检测股份有限公司	68845221	中小型（暂停营业）
27	京鉴字 03003	北京市门头沟区房屋安全鉴定站	69822760	小型
28	京鉴字 03009	北京市昌平区房屋安全鉴定站	69746096	小型
29	京鉴字 03010	北京天岳恒房屋经营管理有限公司房屋安全鉴定室	63295296	小型
30	京鉴字 03015	北京石房投资管理有限公司房屋安全鉴定室	68867438	小型
31	京鉴字 03017	北京市平谷区房屋安全鉴定站	010-80916037	小型
32	京鉴字 03019	北京市东城区房屋安全鉴定管理所	64023166	小型（暂停营业）
33	京鉴字 03020	通州区房屋安全鉴定站	81587316	小型
34	京鉴字 03026	北京市延庆区房屋安全管理中心	69182090	小型
35	京鉴字 03037	北京广安融创房屋安全鉴定有限公司	83551191	小型
36	京鉴字 03011	北京市怀柔区房屋安全鉴定站	69628122	小型

注：1．西城区将原北京市西城区房屋安全鉴定二站鉴定职能划转至北京广安融创房屋安全鉴定有限公司。

2．中国建筑科学研究院有限公司 / 国家建筑工程质量监督检验中心更名为建研院检测中心有限公司。

3．中冶建筑研究总院有限公司 / 国家工业建构筑物质量安全监督检验中心更名为中冶检测认证有限公司。

4．中国建材检验认证集团股份有限公司更名为中国国检测试控股集团股份有限公司。

5．湖南中大检测技术集团有限公司北京分公司更名为中大检测（湖南）股份有限公司北京分公司。

6．北京佳宁安信房屋安全鉴定站更名为北京德源佳宁安信房屋安全鉴定有限公司。

7．北京市延庆区房屋安全鉴定站更名为北京市延庆区房屋安全管理中心。

二、2021 年房屋安全鉴定和评估业务完成情况

全市 36 个鉴定机构在 2021 年共完成涉及建筑面积 5325.8 万平方米的房屋安全鉴定、安全评估、修缮定案鉴定（见表 9–8）。

表 9–12　各鉴定机构 2021 年鉴定和评估业务完成情况统计表

序号	机构名称	建筑面积（万平方米）								
		小计	安全鉴定（楼房）	安全鉴定（平房）	综合安全性鉴定（楼房）	综合安全性鉴定（平房）	修缮定案鉴定（楼房）	修缮定案鉴定（平房）	安全评估（楼房）	安全评估（平房）
1	北京紫衡轩建筑工程检测有限公司	17.13	5.54	0.25	1.95	0.02	9.37	0	0	0
2	北京市朝阳区房屋安全鉴定站	41.17	0.71	0.45	0.24	0	36.6	0	3.17	0
3	北京市海淀区房屋安全鉴定站	450.44	84.20	0.13	0.29	0	364.48	0.79	0.51	0.04
4	北京市建设工程质量第三检测所有限责任公司	350.39	229.25	4.11	20.37	1	66.67	0	28.99	0
5	北京众鑫云工程质量检测有限公司	9.63	1	0.1	8.52	0.01	0	0	0	0
6	北京市建设工程质量第六检测所有限公司	471.18	399.93	0.08	14.3	0.05	44	0	12.82	0
7	北京市建设工程质量第二检测所有限公司	531.48	383.37	1.41	96.02	1.97	17.14	0	31.5	0.07
8	北京市建设工程质量第一检测所有限责任公司	227.56	221.49	0	6.05	0.02	0	0	0	0
9	北京科远智恒鉴定检测技术有限公司	246.71	31.66	0.26	1.78	0.01	212.89	0.11	0	0
10	奥来国信（北京）检测技术有限责任公司	122.12	61.86	1.71	9.69	0.02	19.28	0	29.56	0
11	北京市建设工程质量第五检测所有限公司	588.37	106.87	0	5.96	0.03	444.82	0	30.69	0
12	中国国检测试控股集团股份有限公司	270.16	168.25	2.22	14.16	0	23.33	0	62.20	0
13	中电投工程研究检测评定中心有限公司	388.49	250.15	0.44	60.57	0.14	77.19	0	0	0
14	北京三茂建筑工程检测鉴定有限公司	44.31	21.47	0.07	14.40	0.92	1.45	0	6	0
15	清华大学/清华大学结构工程检测中心	21.12	4.25	0	16.87	0	0	0	0	0
16	中大检测（湖南）股份有限公司北京分公司	0.93	0.53	0.15	0.25	0	0	0	0	0
17	北京康桥隆盛工程检测有限责任公司	179.59	139.90	0.24	39.32	0.13	0	0	0	0
18	北京环安工程检测有限责任公司	251.73	154.36	0	73.78	0	7.93	0	15.66	0

（续表 9-12）

序号	机构名称	建筑面积（万平方米）								
		小计	安全鉴定（楼房）	安全鉴定（平房）	综合安全性鉴定（楼房）	综合安全性鉴定（平房）	修缮定案鉴定（楼房）	修缮定案鉴定（平房）	安全评估（楼房）	安全评估（平房）
19	中冶检测认证有限公司	182.24	111.71	8.68	44.05	5.26	0	0	12.54	0
20	中宏检验认证集团有限公司	0	0	0	0	0	0	0	0	0
21	北京建业通工程检测技术有限公司	0	0	0	0	0	0	0	0	0
22	建研院检测中心有限公司	716.17	393.16	2.24	24.05	0.04	0	0	296.68	0
23	北京首华建设经营有限公司房屋安全鉴定室	4.88	1.02	0	0	0	1.98	0	1.88	0
24	北京德源佳宁安信房屋安全鉴定有限公司	167.34	18	0.68	0.38	0	148.28	0	0	0
25	北京房地集团有限公司房屋安全鉴定室	15.5	2.92	0.5	6.5	0	3.45	0	2.13	0
26	中震（北京）工程检测股份有限公司	3.14	0	0	3.14	0	0	0	0	0
27	北京市门头沟区房屋安全鉴定站	0.5	0	0.5	0	0	0	0	0	0
28	北京市昌平区房屋安全鉴定站	5.52	0	0	0	0	5.52	0	0	0
29	北京天岳恒房屋经营管理有限公司房屋安全鉴定室	0	0	0	0	0	0	0	0	0
30	北京石房投资管理有限公司房屋安全鉴定室	0	0	0	0	0	0	0	0	0
31	北京市平谷区房屋安全鉴定站	0	0	0	0	0	0	0		0
32	北京市东城区房屋安全鉴定管理所	0	0	0	0	0	0	0	0	0
33	通州区房屋安全鉴定站	18	0	0	0	0	18	0	0	0
34	北京市延庆区房屋安全管理中心	0	0	0	0	0	0	0	0	0
35	北京广安融创房屋安全鉴定有限公司	0	0	0	0	0	0	0	0	0
36	北京市怀柔区房屋安全鉴定站	0	0	0	0	0	0	0	0	0
合计		5325.80	2791.60	24.22	462.64	9.62	1502.38	0.90	534.33	0.11

附录一

业界观点

构建面向未来、富有弹性的大型城市群住房体系

国务院发展研究中心市场经济研究所　邓郁松　邵　挺　牛三元　王瑞民

中国的城市化已经进入以城市群为主体的高质量发展阶段，包括人口在内的大量经济、社会要素向城市群特别是大型城市群加快集聚，带来大量的新增住房需求。要加快构建面向未来、富有弹性、包容性强的城市群住房体系，为城市群的高质量发展提供有效支撑。

一、我国大型城市群发展的阶段性特征

城市群是大国城市化发展到一定阶段后的空间呈现。2020年，我国城镇化率已达63.89%，随着中心城市的经济结构从工业主导向服务业主导转变，部分产业向周边中小城市转移，中心城市与周边城市的产业、交通、人口等方面的互动显著增强。

（一）我国大型城市群的界定标准

改革开放以来，我国的城市化以每年1%的速度推进，包括人口在内的各类要素加速向城市群特别是大型城市群集聚。为明确所讨论问题涉及的空间范围，结合既有文献和研究需要，课题组尝试从人口与经济规模、专业化分工程度、中心城市的能级这三个维度，提出中国大型城市群的界定标准。

人口与经济规模：中国的城市带有较强的行政区划色彩，其范围内包含大量农村区域与农村人口。课题组将全国人口的5%和全国GDP的5%，作为大型城市群的人口和经济总量门槛，即"十四五"规划中提出的19个城市群[①]中，人口在7000万以上、GDP在5万亿元以上的城市群为大型城市群。

专业化分工程度：大型城市群的中心城市与周边城市应形成有效的产业分工与协作，具备较强的产业链和供应链联系。中心城市与周边城市间应有发达的交通网络连接，城市群内部有大量人口频繁流动。

中心城市的能级：中心城市的能级决定了城市群的活力。大型城市群应至少拥有一个超大城市或特大城市，以高效集聚各类要素。

根据上述标准，我国有7个城市群进入大型城市群行列，即京津冀、长三角、珠三角、长江中游、成渝、中原、粤闽浙沿海城市群。这7个城市群2020年GDP总量均超过5万亿元，常住人口超过7000万（见图附1–1）。城市群代表性核心城市[②]如北京、上海、深圳、武汉、成都、

① 《中华人民共和国国民经济和社会发展第十四个五年规划和2035年远景目标纲要》中提出的19个城市群包括：京津冀、长三角、珠三角、成渝、长江中游、山东半岛、粤闽浙沿海、中原、关中平原、北部湾、哈长、辽中南、山西中部、黔中、滇中、呼包鄂榆、兰州—西宁、宁夏沿黄和天山北坡城市群

② 本文在各城市群中选择一个直辖市、省会城市或计划单列市作为该城市群的代表性核心城市。七个城市群所选代表性核心城市分别为：北京（京津冀）、上海（长三角）、深圳（珠三角）、武汉（长江中游）、成都（成渝）、郑州（中原）和厦门（粤闽浙沿海）

郑州均为常住人口千万以上的超大城市，厦门为人口达 516 万的特大城市。这些核心城市均与周边城市形成了紧密的产业分工，如上海和苏州、无锡、杭州，深圳和东莞、惠州等。

（二）我国大型城市群均已起步，珠三角、长三角城市群进入成熟阶段

城市群的演进呈现出明显的阶段性特征。城市化率达到 50% 时，城市数量和规模都显著扩大，空间上开始呈现连片发展的趋势。此时往往也是经济结构调整的重要节点，人口、资本等要素资源将在地理空间上重新配置，城市之间的联系显著增强，城市群开始起步。当城市化率达到 70% 时，城市群的边界基本框定，以服务业为主导的经济结构基本形成，城市群进入成型阶段。此后，整个国家进入到城市化后期阶段，产业结构与就业结构继续演进。随着三次产业增加值占比与就业在三次产业的占比基本稳定，城市群也进入到成熟阶段，此时城市化率一般在 75% 以上（见表附 1–1）。

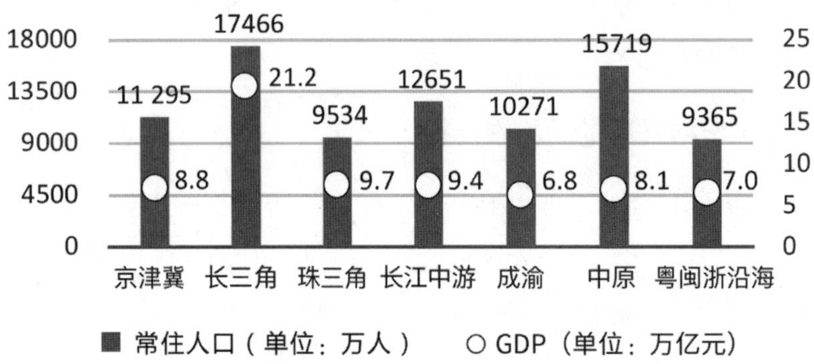

图附 1–1　七个大型城市群的人口和 GDP（2020 年）

数据来源：各城市第七次全国人口普查数据和 2021 年统计年鉴

表附 1–1　城市群发展的三个阶段

	起步阶段	成型阶段	成熟阶段
城市化率	达到 50%	达到 70%	超过 75%
基础设施	较不完善	趋于完善	较为完善
产业结构	开始从制造业为主向服务业为主转变	初步形成以服务业为主的产业结构	产业结构及相应的就业结构趋于稳定
人口流动	乡—城为主，城市群外的小城市—大城市为辅	城市群外的小城市—大城市为主，乡—城为辅	同一城市群：产业内部流动，城市群之间人口流动成为常态

数据来源：课题组整理

我国7个大型城市群处于不同的发展阶段。根据第七次人口普查，珠三角和长三角城市群2020年的城市化率已经超过75%，进入到成熟阶段；其余5个大型城市群处于从起步阶段向成型阶段的迈进过程中。大型城市群的核心城市的城市化率均接近甚至超过70%，其中，京津冀、长三角、珠三角和粤闽浙沿海城市群核心城市的城市化率接近90%或更高（见图附1–2）。

回溯产业结构演变进程，不难发现各城市群第二产业增加值占GDP的比重均已过了峰值期，进入稳步下降阶段。其中，京津冀、长三角和珠三角城市群的第二产业占比在2004年后已开始下降，目前长三角城市群城市产业结构和劳动力从第二产业向第三产业转移的速度已经明显较缓；其他如长江中游、成渝、粤闽浙沿海等城市群也在2011年前后进入了服务业主导的发展阶段（见图附1–3）。

（三）七大城市群集聚高端要素和产业的能力不同

进入起步阶段后，由于资源禀赋和集聚要素能力的差异，七大城市群的发展并不平衡。长三角、珠三角和京津冀城市群教育、科研、金融等高端要素高度集聚，具有典型的高端要素集聚型城市群的特征，在发展思路上强调创新体系建设、新产业培育和世界级产业集群建设；长江中游、成渝、粤闽浙沿海和中原城市群在经济结构调整过程中产业稳定发展，城市化率稳定攀升，具有明显的产业稳定发展型城市群特征，侧重承接产业转移和立足比较优势的区域性产业集群建设（见表附1–2）。

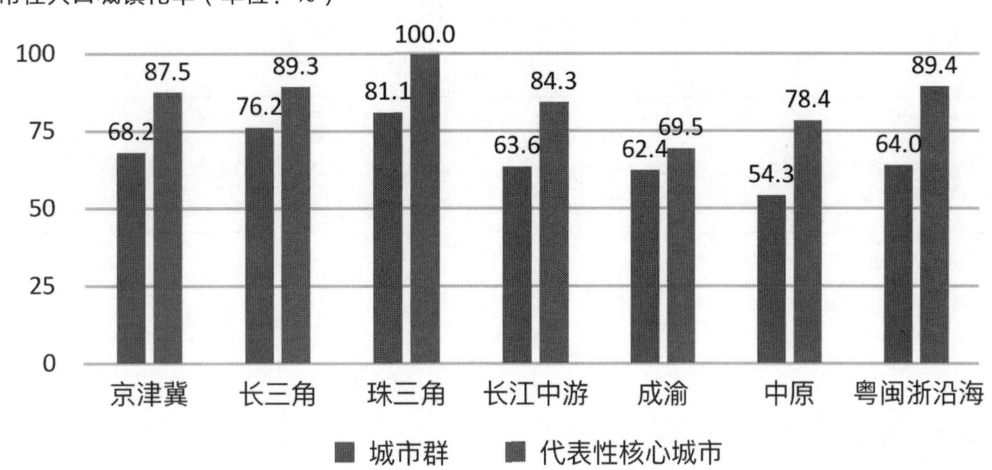

图附1–2　各大型城市群和核心城市常住人口城镇化率（2020年）

数据来源：各城市第七次全国人口普查数据

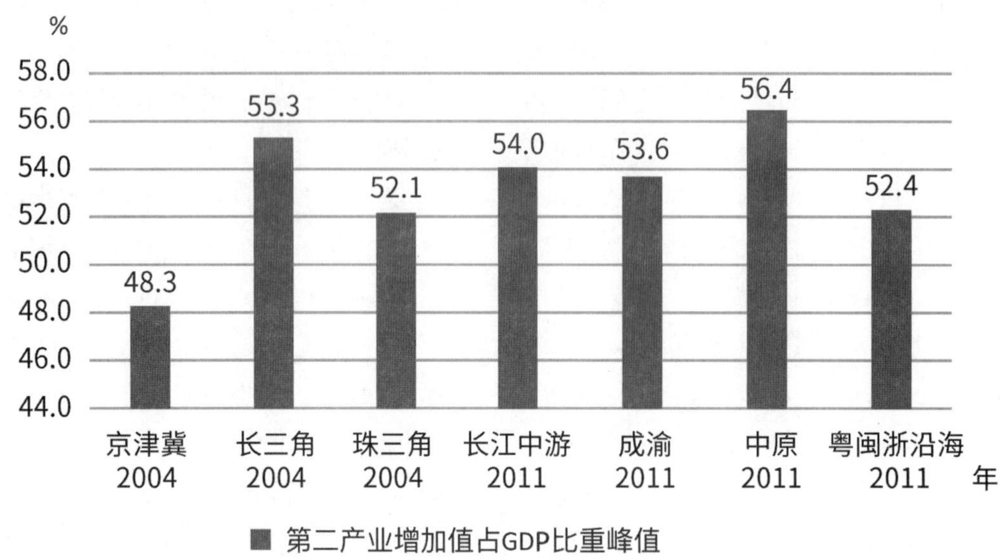

图附 1-3　各大型城市群第二产业增加值占 GDP 比重峰值和年份

数据来源：各城市统计年鉴

表附 1-2　各大型城市群的类型划分

类型	城市群
高端要素集聚型	长三角、珠三角、京津冀
产业稳定发展型	成渝、长江中游、中原、粤闽浙沿海

资料来源：课题组整理

人口净流入状况是要素和产业集聚能力的直接反映。2010—2020 年，京津冀城市群人口增长呈现放缓态势，长三角和珠三角城市群吸引了大量人口拥入，其中，珠三角城市群的深圳、广州等核心城市人口仍在较快增长。成渝城市群及其核心城市人口还在持续增加，各种要素还在快速集聚，核心城市常住人口增幅高于城市群整体，核心城市在城市群中的经济地位越发重要。长江中游、中原城市群的人口整体在净流出，但其核心城市吸引了大量人口净流入（见图附 1-4 和图附 1-5）。

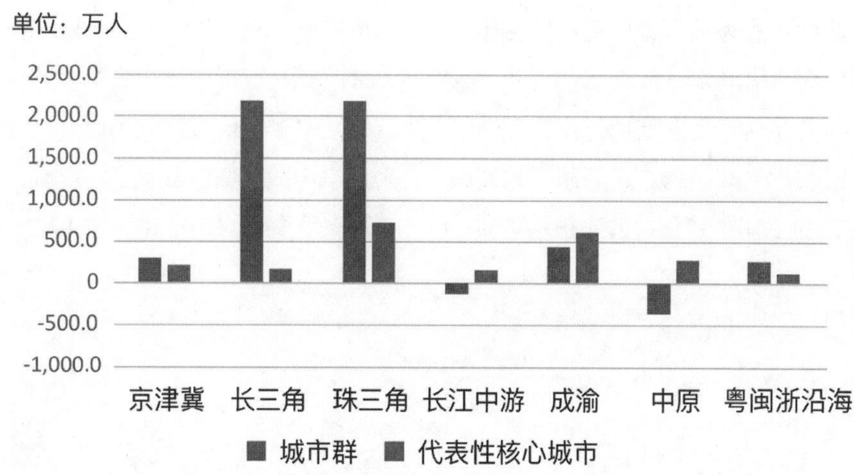

图附 1–4 各大型城市群和代表性核心城市常住人口增幅（2010—2020 年）

数据来源：各城市第六、七次全国人口普查数据

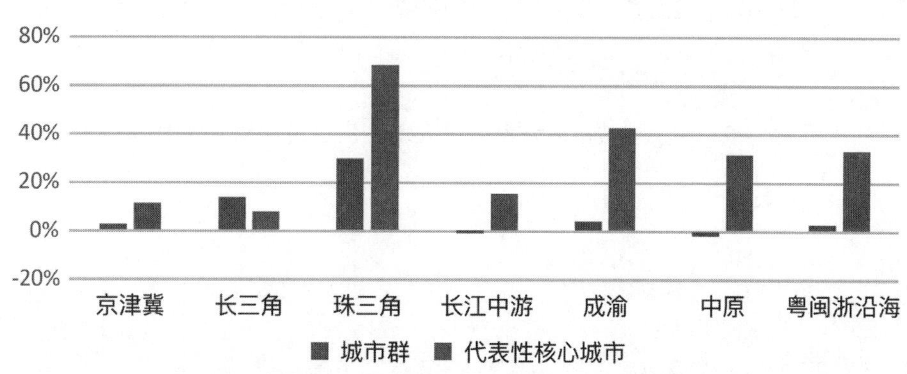

图附 1–5 各大型城市群和代表性核心城市常住人口增速（2010—2020 年）

数据来源：各城市第六、七次全国人口普查数据

二、大型城市群住房发展对比分析

住房市场化改革以来，我国城镇居民住房条件得到了明显改善。但是，由于发展阶段和集聚要素的能力不同，不同城市群以及城市群内不同城市的住房供应结构、居民居住水平、住房支付能力均存在显著的差异。

（一）不同城市群居民的居住水平差异较大

不同城市群和城市群内不同城市居民的居住水平存在明显差异（见图附 1–6）。2018 年，珠三角和京津冀城市群的人均住房面积不到 33 平方米，相对偏低；城市群的核心城市人均住房面积显著低于城市群的平均水平。京津冀和珠三角城市群各城市城镇人均住房面积普遍低于 35 平方米，深圳仅有 21.8 平方米。同一城市群内部不同城市间居住水平的差异也比较明显，例如长三角城市群城镇人均居住面积为 42.8 平方米，其中江苏省泰州市达到 54.7 平方米，安徽省合肥市为 35.2 平方米。

（二）商品住房成为城市群住房供应主体，但不同城市群供应结构差异较大

总体来看，商品住房是大型城市群住房供应的主体。从存量房的产权结构看，商品房是五大城市群存量住房的主体，其套数占比在京津冀、长三角、长江中游、成渝城市群均达到85%以上。京津冀城市群的公房和保障房套数比重略高于其他城市群。比较特别的是珠三角城市群，其农民自建房的套数占比高达61.0%，大量的新市民居住在城中村农民自建房中（见图附1-7）。

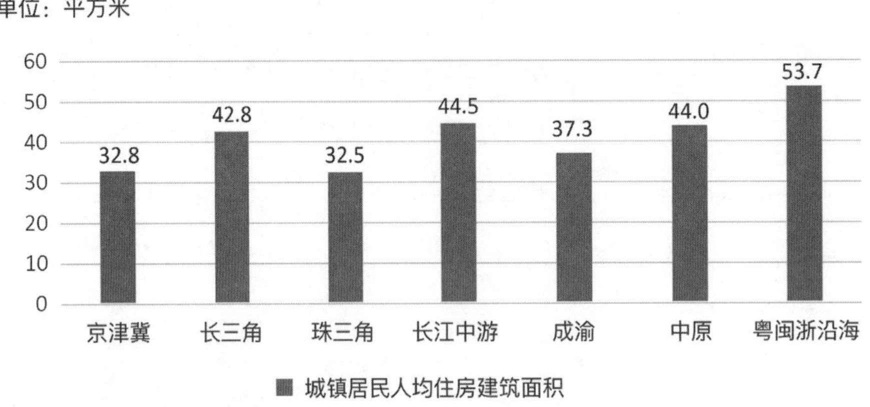

图附1-6 各大型城市群城镇居民人均住房建筑面积（2018年）

数据来源：各城市统计年鉴

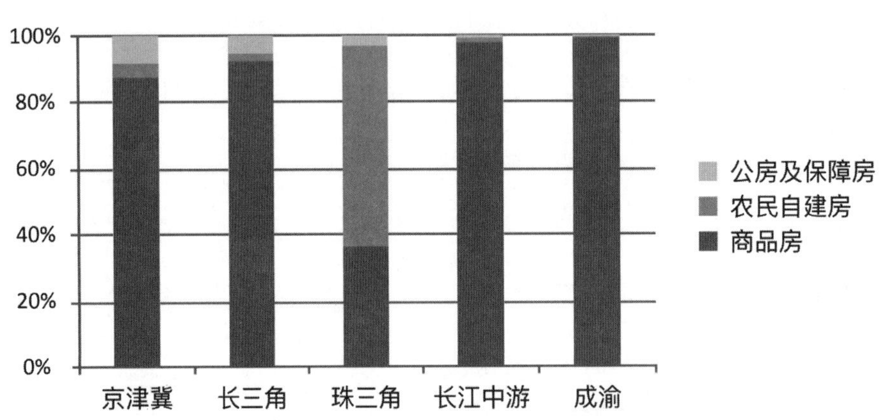

图附1-7 5个大型城市群存量住房结构（2019—2020年）

数据来源：国信达数据

（三）住房供需关系特别是住房供应中的商品房比例差异，导致了不同城市群的房价与住房支付能力差异

七大城市群中，珠三角、长三角、京津冀城市群房价最高，每平方米的均价已经突破万元大关，核心城市更是突破5万元；粤闽浙沿海、长江中游、成渝城市群紧随其后，中原城市群的房价相对较低，每平方米均价在6000元（见图附1–8）。

从居民住房支付能力看，高端要素集聚型的珠三角和京津冀城市群的房价收入比明显高于其他城市群，核心城市居民住房支付能力不足的问题更加突出，例如深圳的房价收入比高达29。长江中游、成渝、中原城市群的房价收入比相对较低，其代表性核心城市房价收入比高出城市群幅度不大（见图附1–9）。

图附1–8　各大型城市群新建商品住房销售均价（2019年）

数据来源：各城市统计年鉴

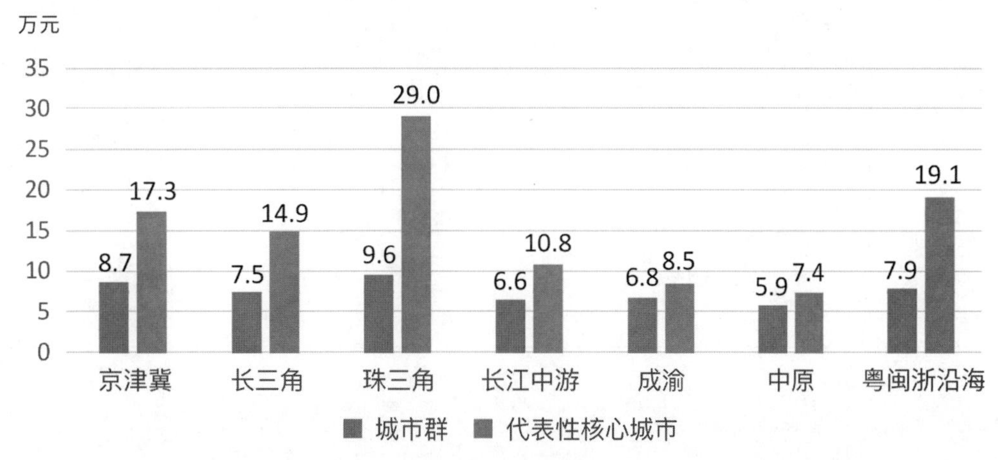

图附1–9　各大型城市群房价收入比（2019年）

数据来源：各城市统计年鉴

从需求分布来看，珠三角城市群外地购房比例最高，每四个购房者中仅有一个本地人。京津冀、长三角城市群外地购房比例也较高，约占三分之一。长江中游、成渝、中原和粤闽浙沿海城市群以本地户籍居民购房为主，占比均在 80% 以上（见图附 1–10）。外地购房者的比重，实际上反映的是城市群特别是其核心城市的吸引力与辐射力，珠三角的新市民数量在各城市群中遥遥领先。相应地，各城市群租房人群的来源分布与购房情形基本一致。

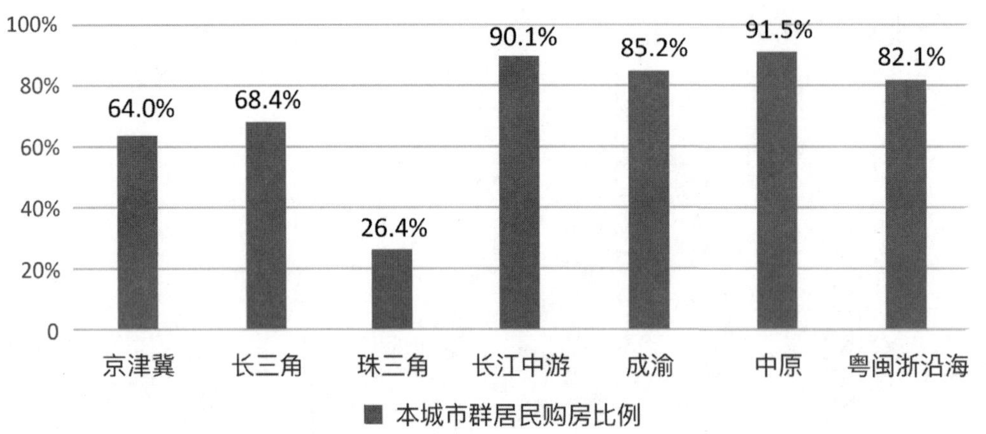

图附 1–10　各大型城市群本地户籍居民购房比例（2019—2020 年）

数据来源：贝壳找房

表附 1–3　各大型城市群外地购房居民主要户籍来源（2019—2020 年）

城市群	第一来源	第二来源	第三来源
京津冀	中原（7.9%）	哈长（5.7%）	长江中游（4.7%）
长三角	中原（10.3%）	长江中游（7.4%）	粤闽浙沿海（3.1%）
珠三角	长江中游（26.4%）	粤闽浙沿海（15.6%）	中原（7.4%）
长江中游	中原（3.9%）	长三角（1.2%）	京津冀（0.9%）
成渝	长江中游（2.7%）	中原（2.6%）	关中平原（1.3%）
中原	京津冀（4.7%）	长江中游（0.8%）	关中平原（0.5%）
粤闽浙沿海	长江中游（7.9%）	中原（2.3%）	长三角（1.6%）

数据来源：贝壳找房，课题组整理

三、大型城市群住房发展需要关注的主要问题

随着人口等要素加快向大型城市群持续集聚，当前及未来相当长时期内，大型城市群的住房需求呈现持续较快增长势头，需要特别关注以下三个问题。

（一）新市民群体的住房困难问题仍然比较突出

七普数据表明，人口主要流入经济发达的大型城市群，特别是大型城市群中的核心城市。刚进入大城市的新市民、青年人收入通常较低，房屋租金在支出中占比高，相当一部分新市民的房租支出占比超过30%，挤占了其他正常生活开支。新市民群体的租住面积小，配套设施不足。相关调查显示，新市民群体租住面积在50平方米以下者占30%以上，而老市民群体中仅占8%。由于人口净流入的大城市租赁房源结构、品质等方面尚难以满足新市民群体的要求，租赁满意度有待提升。

（二）不同城市群以及城市群内部不同城市间公共服务水平差异明显

以教育为例，京津冀、长三角和珠三角等城市常住人口人均财政教育投入显著高于其他城市群（见图附1-11）。在医疗方面，京津冀、长三角和成渝等城市人均医疗投入也相对其他城市较高。城市群内公共服务分布也很不均衡。京津冀城市群中，北京市2018年常住人口人均财政教育支出高达4761元，而最低的河北邯郸只有1253元。

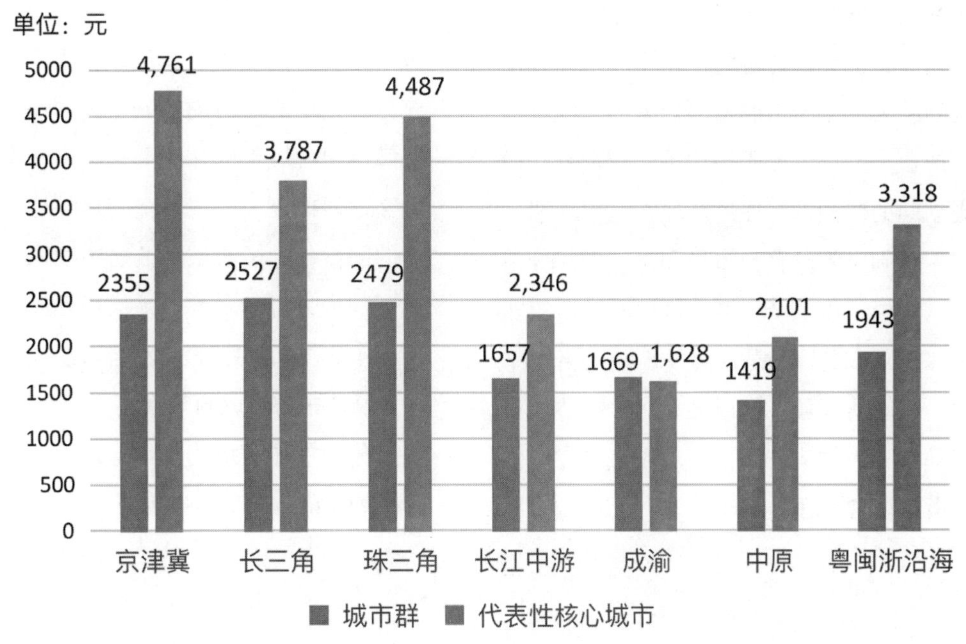

图附1-11　各大型城市群和代表性核心城市人均财政教育支出（2018年）

数据来源：《中国城市群的类型和布局》（2019），王凯，陈明等

（三）城市群交通等基础设施发展不均衡，进一步制约了城市群产业、人口与住房的协调发展

交通基础设施将直接影响城市之间的可达性，决定了各城市间的经济社会联系，影响城市群的空间分布和职住平衡，改变居民的购房和租房行为。京津冀、长三角和珠三角城市群虽然面积较大，但是节点城市数目多，交通网络覆盖较好。成渝、粤闽浙沿海等城市群可达性明显较弱。

四、政策建议

我国大型城市群住房体系的建设尚处在探索期，需要在城市规划、人口、土地、住房等层面进行综合协调，前瞻性地构建面向未来、富有弹性、包容性强的城市群住房体系，为城市群的高质量发展提供有效支撑。

一是制定大型城市群住房发展总体规划，增强住房规划与其他规划的协同性。将住房体系发展专项规划纳入大型城市群发展规划中，统筹考虑住房、产业、人口、交通等相关专项规划，增强相关规划间的协同性，促进产业、城市功能、人口流动、基础设施的合理布局和调整。区分不同类型的城市群，以及城市群内部核心城市与非核心城市住房需求特点，适应城市群住房需求结构的变化，系统研究城市群商品住房、租赁住房和住房保障这三大供应体系，实现城市群住房供需基本平衡、结构合理优化。

二是完善大型城市群产业、交通和基本公共服务等体系，推进住房体系与经济社会协调发展。优化大型城市群产业分工与布局，推进大型城市群交通一体化，实现交通基础设施互联互通，加快大型城市群公共服务便利共享，优化优质教育和医疗卫生资源布局。

三是健全大型城市群住房市场体系和保障体系，满足多层次多样化住房需求。重视存量土地和住房资源盘活和再利用，发挥好商品房市场在改善住房条件方面的主渠道作用，充分考虑城市群不同城市间的住房需求联动情况。针对新市民的住房困难问题，以盘活存量资源和闲置用地为主发展住房租赁市场，适时转变住房保障方式，完善住房保障体系。

四是因地制宜确定城市群内住房供给的重点方向。长三角、珠三角、京津冀等高端要素高度集聚型的城市群，应推进核心城市老旧小区改造、城中村改造等城市更新活动，提升住房品质，并充分利用中心城市周边城市的住房供给潜力，合理满足中心城市的住房需求。探索中心城市与周边交通便捷、公共服务配套良好城市在购房资格上的同城化，中心城市的居民到同一城市群周边城市购房，可享受与当地居民相同的待遇，合理引导中心城市旺盛的住房需求向周边城市有序转移。长江中游、成渝等产业稳定发展型的城市群，要充分利用住房市场基本稳定、人口流入和产业升级加快的优势，尽快构建产城房融合发展格局。

新时期住房建设规划的创新探索

清华大学　邵　磊

坚持房子是用来住的、不是用来炒的定位，加快建立多主体供给、多渠道保障、租购并举的住房制度，是我国新时期住房政策的重要转变。《北京市城市总体规划（2016年—2035年）》对北京城市规模、容量，以及空间等方面做出了新的调整，围绕“建设一个什么样的首都，怎样建设首都”等重大问题，全面系统地提出了建设国际一流的和谐宜居之都的目标、路径和策略等重大决策。在这个城市发展与住房政策深化调整的关键历史节点，住房建设和北京的经济发展、产业重构、功能疏解、城市更新、基础设施建设等方面的关联更具复杂性和互动性，新时期住房发展如何落实总体规划定位，如何支撑北京市迈向国际一流的和谐宜居之都，住房建设规划的工作具有开创性意义。

具体而言，住房建设规划需要回答：在城市总体规划所确定的发展路径上，远期和近期住房发展的目标是什么？在深化住房供给侧结构性改革的宏观政策引导下，各区县如何响应，如何解决自身发展的同时又做到协调统筹？如何科学谋划住房建设在保有总量、保障力度、市场调控、建设节奏、区域协同、标准质量、技术创新等方面的政策体系和计划？以上问题均成为住房规划编制中需要全局研判、重点聚焦、结合实际、着力应对的关键问题。

在上述背景下，为支持城市总体规划和分区规划的编制及实施，“十三五”期间北京市全面推动了各行政区和全市范围的住房专项规划和“十四五”时期住房专项规划。第一次系统地梳理当前北京市及各行政区住房相关的人、地、房等数据底盘，包括多年的历史统计和抽样调查数据、地理国情普查、街乡基层统计数据、互联网和通信大数据等多源异构数据的整理，对住房发展现状特征进行细化研究和提炼，包括居住水平、住房保障、供需缺口、资源盘整、城乡关系、上位规划要求等。结合国土空间规划、社会与经济发展规划、住房政策改革三个维度，描摹出北京住房发展现状的整体画像，开展总体和局部、城市和乡村、增量和存量相关的人、房供需匹配的问题研究。从住房建设与发展结合的角度，对住房数量、体系结构、土地供应、职住布局、品质性能、更新改造、住区治理、实施保障等方面进行编制规划、实施计划和目标指标。

一、当前住房发展涉及的重点问题

（一）功能疏解与住房规模

在北京总规提出了减量发展要求、明确了城乡建设用地规模的背景下，城市发展的总量和边界都受严格约束。住房发展一方面要考虑经济发展、人口增长与家庭结构变化带来的居住改善需求，另一方面要考虑住房更新改造与可持续发展的要求，充分利用存量资源。无论是新增城镇居住用地的开发建设还是疏解腾退出来空间的再利用，都需要精打细算统筹。

北京市作为首都和世界级特大城市，城市化水平已经很高。参考国际住房发展历程，当城市化率达到 70% 以上，住房需求以及相应的建设量增长会逐渐放缓，但仍维持在一定水平。人口增长、城镇化率提高、家庭结构小型化、居住条件改善是住房需求规模增长的主要因素。对未来住房建设目标的研判，可以从住房存量规模、居民居住水平等方面判断现阶段水平及大致缺口，可从人均居住水平和家庭居住水平两个角度考虑住房增量需求。住房规模一方面要供给充足，另一方面要实现资源的高效利用，避免过高的空置。

存量空间再利用的同时应提升配套服务水平。在北京“双减”规划的背景下，城市新增用地和建筑规模有限，新增住房需求不能完全通过新增居住用地满足。考虑人口增长的潜力及资源高效利用的要求，挖潜存量资源、实施城市更新是增加住房供给、转变发展方式、升级产业结构、优化城市功能的重要途径。对于存量住房及土地的盘活再利用，是新时期北京住房发展的重要任务之一。但同时，需要在更新改造项目的审批政策、规划指标、金融支持、配套服务设施、平台搭建等方面继续完善支持政策。

（二）住有所居与住房结构优化

北京市和京津冀区域发展的规模效应和集聚效应，造就了庞大的劳动力需求和就业市场，同时也加剧了城市住房、公共服务、社会治理等供需层面不平衡、不充分的矛盾，房地产价格增长过快、可支付性降低、居住环境拥挤、居住权益缺乏保障等一系列问题逐渐突出，对城市宜居环境、营商环境、居民满意度和幸福感的提升带来较大影响。住房建设规划的一个重要任务就是在解决住房数量短缺的过程中，如何提升住房的保障性，通过结构性优化，加快“全体人民住有所居”的目标的实现。

过去几十年中，我国推动各类保障性住房的发展卓有成效。伴随着相关政策的不断调整和优化，对保障性住房体系从类型、渠道、规模等方面进行梳理，以实现更高水平的供需匹配是非常关键的工作。

保障性住房的规模可分别从需求和实施导向，对远期保有规模和近期建设规模进行研判，研究更为精细化的住房政策引导资源匹配，充分发挥市场机制作用，同时还应当提高住房可支付性，保障各阶层群体均享有适当的住房。在住房供求趋于平衡的时期，政府对住房问题上的干预集中在对低收入群体的援助方面，通过市场机制和金融手段增加可支付的住房供应，从直接投入向间接干预转变。保障性租赁住房的推动与实施，正是通过这种方式解决城市的居住问题。

为进一步完善住房保障体系，住房保障的法律制定、保障性住房建设的金融支持、住房保障群体的精细化标准、住房保障的社会参与等，都需要在未来的时期内进一步优化完善。

另外，房地产市场平稳健康发展需要从“租”和“购”两方面考虑，通过调整供需结构和完善立法稳定住房市场，是房地产市场健康发展的重要保障。北京属于人口、经济密集的超大城市，住房的供需矛盾一直比较突出。为遏制房价和租金过快上涨，防范住房市场风险，需要从相关法律条例完善、权益保护、市场监管等方面，进一步规范和发展住房租赁和交易市场，促进房地产业良性循环和健康发展。

（三）职住关系认识与优化

北京在建设“国际一流和谐宜居之都”的过程中，职住关系优化是治理“大城市病”的关键任务。职住问题是城市规模扩张、空间蔓延、交通需求不断增加的必然结果，其产生是居住和产业在空间区位上“竞租”的市场体现，但职住通勤距离过远不仅造成不同主体经济利益的损失，还会对资源环境形成过大压力。为改善长距离通勤带来的城市问题，国内外在城市规划和政策制定方面开展了大量探索，从英国的新城建设到东京都的多中心布局和混合开发，都为北京未来职住关系的优化调整带来一定启示。

针对北京当前职住关系面临的挑战，需要通过合理配置职住空间和政策倾斜促进职住均衡，这仍然是过去我国住房建设和规划中相对薄弱的领域，因此，需要在相关规划中强化对居住用地的规划布局、开发时序、住房政策、配套服务等方面的优化工作。其内容主要包括三方面。第一，促进用地功能混合，引导交通和用地布局优化。新增用地供应避免产业用地或居住用地大规模聚集，鼓励就业中心周边采用紧凑开发模式，结合轨道交通布局，适应就业者家庭结构多样化的特点注重不同类型住宅建设时序。第二，完善政策机制，有效促进住房供需匹配。针对住房可支付性较差的就业集中地区，适当增加共有产权住房、租赁类住房供应，通过补贴等政策倾斜，降低就业人群的就近居住成本。同时，改善现有居住条件，充分利用存量住房增加租赁供应。第三，提升公共服务水平，促进居住均好性。完善公共配套服务设施，促进社区级的混合利用和融合共享，提升居住区的宜居程度。

（四）住房区域协同发展

全球城市、世界城市等国际大都市的发展均表明，区域空间一体化对住房的选择影响很大，随着城市间基础设施的不断建设，跨行政区通勤是较为普遍的现象。对于北京这样的超大城市同样如此，住房供需平衡难以在行政范围内实现，需要通过强化市场的资源配置作用，在更大范围内借助市场资源配置作用实现住房供需平衡。在“京津冀区域协同发展”的过程中，住房市场的协同是关键一环，住房区域协同将成为缓解城市病，促进市场良性匹配的手段。

北京及周边地区住房市场在过去十几年中早已经形成不同供需特征的住房子市场。受北京城市空间拓展、人口和产业迁移、交通基础设施发展等方面影响，环京地区住房子市场有不断延展的趋势。但由于北京市与环京地区住房市场受严格的限购政策及两地公共服务未互通的影响，住房的跨区统筹仍然面临发展制约和政策壁垒。由于缺乏京津冀区域层面的空间发展规划和统一的平台支撑，部分交界地区的居住空间曾出现贴边发展和无序蔓延的现象，区域空间结构和空间利用效率仍有待提升。在区域一体化格局下，随着以首都为核心的世界级城市群多中心网络化发展，廊道和节点城市将进一步凸显，住房市场需要统一划定和管理以形成完整的住房市场。

通州区作为北京城市副中心所在地，是疏解北京非首都功能的新两翼之一。由于承接了中心城区功能和人口疏解，又具备独特区位优势，城市副中心成为京津冀协同发展的桥头堡，北三县地区则成为副中心重要的战略腹地。《国务院关于支持北京城市副中心高质量发展的意见》中提出，要加快建设通州区与“北三县”一体化高质量发展示范区，有效推进更大区域职住平衡。更明确提出“支持北三县盘活存量土地、合理利用增量土地，与城市副中心合作建设保障性租赁住房”。在区域一体化发展的背景下，通州区与北三县地区的住房发展应当被作为整体考虑，需要通过区域协同机制，制定共同的规划原则、规划目标，以住房市场区域分析支撑规划制定，科学判断区域住房需求，更要以便捷的跨区域通勤和同城化的居住服务，支撑跨区域住房市场合理健康发展。

（五）住宅和居住环境高品质发展

建设长期优良住宅是住宅可持续发展的必然趋势。按现行要求，建成于2000年以前的城镇老旧小区都在综合整治范围内。按此标准，建成20年左右的城镇住宅小区即纳入改造范围。2000

年以后是北京市城镇住房快速建设发展时期，未来纳入改造范围的存量住房规模将越来越大。因此，为形成长期可持续的高品质住宅资产，减轻住宅建设、购买、维护管理的居民负担，建设长期优良住宅是住房发展的必然趋势。同时，为应对气候变化，为实现碳达峰与碳中和目标，对既有住宅建筑的节能改造和提高新建住房的绿色建筑要求都对碳减排具有重要意义。

社区与邻里发展同样是居住环境建设的重要任务之一。社会经济发展到一定阶段，居民对住房的多元需求逐渐增加，同时对于当前社会发展中的特定问题，如少子化、老龄化、全民健康、居住隔离等，需要发展包容活力的社区与邻里，为儿童、老人、残障人士等群体提供包容的居住环境，为不同生命阶段的家庭提供多样的居住服务，为多元化的邻里提供公平融合的社区氛围。

北京市住房住区的品质目标需要结合现有住区建设和治理的先进理念，从住宅建筑质量和社区人居环境质量两个层面来构建。住宅建设应以形成长期可持续循环利用的高品质住宅资产为目标，从绿色建造方式、绿色技术应用、产品性能和设计水平等方面进一步提升，同时灵活适应多元化的居住需求，在住宅的全寿命期内节约资源、减少污染，为居民提供健康、适用、高效的居住空间。住区的建设应以全龄友好、健康宜居为目标，优化社区文、教、医、老、商、服及绿化休憩空间等生活服务场所和设施的配置体系，实现配置要素的完备便利。通过提升街区活力、营造多元邻里交往空间、提供多元的社区服务，促进社区能力建设，维系居民的社会关系和共同情感。

（六）大数据与智慧技术的应用

随着科技飞速发展，智能智慧技术也逐渐应用于住房建设与运营管理。国内外在住房规划建设、运营管理、日常应用等方面开展了大量智慧技术应用的实践，如通过数字孪生在住房建设及能源使用上实现高效管理、通过深度学习对住房项目建设或政策实施进行决策和预测、通过平台构建在住房运营管理和服务上实现高效治理等。

为了支撑北京智慧城市建设，支持大数据、人工智能、物联网等前沿技术手段赋能住房建设发展，在住房建设管理领域需要结合住房发展的关键问题搭建一批应用场景，共同推动住房建设管理现代化。第一，加强住房建设领域的智慧化应用。加强智慧化绿色生态建设和住房智慧化基础设施建设，大力推广新基建建设。第二，加强住房运营管理的智慧化应用。基于多源数据融合，加强住房信息化运营管理，为政府机构、企业及本地居民提供数据监测、分析研判、居住服务等住房相关支持服务。第三，加强社会治理领域的智慧化应用。通过集成化的信息系统，为公众提供能够获取全方位信息的便捷高效渠道，同时提供丰富的智慧社区服务。

（七）住房发展节奏

在城市发展过程中，由于城市人口和产业形态发生变化，城市化的各个阶段所遇到的住房问题有所不同。随着住房市场发展情况、市民居住需求等的变化，住房发展目标也有所不同。

为实现北京市住房发展的远期目标，应分阶段定期开展住房现状调查，研判当前住房发展所面临的问题，有针对性地制定具体的、可操作的住房政策，逐渐细化实施任务。同时，对于过程中出现的新问题进行及时的动态调整。

（八）住房规划的实施保障

住房规划的实施需要责权界定和协同。住房建设发展涉及多个部门协作，包括人口、规划、国土、发改、金融、财税、交通、教育、医疗、养老等。为保障规划实施，需要合理配置资源，明确相关利益主体的参与和权责分工，建立多部门协同联动机制，加强对住房发展目标任务分解落实和实施推动。

为应对不断变化的社会经济环境，需要建立规划动态评估和调整程序，确保住房发展目标的达成。详尽的住房总量和结构数据能够帮助规划清晰地判断当前的住房总量短缺程度、住房结构合理程度和居住质量的适宜程度。定期开展住房现状普查，对实施情况进行分析和评估，确保相关目标得到落实，是住房规划实施过程中的必要工作。住房规划的执行是一个动态的评估调整过程，在制定和执行住房规划的过程中，应定期对住房情况进行调查，依据住房调查中所展现的问题，有针对性地编制和调整规划。

二、住房规划编制的特色

本轮住房规划编制是以第七次人口普查、第三次全国土地调查、地理国情普查、住房全生命周期数据平台、国土空间规划、不动产登记、街乡基层统计数据、北京市电网、百度大数据等多源数据为基础，并结合北京市各年度住房抽样调查数据，开展了归总和研判工作，为未来住房相关工作开创了扎实的数据基础。

本轮住房规划是在“多规合一”的框架和技术路线下，构建了住房建设规划的编制框架和内容，涵盖从区域、城市到基层，从城市到乡村，从增量到存量，从人群需求到产品匹配，从技术标准到住房政策，形成了年度住房建设的重点任务和行动计划。

住房问题是一个跨行业、跨领域、跨部门，涉及方方面面，从宏观到微观内容繁杂的领域。未来住房建设规划仍需要对市场、企业、居民等多样化的需求和细节进一步深入研究。此外，囿于基础数据采集等大数据工作的难度、周期和复杂性，依然存在信息不够准确、动态更新不够及时的情况，有待于建设更加高性能的数据平台、动态的政策评估和修订机制去不断完善住房规划编制及相关工作。

房地产企业集中出现债务风险的原因及对策研究

中国社会科学院金融研究所研究员　尹中立

截至2022年5月底，销售规模（按照2017年底的统计数据）前50的房地产开发企业中有20余家出现了债务违约，其中包括“中国恒大”“中国融创”“绿地控股”负债规模均超过1万亿元人民币。房地产开发企业出现流动性风险已不是个别现象，已经出现形成系统性金融风险的征兆。

一、房企负债率高，表外负债的风险更值得警惕

（一）触发房地产企业出现流动性风险的直接原因是2020年底人民银行等部门出台“三线四档”监管政策，但病因在于房地产企业的总体负债率严重偏高

截至2021年底，一共有176家房地产开发类上市公司，其中A股上市的92家，香港股市上市的84家，这些房地产企业的销售额占全国房地产市场份额的80%左右，这些上市公司的数据基本上可以反映所有房地产企业的经营状况。数据显示中国房地产行业的上市公司的负债率在国内各行业中名列前茅，也高于国际其他主要国家的房地产类公司的负债率。中国房地产行业上市公司2020年总负债为197986亿元，总资产为252156亿元，总资产负债率为79.73%，在上市公司的所有行业中高居首位。国际比较来看，中国上市房企的资产负债率大幅高于主要发达国家的房地产开发企业负债率，2020年，分别高于日本、美国、德国、法国和英国10.6、22.7、24.9、41.0和42.0个百分点。

更值得关注的是，房地产企业还存在大量或有负债，包括或有负债在内的真实负债率要远高于上市公司数据反映的结果。

中国房地产开发企业的负债率是从2010年开始快速上升的，2000—2010年，房地产业整体负债率在波动中整体下降了1.1个百分点；2010—2020年，房地产企业的资产负债率整体提高了6.2个百分点。究其原因和2010年之后国内金融环境发生变化有关。为应对国际金融危机的冲击，2009年实施了宽松的货币政策，从2010年开始货币政策开始回归常态化操作，金融监管部门加强对金融机构信贷投放总量、节奏和结构的管理，贷款增速和投向均受到严格约束。在这一背景下，为规避宏观调控和监管，银行将资产大量移到表外。各类跨市场、跨行业的影子银行因而迅速增长。尤其是，银行理财与信托公司的“银信合作”业务急剧膨胀。银行利用理财资金购买信托公司的信托计划，信托计划再以信托贷款方式投向房地产行业。“三高”经营模式就是在这种背景下大行其道。所谓“三高”经营模式是指房地产企业通过“高负债、高杠杆、高周转”的方式实现高收益。

房地产企业通过“三高”经营模式提高净资产收益的行为并没有错，但金融机构对房地产企业销售规模的过度关注诱导了房地产企业片面追

求业务规模，使风险逐渐累积。金融机构对房地产开发企业的信用评价主要倚重其销售规模及企业资产规模，例如，万科的融资利率一直在5%以下，而销售规模排名前30以外的企业融资利率至少在10%以上，是万科的2倍以上。无论是商业银行还是以信托机构为代表的影子银行，它们基本上只与业务规模排名前100名的公司产生业务关系。这意味着房地产企业的开发和销售规模犹如逆水行舟，不进则退，稳健经营就意味着将很快被市场淘汰，很多房地产企业就这样被裹挟着实施“三高”经营模式。

（二）“明股实债”的操作是导致房地产企业出现债务风险的最主要原因

金融机构为了控制风险，对房地产开发企业的融资设置了财务指标要求，监管部门对每个独立开发的项目资本金同样有明确的要求。在追求规模扩张的实践中，房地产开发企业找到了“明股实债”的方式来满足金融机构的风控标准及监管部门的要求。“明股实债”的操作过程可以总结为：成立SPV，放出部分股权，吸引社会资金，从公开资料看是以股权形式进行融资，但还有一份回购协议，回购协议一般不会公开，因此“明股实债”的操作具有隐蔽性。

从法律的角度看，股东以自己的出资额为限承担公司的风险，权益资本是公司承担风险的最基础保障。如果大量的债务资金通过影子银行的层层嵌套和通道，摇身一变成了“股权资本”，承担风险的制度设计就形同虚设。权益资本永远是稀缺的，而债务资本的供给是无限的，“明股实债”可以让房地产开发企业脱离权益资本的约束实现快速扩张。

从我们的分析结果看，没有纳入房地产开发类上市公司披露的表外负债规模与表内负债规模大约相等。截至2020年末，房地产行业上市公司表内负债总规模是19.8万亿元，加上我们估计的表外负债20万亿元，房地产类上市公司的总负债约为40万亿元。这些公司的所有者权益合计为5.76万亿元，实际财务杠杆倍数约7倍，已经接近商业银行的财务杠杆倍数。

房地产类企业的表外负债债权人主要是以信托机构为主的影子银行，这些资金的成本较高，而且有时间限制，当房地产销售速度放慢，企业的资金回笼放缓，债务风险就会逐渐暴露。

在市场价格走低的背景下，房地产项目的资产价值在缩水，而负债成本随着时间的延长而增加，这些项目就会陷入亏损状态，通过并购方式很难化解风险。

二、房地产企业的债务风险对金融市场的冲击

（一）“股债双杀”不利于稳定市场预期

企业的流动性风险会通过各种途径传递到房地产市场，其中股市和债市最为敏感和直接。在恒大违约事件爆发之后，截至2022年5月底又有30余家房企出现债务违约，这些公司在债务违约之后无一例外都遭到股价和债券价格的联袂下跌（简称“股债双杀”），这些公司的股价自2021年7月至2021年底的平均跌幅超过80%，相关的债券价格也出现大幅度下跌，尤其是它们在香港市场发行的美元债，下跌幅度近50%，超过90%的房企债券交易净价跌破面值100元，全市场平均交易净价仅在50元左右。

“股债双杀”不仅使投资者财富缩水，也直接影响到房地产市场的预期。2022年前4个月房地产销售同比下跌幅度巨大，规模最大的100家房地产企业的销售规模同比下跌超过50%。二手房同样人气低迷，贝壳研究院数据显示，2022年4月，贝壳50个城市二手房成交量环比下降超

20%，同比下降约 50%，1—4 月累计成交同比下降近 40%。价格方面，4 月贝壳 50 城二手房价格指数环比下跌 0.3%，跌幅较 3 月有所扩大；同比跌幅扩大至 4.8%。50 个城市中超过六成的城市价格环比下跌，下跌城市数量较上月增加。

资产价格在负面预期影响下不断缩水，而房地产企业的债务是刚性的，尤其是表外负债成本很高，必然导致房地产企业的风险不断暴露，将从流动性风险逐渐演变成资不抵债的风险。

（二）房地产行业的信用坍塌影响政府、工业企业信用基础和居民风险偏好，制约全社会的信用扩张

房地产是经济周期之母，房地产市场的正常运行对经济体的信用扩张至关重要，当房地产企业陷入流动性风险，会导致社会融资各环节信用扩张受阻。

首先，当房企不再大规模开工拿地后，政府土地出让收入将会锐减，考虑到以往的显性专项债和城投隐性债扩张都或多或少地以土地收入加持的政府信用作为支撑，土地出让收入不再增加，政府信用扩张将受到制约。

其次，房地产开发连通了上下游包括建筑、建材、家居等十余个制造业行业，其停滞将会显著影响工业体系的营收实现，影响工业企业的信用基础。

2022 年 4 月的社会融资数据只有去年同期的一半，居民贷款大幅度减少，企业的中长期贷款也明显减少，信用扩张已经遭遇阻力。

三、关于化解当前的房地产企业流动性风险的政策建议

有人建议通过暂缓实施“三线四档”政策来化解当前的房地产企业风险，我们认为这不是解决问题的正确途径。“三线四档”政策在实施过程中应该更加柔性化，让企业有更多的适用时间，但必须清楚认识到“三线四档”政策是为了遏制资本在房地产行业的无序扩张，是完善我国宏观审慎管理体系的需要，该项政策措施的方向是正确的。

当前的房地产市场运行出现的主要问题是房地产开发企业出现了债务风险。通过降低按揭贷款利率来适当刺激住房需求，可以在一定程度上缓解房地产企业的债务压力，但不能过度依赖需求刺激。应该采取有针对性的措施化解房地产开发企业的债务风险，建议设立住房稳定基金。

（一）适度刺激房地产需求，改善市场预期

1. 放开房地产市场的各种限制措施

以“稳地价、稳房价、稳预期”为目标，因城施策，发挥地方政府在维护房地产市场稳定中的积极作用，在坚持“房住不炒”前提下鼓励地方政府采取适度措施活跃市场。除北京、上海、深圳等少数住房供求关系突出的城市之外，其他城市可以考虑取消新房限价措施，可以逐步取消限购、限贷措施。

限价、限购、限贷等政策措施是在过去十余年里逐渐形成的调控房价的措施，是特殊背景下的产物，这些政策应该与时俱进进行调整。限价政策与房价统计直接相关，建议修改房价统计的方法，把不同类型的房价分别统计，不再公布单一的城市平均房价。

2. 降低按揭贷款利率，降低购房者的支付压力

建议首套住房的按揭贷款利率适度优惠（应该低于小微企业贷款利率）。尽管按揭贷款利率已经开始逐步降低，但仍然有下调空间。

按照发达国家的平均水平，住房抵押贷款利率大概要高于同期国债利率 1.5% 左右。同样是银行为主要的金融体系，德国和日本的住房抵押贷款利率与同期国债收益率的利差只有 1.15% 左右。

目前，中国住房抵押贷款利率是按照 5 年的 LPR 利率为基准，2021 年四季度个人住房贷款平均利率是 5.63%，同期 5 年期国债到期收益率均值是 2.75%，二者利差 2.88%。2021 年四季度，个人住房贷款规模是 38.3 万亿元。参照发达国家 1.5% 的平均利差水平，房贷利率有 1.3—1.6 个百分点的下降空间，对应的居民房贷利息支出每年可减少 5000 亿 – 6000 亿元。

从 2021 年度上市公司的财务数据看，上市的银行共有 42 家，2021 年的净利润为 1.94 万亿元，占所有上市公司净利润之和的 35%。银行业的净利润奇高与按揭贷款利率偏高有直接关系，宏观决策部门应该采取措施降低按揭贷款的利率，调整银行与居民之间的利益关系。

3. 采取措施活跃二手住房市场

我国主要城市的房价偏高，需要防范房价的快速下降导致的各种风险，活跃的二手房交易有利于稳定住房的梯度消费格局，有利于房价的稳定。

历史经验表明，二手房交易状况对新房市场和土地市场都有决定性的影响，通过降低二手房交易成本可以对稳定房地产预期产生积极作用。过去我们所有政策目标都是遏制房价上涨，在限制二手房交易方面增加了很多税费成本，现在可以逐渐减少税费成本。

可以将二手房税费减免与生育政策挂钩，对生育二胎或三胎的家庭实施针对性的优惠政策，降低他们的换房成本。

在出台政策活跃二手房市场的同时，要遵循“房住不炒”原则，警惕炒房行为卷土重来。

4. 采用“贴息 +REITs”模式盘活房地产开发企业的沉淀资产，在化解房企债务风险的同时增加面向中低收入群体的住房供给

“财政贴息 +REITs”模式的核心思路是借助金融市场，通过资产证券化的方式把房地产企业的部分沉淀资产转化为具有准公共资产属性的公共住房。这样既能够在一定程度上缓解房地产企业面临的债务压力，同时也能增加地方政府的公共住房供给。

第一步，允许房企沉淀资产转变用途，根据存量资产特征可选择做成保障房、长租房、公租房等具有准公共性质住房产品。

第二步，由金融机构收购住房产品。

第三步，按照市场化原则实行项目制管理，引入职业经理人，对金融机构收购的住房产品做资产证券化处理（REITs、ABS、MBS）。职业经理人同时负责将住房产品通过出租或者出售的方式提供给享受住房政策保障的个体。

第四步，由财政为证券化产品提供贴息。如果项目提供的稳定收益现金流能保持在 2%，财政贴息 2% 可以让该类金融产品具有市场吸引力。这种情况下，财政支出对资产的撬动效应是 1∶50，即 1000 亿元的财政贴息可以撬动 5 万亿元的沉淀资产，按照每套房产 100 万元计算，可以为 500 万个家庭提供政策保障性住房。

（二）解决房地产企业流动性风险的长期对策

在上述需求刺激无效的情况下，应该考虑国家信用适时介入的房地产市场，建议设立住房稳定基金。该基金可以成为中国住房金融调控的主要工具，形式类似住房金融的“中央银行”职能。

由于我国住房金融市场发展的时间较短，住房金融的调控主要靠宏观的货币政策，从世界历史经验看，住房金融政策与宏观金融政策之间应该有所区别，宏观金融的调控部门是中央银行，住房金融的调控应该有专属的机构来行使“中央银行”职能。例如，美国的“房利美”和“房地美”就是类似的机构。

美国的房利美（Fannie Mae）成立于 1938 年，是 1929 年美国大萧条的产物，1934 年美国国会通过了《国民住法案》成立了联邦住房管理局

（FHA），其职责是为符合标准的私人部门发放的住房抵押贷款提供全额保险。1938 年，美国又成立了联邦抵押贷款协会（房利美的前身），其业务范围仅限于购买 FHA 担保的贷款。70 年代之后，为了打破垄断，鼓励竞争，又成立一家类似的机构“房地美”，形成所谓的“两房”格局。“两房”事实上成为美国房地产金融领域的中央银行角色，对维护美国住房金融市场的稳定起到了重要作用。

拟成立的中国的住房稳定基金可以部分模拟美国“两房”的结构框架，在处理当前的房地产企业危机过程中可以借鉴 2000 年前后我国处置四大国有商业银行不良资产的经验。

拟成立的中国的住房稳定基金可由财政部等机构牵头出资设立国家住房稳定基金有限责任公司，该司由人民银行主管并发放金融许可证，住建部指导。

住房稳定基金公司资本金暂定 1000 亿元，住房基金分多期设立，鼓励商业银行参与，住房基金为非营利性，资金成本控制在 3% 以下。

住房稳定基金主要用于应对个别大型房企风险处置。包括支持阶段性解决问题房企资金链保复工保交付；支持优质房企并购；支持地方重大房地产爆雷项目化解稳定市场。

基金市场化综合运作，与金融机构、地方性基金和重点企业等合作运营。

中国房地产百强企业研究报告

中指研究院中国房地产TOP10研究组

中国房地产TOP10研究组自2004年以来开展中国房地产百强企业研究，已连续进行了19年。研究组把握行业发展脉搏，深入揭示房地产企业经营规律，为促进房地产行业健康发展发挥了重要作用，相关研究成果已成为评判房地产企业经营实力及行业地位的重要依据。

在2022中国房地产百强企业研究中，中国房地产TOP10研究组根据近5年百强企业实际状况，初选了500家符合要求的开发企业，依据企业规模与运营效率相结合、成长潜力与经营稳健相结合、盈利能力与社会责任相结合、融资能力与综合实力相结合的原则，运用因子分析法及相关数学模型，对全国500家房地产企业（集团）的规模性、盈利性、成长性、稳健性、融资能力、运营效率和社会责任等7个方面的35个指标和其他数据信息进行深入的分析研究，科学全面地计算出房地产企业的综合实力指数，研究产生了2022中国房地产综合实力百强企业。

一、百强企业整体发展特点分析

（一）业绩规模

2021年，房地产市场实现了超预期增长，全国商品房销售额超18万亿元，销售规模再创历史新高。百强企业顺应市场变化，紧抓热点城市群发展机遇，运用多种营销手段并加大线上及线下营销力度促进回款，实现了销售业绩的增长。

1. 销售额同比增长3.9%，市场份额微降至49.9%

（1）销售总额超9万亿元，市场份额下降至49.9%

2021年全国商品房销售呈现出先扬后抑的走势，上半年延续2020年末以来的市场热度，下半年政策效果显现，叠加部分企业债务违约导致购房者置业情绪回落，市场降温明显。

在这样的环境下，百强企业精准把握市场需求释放节奏，上半年前置销售节点加速推盘，下半年加大促销力度和销售渠道合作，加速回款，销售总额、销售面积分别达90802亿元、56943万平方米，同比增长3.9%和1.6%。

随着房地产行业进入加速出清、优胜劣汰的阶段，百强企业的市场份额小幅下滑。2021年，百强企业市场份额为49.9%，较上年下降0.4个百分点。其中，综合实力TOP10企业销售额市场份额为22.5%，较上年下降0.4个百分点。在现阶段市场重新洗牌的过程中必然会出现百强企业市场份额的短暂调整，未来洗牌结束、行业格局重塑后，百强市场份额或将继续提升。

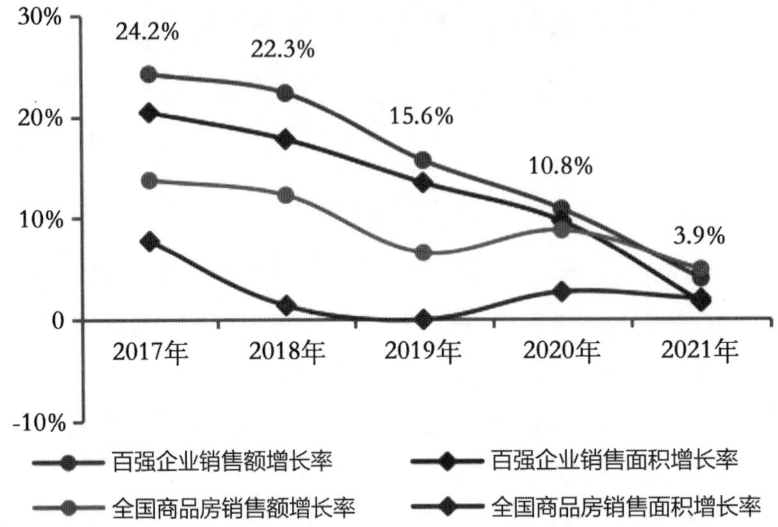

图附 1-12　百强企业[①] 2017—2021 年销售增长情况

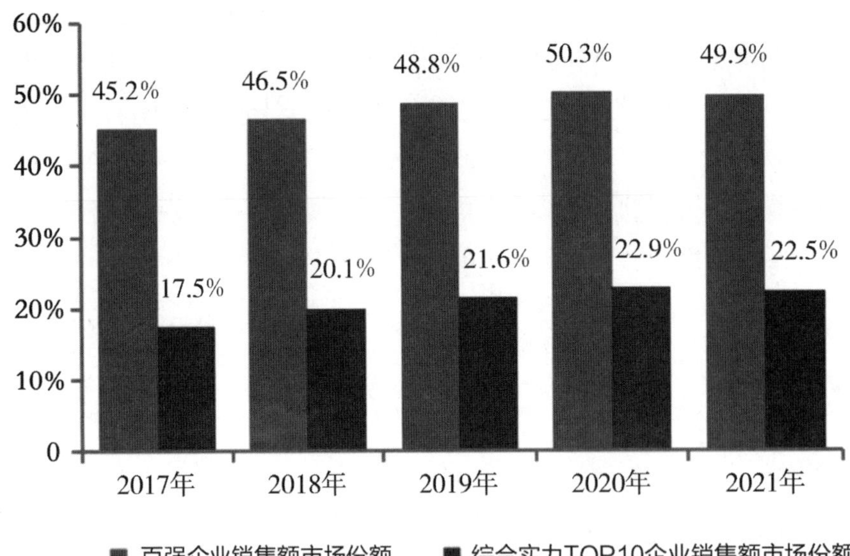

图附 1-13　百强企业及综合实力 TOP10 企业 2017—2021 年销售额市场份额

① 如无特别说明，本报告中的“百强企业”均指“2022 中国房地产百强企业”；数据为“2022 中国房地产百强企业”的历年数据。

（2）阵营分化继续加剧，部分国央企销售表现突出

百强企业阵营继续分化，销售增速呈现波浪形分布。阵营间的规模壁垒和强者恒强的资源优势不复存在，经营稳健才是硬道理，百强前10企业、11—30企业销售额增长率均值为3.1%、6.1%；31—50企业、51—100企业把握重点区域城市热度分别实现了销售额同比增长1.7%、4.0%。

阵营间分化加剧的同时，企业间的分化也在加剧，其中综合实力较强和布局重点区域的国央企销售表现比较突出。国有企业较为集中地布局一、二线核心城市，同时凭借稳健的经营、畅通的融资优势和政府背书备受消费者信赖，进一步转化成销售业绩的增长。百强前十中招商局蛇口、华润置地销售额同比增速分别为17.7%、10.8%。布局重点区域的地方性国企销售表现亮眼，其中越秀、深业集团的销售额增长率均在20%以上。

2021年，国央企及部分稳健型民企实现了销售业绩的稳健增长，主要有以下发展特点：①坚持优势区域深耕战略。2021年，50家百强代表企业长三角、粤港澳合计销售贡献率均值为51.2%，销售额增长率快的企业其贡献率均值为60%。②顺应市场变化，把握市场需求节奏，灵活调整营销策略。2021年，房企在上半年前置销售节点加速推盘，6月达到全年推盘最高峰；下半年受调控影响，房企进一步加大促销力度，不断升级线上营销工具，加速回款。③继续强化核心城市的投资力度，规避高风险地区。从城市等级来看，50家代表房企一线城市权益拿地面积占比7.1%，同比上升2.4个百分点；二线城市权益拿地面积占比53.4%，同比上升6.6个百分点。④稳健经营保证财务安全，多元业务协同发展。行业下行周期伴随风险事件的持续发酵，财务稳健及拥有优质信用背书的企业更易受投资者和消费者的青睐，进一步转化成促进销售增长的强大势能。其次，多元赛道协同发展能够有效对冲行业下行的风险。

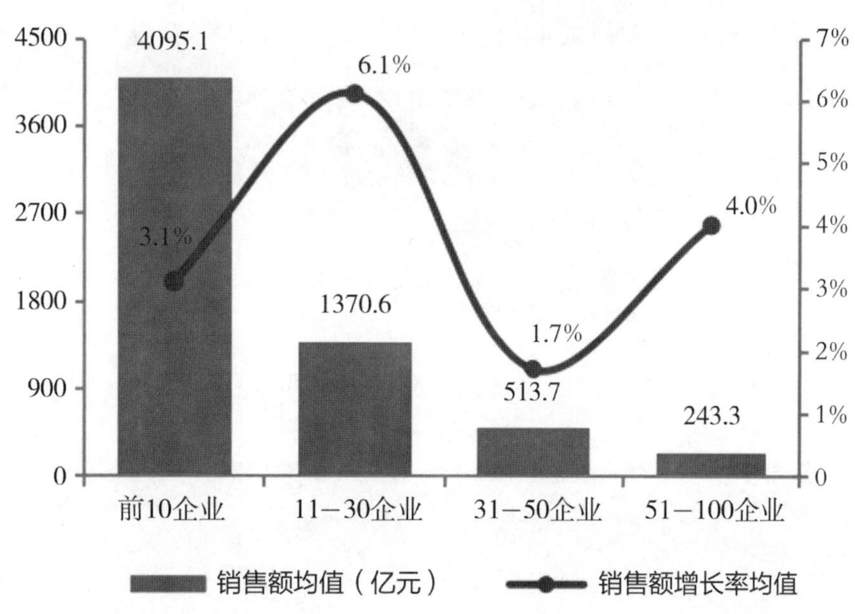

图附1-14　百强企业不同阵营2021年销售额及其增长率均值情况

（3）强调财务安全和经营稳健，精细化运营筑牢发展护城河

随着行业进入缩表出清阶段，“唯规模论”已不再适用，“大而不强”的企业也逐渐暴露出问题。百强企业不再一味地关注规模，而是更加强调财务安全与经营稳健，注重精细化管理和运营，追求效益的提升和高质量发展。百强企业一方面须严守“三道红线”等各项调控政策的要求，防范流动性风险，实施稳健的投融资策略，确保财务安全；另一方面应精细化运营，从管理、产品、投资等方面强化管控，强基固本方得始终。

2. 聚焦一、二线城市强化深耕，因城施策把握市场主流需求

（1）把握城市群发展机会，加大高潜力城市深耕力度

2021 年，百强企业继续深耕重点城市，二线城市仍是主要销售来源。从 50 家百强代表企业重点项目销售情况来看，一线城市受新房供应规模加大，在旺盛需求的带动下市场成交规模增长，销售额占比小幅上升 0.2 个百分点至 18.8%；二线城市占比为 58.2%，仍是主要销售来源；三、四线城市销售额占比为 23.0%。

百强企业聚焦核心城市群，长三角、粤港澳、京津冀三大城市群销售贡献突出，合计占比超六成。50 家百强代表企业销售结构中，五个主要城市群销售占比合计达 74.7%，同比增长 0.4 个百分点。其中，长三角销售占比最高，达 37.2%，较上年提升 0.5 个百分点；粤港澳大湾区销售占比为 14.0%，较上年提升 0.5 个百分点；京津冀销售占比为 10.4%，较上年提升 0.3 个百分点。从具体城市来看，杭州、北京、南京、上海、广州、苏州、武汉等重点一、二线城市销售贡献靠前。

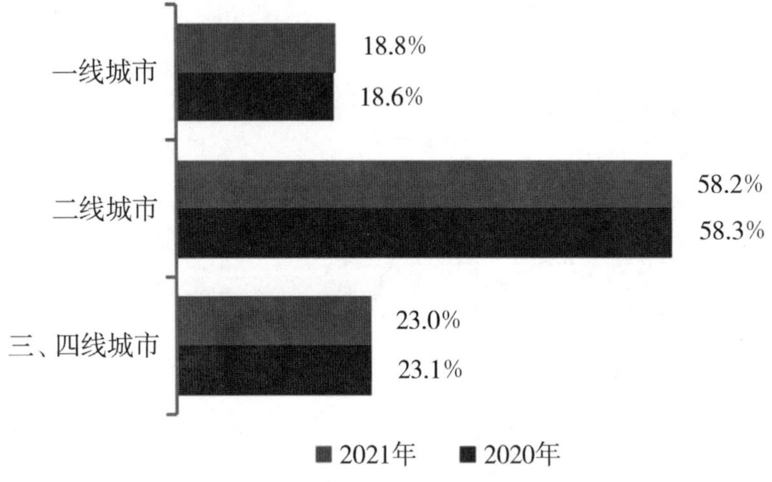

图附 1-15　百强代表企业 2020 年、2021 年各等级城市销售额分布

（2）因城施策把握市场主流需求，强化品质服务提升产品力

2021 年，首改和改善需求仍对房地产市场形成较大支撑，百强企业加大首置类产品的推出比例，支撑销售业绩的增长。从 50 家百强代表企业重点项目各面积段产品的销售额占比来看：90 平方米以下首置类产品的销售额占比为 17.4%，较上年提升 0.8 个百分点；90—140 平方米首改类产品销售额占比达 55.4%，较上年下降 0.6 个百分点；140—200 平方米改善类及 200 平方米以上高端类产品销售额贡献率分别为 18.5%、8.7%，较上年均下降 0.1 个百分点。

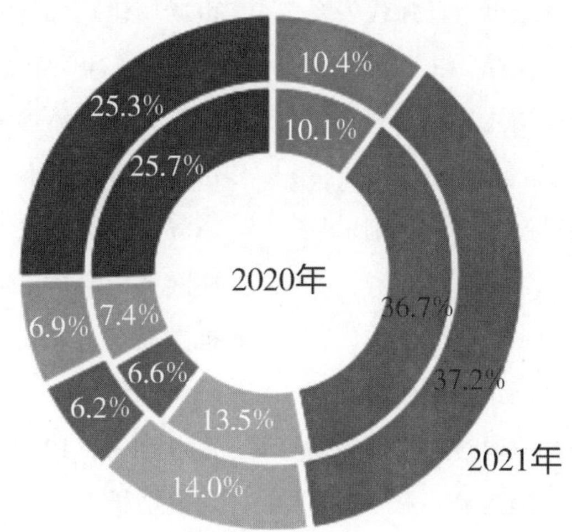

图附 1-16 百强代表企业 2020 年、2021 年城市群销售额分布

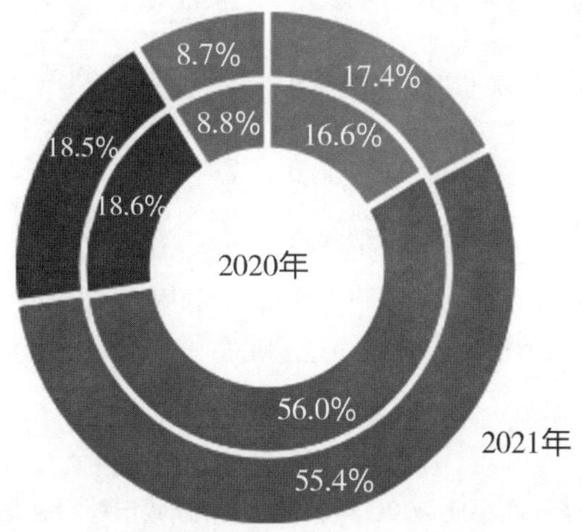

图附 1-17 百强代表企业 2020 年、2021 年重点项目各面积段销售占比

百强企业因城施策，一线城市加大首改及改善类产品占比，二线及三—四线城市聚焦首置类与高端类产品，通过精准把握市场结构性需求变化，助力项目快速去化。一线城市首改类、改善类产品占比分别为 45.2%、14.8%，较上年分别增长 5.2、4.1 个百分点，首置类、高端类产品占比分别为 25.7%、14.3%，较上年分别下降 5.4、3.9 个百分点；在二线及三、四线城市，百强代表企业仍以 90—140 平方米首改类产品为主，同时加大首置类与高端类产品供给，二线城市首置类、高端类产品较上年分别增长 1.9、0.8 个百分点，三、四线城市首置类、高端类产品同比分别增长 2.7、0.7 个百分点。

此外，百强企业追本溯源，回归居住本质，聚焦新产品及新技术，全方位满足新时代“美好生活”需求。一方面，百强企业通过加大产品研发力度，不断提升产品品质，提高核心竞争力。如碧桂园通过旗下子公司博智林机器人，建立了“建筑机器人 +BIM 技术 + 新型装配式建筑”的智能建造体系，推动智能化、工业化、数字化上的创新变革。另一方面，百强企业通过发布新产品线，彰显新时代下产品价值体系。

3. 把握市场节奏加大推盘力度，顺应变化趋势灵活调整营销

2021 年，百强企业凭借敏锐的洞察力，顺应市场变化趋势，把握需求节奏变化，调整营销策略，有效推动企业销售业绩增长。2021 年上半年，代表企业整体加大推盘力度，推盘面积在 2 月后迅速上升，6 月达到全年最高峰 2645 万平方米，市场活跃度较高，市场表现超预期；下半年多地亦陆续出台楼市调控政策，叠加信贷收紧，房企推盘面积呈现较大波动态势。随着四季度维稳信号接连释放，加之年底房企冲刺业绩，推盘力度逐渐加大，12 月推盘面积达到 1965 万平方米，环比增长 32.2%。

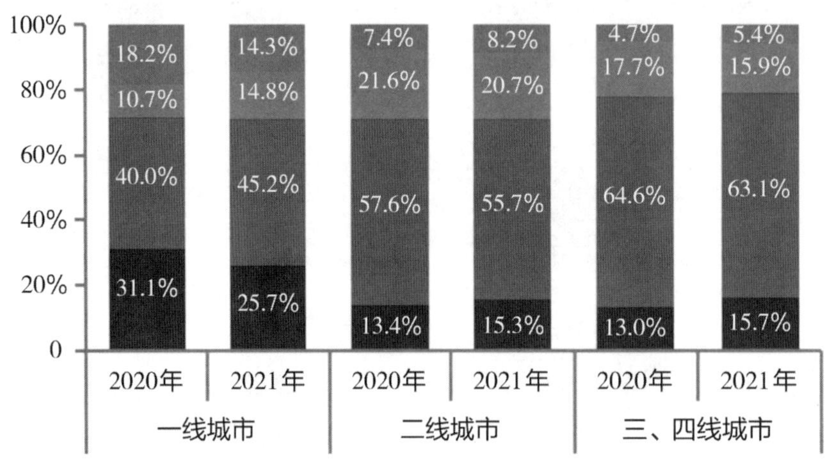

图附 1-18　百强代表企业 2020 年、2021 年分城市等级各面积段销售占比

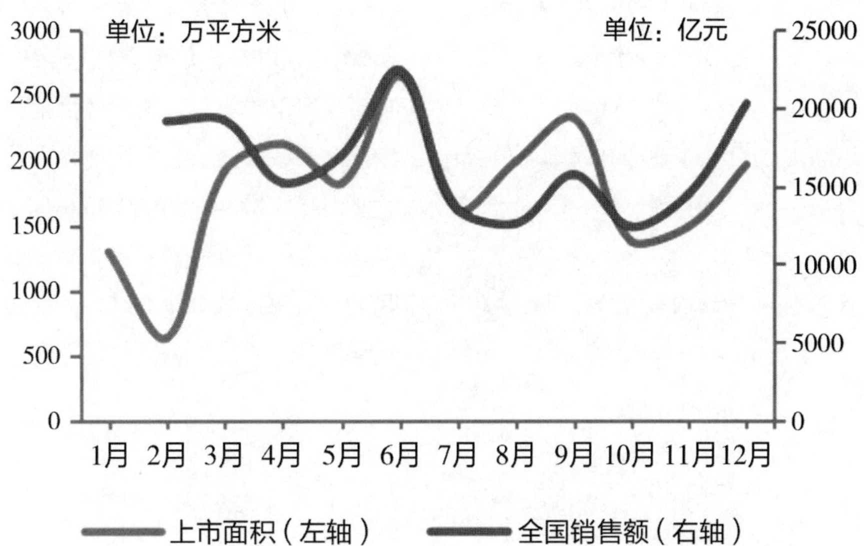

图附 1–19 2020 年北京各行政区新建商品住宅销售价格及同比

百强企业通过多盘联动、打造购房节、促销活动及提供特惠房源等为销售造势、蓄客。百强企业通过多盘联动降价促销以及购房节等活动加速项目去化，龙湖集团 11 月全面启动洋房节，天曜等十大洋房产品蓄势待发，为购房者提供两千套特惠房源、超亿元购房补贴、千万级成交礼品。

百强企业发力线上营销，打通“线上 + 线下”营销渠道，形成服务闭环。百强企业加大线上营销力度，革新营销方式，促进项目营销和精准蓄客。碧桂园邀请综艺大咖坐镇“5.5 直播购房节”抖音直播间，开启线上大规模直播卖房。

此外，百强企业通过新技术应用，提升营销管理水平和决策效率。如万科在案场推广应用智慧收款终端，优化客户现场认筹认购缴费体验；同时在手机端通过“易选房”“交易管家”小程序，支持客户在线办理各类业务。

（二）运营表现

2021 年，随着房地产市场进入下行通道，利润空间持续收窄，百强企业不断强化运营能力，以内生增长促企业高质量发展。一方面，百强企业向管理要效益，降本增效，转变经营方式适应低利润时代。另一方面，百强企业投资布局更加收敛，聚焦于核心城市群，谨慎储备发展资源。

1. 盈利水平降至个位数，地价高企物业减值导致利润下行

（1）营收利润保持增长，增收不增利现象加剧

2021 年百强企业营业收入与净利润保持增长态势。竣工和结转稳步增长带动营业收入和净利润呈增长态势，百强企业营业收入均值达 498.6 亿元，净利润均值达 56.2 亿元，分别同比增长 19.3%、0.4%，增速较上年增加 1.6、减少 1.5 个百分点。由于营业成本上涨，百强企业净利润均值增速不及营业收入均值增速，“增收不增利”现象持续。

2021 年，百强企业净利润率、净资产收益率均值分别为 9.8%、8.1%，盈利能力继续下降。受新冠肺炎疫情、房地产调控政策持续、各类成本居高不下等因素影响，百强企业净利润率均值、净资产收益率均值较上年分别下降 2.2、1.8 个百分点。

（2）高地价限售价压缩盈利空间，物业减值加剧利润下行

地价高企导致百强企业盈利空间持续收窄。自 2016 年以来，住宅用地楼面价持续上升，叠加部分城市限售价，地价房价比呈波动性上涨趋势，以百城为例，住宅用地楼面均价占新建住宅均价比重从 33.9% 爬升至 43.6%。2017—2021 年，50 家百强代表企业地价占售价的比重从阶段性低点 43.3% 快速攀升至 53.5%。企业毛利水平持续承压，限制了企业盈利水平的提升。

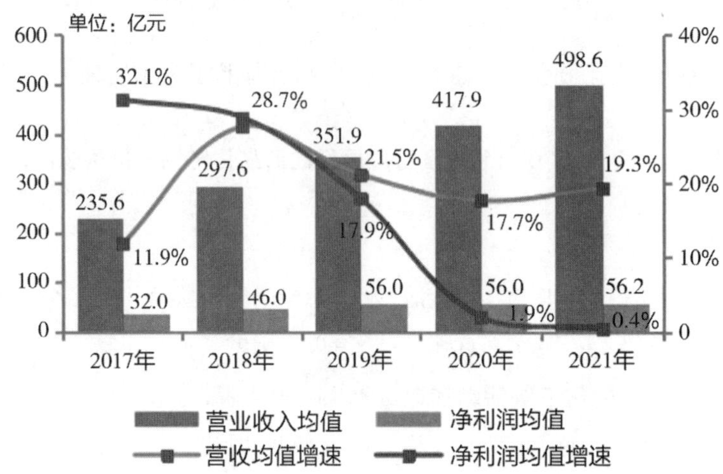

图附 1-20 2017—2021 年北京新建商品住宅各环线成交占比结构

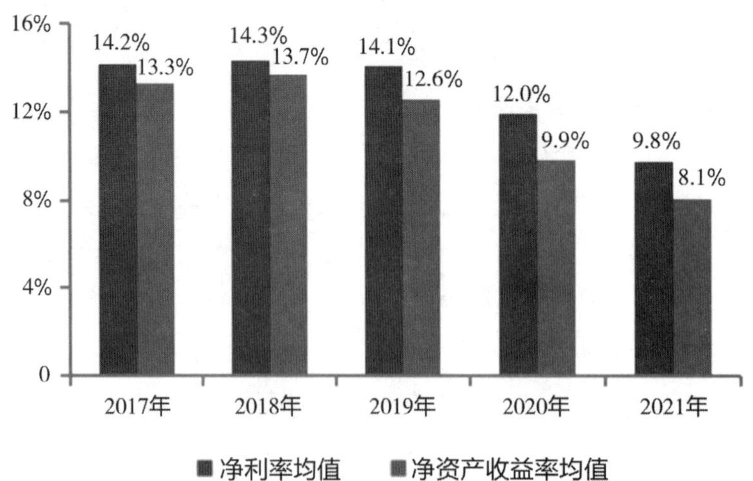

图附 1-21 2017—2021 年北京二手房成交面积及同比

布局回归一、二线加剧了盈利水平下行。2021年，一、二线代表城市住宅用地楼面均价占新建住房销售均价比重分别为48.1%、44.5%，高于同期三、四线代表城市5.3、1.7个百分点，回归一、二线布局策略导致多数房企盈利压力更趋严峻。此外，利息资本化推高结转期成本导致企业当期毛利率走低。多重因素叠加促使2021年百强企业净利率进一步下行。

同时，叠加物业减值计提、持有物业收入增收困难等因素，百强企业净利润进一步下行。2021年，百强50家代表企业中约有18家企业销售均价出现下滑。多家企业根据市场参考价格，对存在减值迹象的资产进行了减值测试，加大了存货、投资性物业、长期股权投资等资产减值准备计提力度，从而影响当期净利润水平。此外，购物中心受疫情管控及消费需求有待进一步释放影响租金和利润，部分持有物业占比较高的百强企业收入和利润增长不及预期。

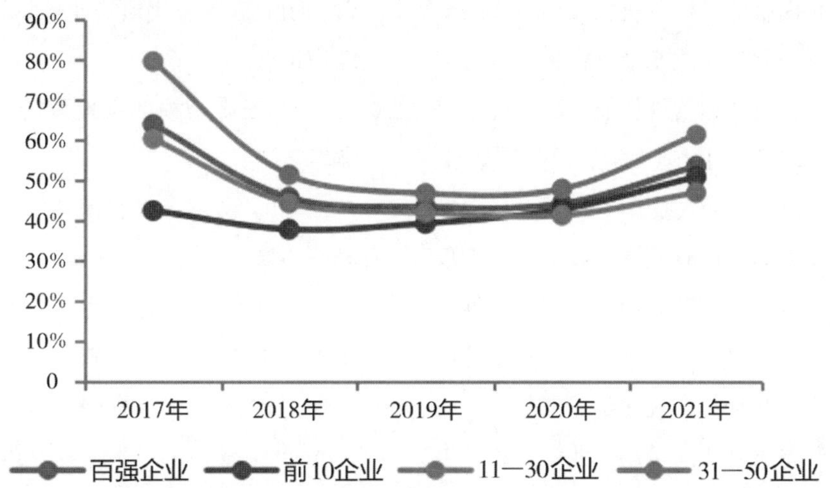

图附 1-22　百强代表企业 2017—2021 年拿地均价 / 销售均价情况

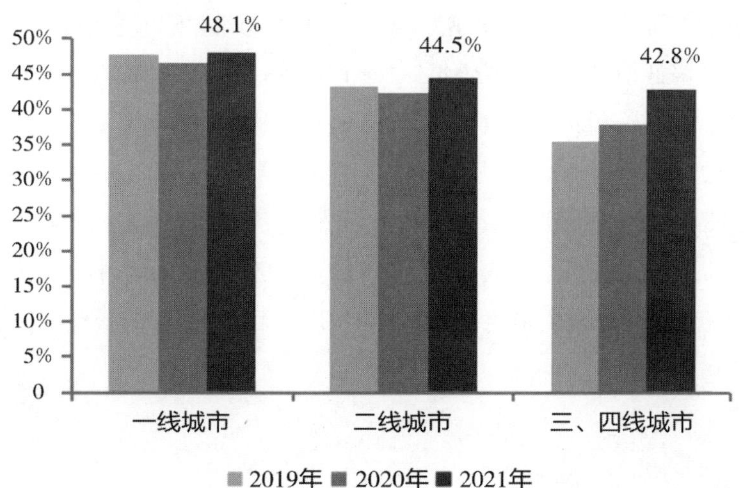

图附 1-23　不同城市等级代表城市 2019—2021 年住宅用地楼面均价 / 新建住房销售均价情况

2. 行业进入低利润时代，发挥综合运营优势提升效益

地价高企和房地产去金融化限制了房企盈利空间，行业长期处于低利润时代。随着房地产长效机制建立，行业将在较长时间内处于下行周期，考虑到地价是城市基础设施和城市配套服务等城市资源的体现，具有较强的刚性，毛利空间改善十分有限。

房企需调整经营方式，发挥综合运营优势，适应行业调整周期。当前，多家高存货、高周转、高杠杆模式房企面临流动性危机，此种模式的弊端已经显现，房企须逐步改变经营模式，以适度杠杆、适量存货、高效运营维持业务高弹性，以适应极速分化的市场；同时适度发展轻资产业务，发挥运营优势，提升边际效益。

提高区域深耕力度能有效提高效费比，不仅能够最大限度提升内部资源利用效率和降低外部资源费用，也可享受高市场占有率带来的品牌影响力和溢价能力，从而综合优化运营费效比，提升局部运营周转效率，进而带动企业综合运营周转效率提高。中海、金茂、滨江等企业持续多年深耕重点布局城市，将优势区域做熟做透，有效提升单城产出、改善盈利表现。

高效运营是争取利润空间的必要保障。首先，百强企业加快竣工结转、降低投资力度，2021 年周转率较上年略有提升。总资产周转率均值、存货周转率均值分别为 0.21、0.31。受疫情、调控趋严影响，2021 年百强企业拿地力度明显减弱，并加快竣工结转，带动周转效率提升。其次，百强企业加强组织管控、优化融资渠道，降低三项费用率。2021 年在债券融资方面，百强企业债券平均利率较上年下降 0.2 个百分点至 4.6%。叠加组织架构调整优化、运营提效等多重因素综合影响下，百强企业三项费用率均值较上年下降 0.3 个百分点至 9.3%。

服务延伸是提升边际效益的可选策略。随着房地产行业逐渐去金融化，发展轻资产业务将是必然方向，当前发展轻资产业务也能够有效提升现有人才、资源整合能力边际效益，进而做大做强细分板块业务，壮大母公司运营效益。商业运营、物业服务、代建等业务将为房企带来新的业绩增长点。

3. 投资规模和强度双降，布局更加聚焦重点城市

（1）拿地规模显著减少一成，部分国央企逆势拓储

2021 年，住宅用地供应明显缩量，叠加政策调控和融资监管显效，全年百强企业投资规模明显缩量。50 家百强代表企业全年拿地金额总量同比减少 12.7%，其中招拍挂市场的拿地金额 16804.8 亿元，占全国 300 城土地出让金的 29.4%，同比下降 0.5 个百分点。具体来看，上半年市场成交旺盛带动土地市场热度不断上扬；三季度密集调控下市场调整压力增加，房地产金融审慎管理效果持续显现，叠加重点城市集中供地严查购地自有资金来源等，房企资金承压下拿地意愿和拿地能力降低。进入四季度，房地产市场仍低温运行，市场规模仍在继续探底，叠加个别企业债务违约事件影响，土地市场观望情绪更加浓厚，百强企业明显放缓拿地节奏。

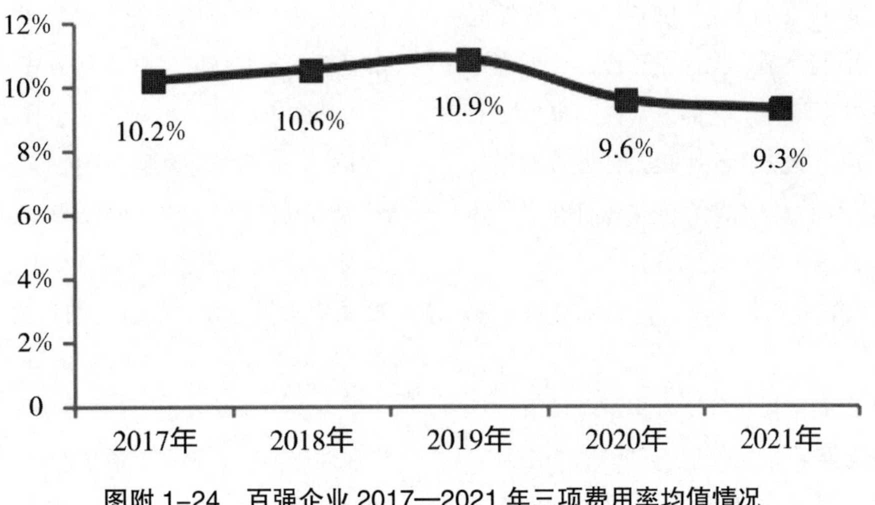

图附 1-24 百强企业 2017—2021 年三项费用率均值情况

35000
30000
25000
20000
15000
10000
5000
0
0
-5%
-10%
-15%
-20%
-25%
-30%
-35%
-12.7%
-31.6%
拿地金额（亿元）
拿地面积（万平方米）
2020年 2021年 2021年同比增长率

图附 1-25 百强代表企业 2020—2021 年拿地总量及同比增速

从拿地力度来看，百强企业拿地力度显著减弱。受融资环境趋紧和市场调整压力影响，2021 年，50 家百强代表企业拿地销售比下降 6.0 个百分点至 32.4%。

从所有制类型来看，国资背景企业拿地力度整体更强。2021 年，国资背景企业拿地金额同比微增 1.0%，拿地销售比均值为 38.0%。表明当前国资背景企业仍具有融资优势，投资力度仍保持在适当水平，其中部分企业拿地较为积极，拿地金额同比增长超 30%，民营企业受融资环境影响较大，拿地态度趋冷。

在 22 城集中供地中，国央企是集中供地拿地主力，托底现象显著。全年拿地金额中国央企拿地金额占比达到 61%。分批次来看，国央企拿地占比随着民营房企拿地热情减退而增加，二、三批次国央企拿地占比均达到 74%。第二批集中供地央企占比提升至44%，但随着市场持续探底且受融资监管限制，第三批央企拿地占比下降至14%，而地方国企填补了这部分空白，拿地金额占比提升至60%。地方国企拿地占比逐批增加，这将为开发经营能力较强的百强企业打开更广阔的合作开发和代建业务拓展空间。

（2）拿地布局更加收敛，核心城市群拿地占比超六成

百强企业布局更加收敛，聚焦重点城市，长三角、粤港澳成为新增土储的主要区域。2021年，百强代表企业拿地城市显著减少，平均拿地城市数量由上年的22.1个城市下降至17.6个城市，新增土储面积前10城市占比同比增加5.8个百分点至28.6%，扩张速度放缓，布局更趋集中。

具体来看，一、二线城市仍是百强企业布局主战场，50家百强代表企业的新增土储权益面积中六成位于一、二线城市，其中一线城市占比7.1%，二线城市占比53.4%，一线、二线城市占比分别同比增长2.4和6.6个百分点。从城市群占比来看，50家百强代表企业五大城市群新增土储权益面积合计占比为65.3%，较上年提升8.6个百分点，其中，长三角、粤港澳大湾区、京津冀新增土储权益面积占比分别为30.8%、9.4%和8.7%，同比分别增长6.6、1.2和3.0个百分点。长江中游新增土储权益面积占比减少4.0个百分点至9.2%。从重点城市来看，22城新增土储权益占比提升9.8个百分点至46.0%，杭州成为50家百强代表企业布局最集中的城市，重庆、南京、长沙、天津、广州等热点一、二线城市投资热度依旧，天津、长春新增土储增幅明显，跻身50家百强代表企业新增土储面积前十城市。

（3）审慎合作降低投资风险，发力优势领域拓展资源

随着集中供地铺开、城市分化进一步加剧，百强企业积极探索多元拿地渠道，通过合作、城市更新、产业新城、TOD等方式储备土地资源。

百强企业在合作对象和合作力度选择上将更加审慎，以期降低风险、分摊资金成本。2021年，50家百强代表企业在招拍挂市场中的拿地权益比例为78.7%，较上年下降1.0个百分点，其中，22城集中供地拿地权益比例为76.5%，较上年下降1.1个百分点。

百强企业继续发力优势领域，通过城市更新、产业领域、TOD等多渠道获取项目资源。一方面，2021年，百强企业加强与金融机构、房企和地方政府合作，拓展不同城市更新领域。另一方面，百强企业利用产业新城、TOD等方式拿地，拓展业务领域，华润置地与中城新产业合作成立产业运营服务公司，加强产业升级运营与服务。越秀地产深化TOD战略实施，2021年的预算目标不低于180亿元。

并购风口来临，百强企业可寻机拓储，优化投资布局结构。2021年，约有179家房企作为买方参与收并购，收并购总金额为2836.4亿元，其中百强企业收并购金额占比36.3%。头部优质房企和国央企收并购力度较强，碧桂园、金茂等企业收并购金额位居前列。收并购标的仍以房地产项目为主，占比约37.2%，同时物业收并购风生水起，标的物占比约17.9%。2021年12月，人民银行和银保监会联合印发《关于做好重点房地产企业风险处置项目并购金融服务的通知》，重点支持优质的房地产企业兼并收购风险和困难的大型房地产企业的优质项目；鼓励银行业金融机构积极为并购企业发行债务融资工具提供服务。2022年伊始，招商局蛇口发行30亿元并购票据；中海收购世茂、雅居乐广州亚运城项目股权；华发收购昆明融创文旅城二期40%股权；武汉城建获得武汉甘露山文创城股权。

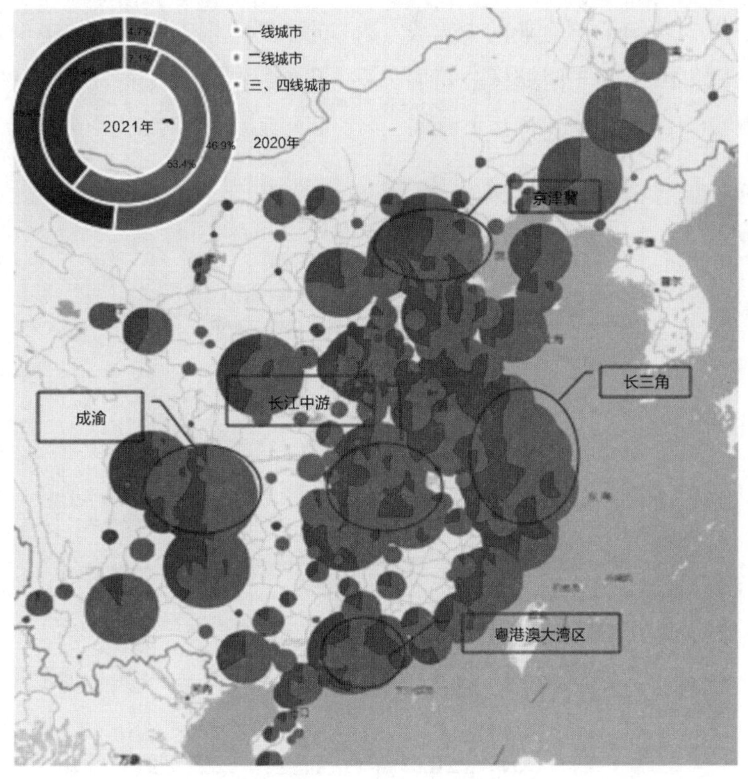

图附 1-26　百强代表企业 2020—2021 年部分拿地城市（按权益面积）

（三）风险管理

2021 年以来，中央持续强调落实房地产长效机制，实施好房地产金融审慎管理制度，房地产金融监管力度趋严，严查资金违规流入房地产市场，严格执行企业端“三道红线”和银行端“两道红线”，企业商票、拿地销售比等指标先后纳入监管。在此背景下，百强企业继续主动调整债务规模及结构，降低财务风险，满足监管要求。

1. 负债水平稳中有降，债务结构进一步优化

“三道红线”提出后百强企业积极应对，通过提前偿还债务、调整债务结构等方式缩减债务规模，均值已经基本合规。2021 年，百强企业剔除预收账款的资产负债率、净负债率的均值分别为 69.5%、77.1%，较上年分别下降 0.6、3.6 个百分点；现金短债比为 1.6，较上年上升 0.1，整体稳中向好。

百强企业有息债务增速进一步放缓，相对规模稳中有降，债务平均期限延长，在减缓债务压力的同时，也提升了资金的使用效率。2021 年，百强企业的总有息债务规模同比上升 4.2%，增速较上年下降 2.5 个百分点；其中短期有息债务占比均值为 26.8%，较上年下降 1.2 个百分点。总有息债务在总负债中的占比均值为 34.5%，较上年下降 11.0 个百分点，相对规模降幅显著。

百强企业通过加大合作力度、引入少数股东投资，一方面弥补了债务缩减带来的资金缺口，另一方面提升了净资产规模，有助于进一步降低杠杆率。在融资渠道收窄、债务增速受限的背景下，多数百强企业继续加大了合作开发的力度，以同等资金撬动更大规模的开发，在风险分摊的同时提升开发效率。2021 年，百强企业的少数股东权益均值同比上升 14.2%，高于同期母公司股东权益均值的增速 11.3 个百分点，是净资产增长的主要力量。股东权益中少数股东的占比均值上升 1.9 个百分点至 35.7%，少数股东参与程度进一步加深。

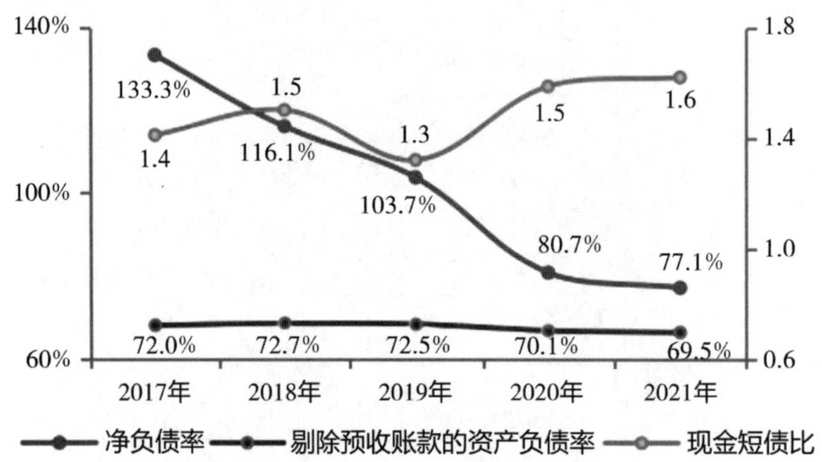

图附 1-27　2017—2021 年百强企业“三道红线”情况

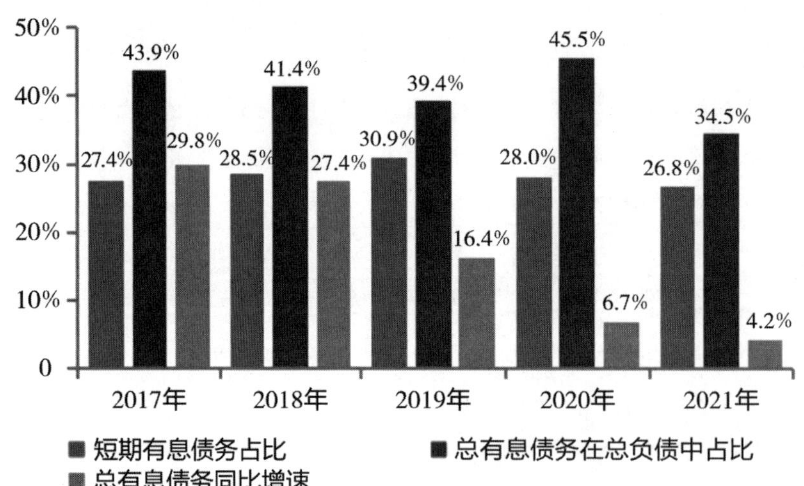

图附 1-28　2017—2021 年百强企业有息债务增速及占比情况

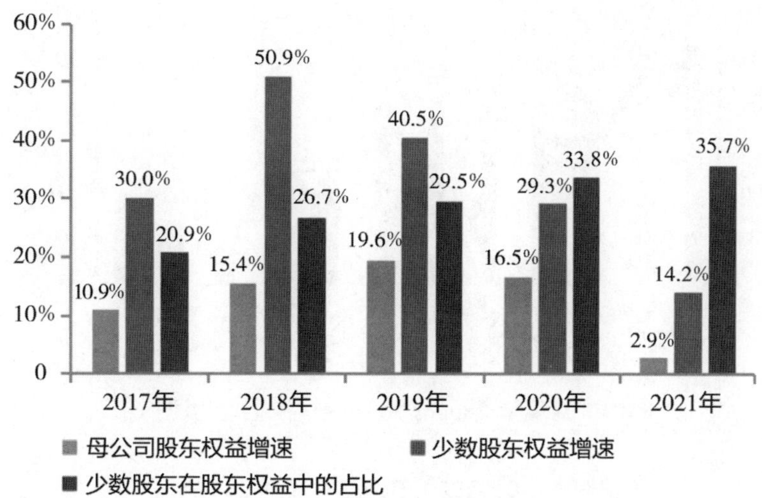

图附 1-29　2017—2021 年百强企业少数股东权益增速及占比情况

2. 融资收紧叠加偿债高峰，抓政策窗口促回款拓渠道

（1）融资环境持续收紧，融资规模大幅下滑

行业融资规模同比下滑，融资结构发生改变。2021 年，房地产行业共实现非银类融资 17652.2 亿元，同比下降 26.3%，行业融资收紧态势显著。其中，信用债全年发行 5490.3 亿元，海外债发行 2682.9 亿元，信托融资 5452.7 亿元，ABS 融资 4026.3 亿元。信用债、信托成为融资主力渠道。

8 月开始融资快速下滑，海外债收缩幅度明显；政策施行力度过大导致房企流动性大幅受挫。受头部房企流动性风险事件影响，8 月开始行业融资出现剧烈波动。9 月起，房企海外债市场出现大幅波动，海外评级机构连续下调房企级别或展望，导致投资者信心严重不足；金融机构存在对前期信贷政策的误读，导致信贷端处于过度收紧状态；经营端受预售资金监管严、销售下行影响，经营性资金回笼速度放缓，部分房企陷入流动性危机。8—12 月 5 个月共融资 3031.0 亿元，仅占全年总额的 25.6%。

（2）偿债高峰即将到来，融资能力出现分化

2022 年为偿债高峰，房企流动性持续加压。2022 年将有 6589.4 亿元债券到期，其中信用债占比 47.0%，海外债占比 53.0%；海外债偿债高峰集中在上半年，信用债集中在 3—9 月。海外债主要以借新偿旧形式置换到期债务，而发行低迷导致房企需动用自有资金偿债，房企将面临较大的流动性风险。此外，2020 年信托发行规模为 9231.0 亿元，平均发行期限在 1.6 年左右，则 2022 年同样面临较大的偿还压力。

融资能力出现分化，国央企及优质民企融资能力更强。在市场波动中，国央企及优质民企表现出了良好的流动性抗压能力和经营韧性。投资者风险厌恶情绪加重。资金流向将出现两极分化情况：投资更多地向财务稳健、信用等级较高的优质企业归集，而中小型房企、经营激进的企业的融资空间进一步压缩。

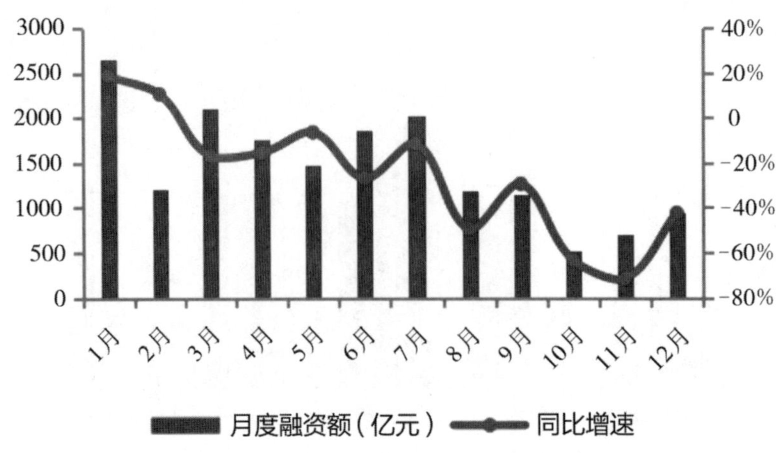

图附 1-30　2021 年月度融资额及增速

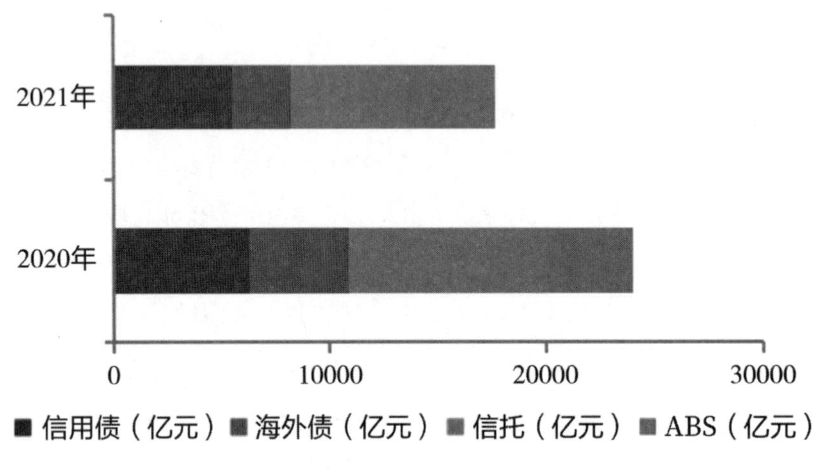

图附 1-31　2020—2021 年融资总额

（3）顺应政策导向，积极拓展资金补充渠道

预售资金监管进一步规范、新发展模式受支持、房地产税暂缓，房企抓紧政策窗口期，加大销售回款力度。2022 年 2 月，全国性商品房预售资金监管的意见出台，对监管额度、交纳范围、取用条件等内容进行了明确，确保房企可以在合理范围内支取和使用预售款。3 月，国务院金融委明确提出，房地产行业要及时研究和提出有力有效地防范化解风险应对方案，提出向新发展模式转型的配套措施。同时，财政部有关负责人也表示，综合考虑各方面的情况，今年内不具备扩大房地产税改革试点城市的条件。当前行业收缩性政策暂停，利好政策频出，房企应抓住窗口期，调整经营策略，通过加强销售能力、扩大业务范围等形式促进经营性回款力度，补充资金。

并购融资成为融资边际放松重要方式，千亿资金通过多渠道快速落地，为房企补充资金、化解行业风险提供有力支持。2021 年 12 月，人民银行和银保监会联合印发《关于做好重点房地产企业风险处置项目并购金融服务的通知》，鼓励银行业金融机构做好重点房地产企业风险处置项目并购的金融支持和服务。截至2022年3月末，融资总额已达2101亿元，其中房企通过发行并购债、获取银行授予的并购融资额度等方式获得资金1651.2亿元。

随着风险事件的增加，出售现有资产成为房企快速回笼现金的重要手段，也是化解行业风险的重要举措，并购融资的投放推动了这一进程的启动。

保障房所获金融支持力度加大，房企在探索新发展模式与拓宽融资渠道方面齐头并进。2022年2月，人民银行、银保监会发布《关于保障性租赁住房有关贷款不纳入房地产贷款集中度管理的通知》，明确保障性租赁住房项目有关贷款不纳入房地产贷款集中度管理，鼓励金融机构加大相应的支持力度。保障性租赁住房符合中央坚持“房住不炒”的定位，是“十四五”时期住房建设的重点任务，也是房企在新周期下拓展业务的重要模式之一。房企应充分利用政策倾斜优势与金融机构支持力度，开拓租赁住房业务新赛道、融资新渠道。

绿色债券符合行业发展趋势，市场认可度高，成为债券发行新模式。随着国家2030年碳达峰和2060年碳中和目标的提出，绿色金融的重要性再次被提升。绿色债券在融资成本、资金使用、行业发展前景等方面具有独特的优势，吸引不少房企参与其中。2021年，21家房企发行33只绿色债券，共融资580.5亿元，同比大幅增长2440%；2022年1—3月，绿色债券在信用债市场试水，已有两只债券成功发行。

绿色债券主要用于符合绿色建筑标准的项目，既符合当前市场需求，也与国家发展目标相契合。根据七部门联合印发的《绿色建筑创建行动方案》，到2022年城镇新建建筑中绿色建筑面积占比将达到70%，星级绿色建筑持续增加；各地均积极完善绿色金融支持绿色建筑的政策环境，推动绿色金融支持绿色建筑发展。

ABS发行创新高，有效缓解房企融资压力。2021年，ABS全年融资规模为3850.9亿元，同比上升4.6%，是唯一正增长的融资渠道；占总融资规模22.8%，较上年上升6.7个百分点，成为房企融资新渠道。

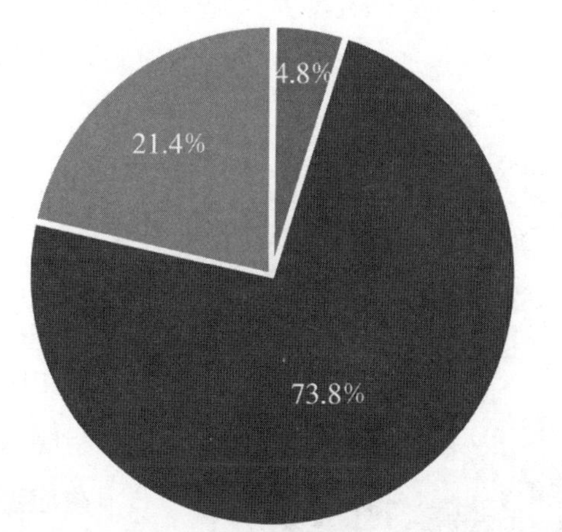

图附1-32　2022年1—3月并购融资构成

从结构来看，供应链ABS一直为ABS中最主要的融资类型，2021年占全年总发行额的53.0%。供应链ABS是将房企对上游供应商的应付款作为基础资产，将其证券化的融资产品，原始权益人为供应商，因此对房企来说并不增加新的债务，属于使用经营杠杆缓解财务杠杆压力的行为。CMBS/CMBN占比为26.9%；购房尾款、保障房、类REITs合占20.1%。CMBS/CMBN是以商业地产的抵押权为基础资产，以商业地产未来产生的现金流为偿还来源；购房尾款是以基于预售而产生的商品房买卖贷款，是未来的金融债权，二者融资金额在盘活持有资产的基础上并不会直接增加房企的有息债务，也受到房企的青睐。

增发配股融资成为房企直接融资的重要手段。在融资端不断收紧的背景下，增发配股不仅可以为房企立刻带来现金回流，在填补资金缺口的同时，还可以增加股东权益，一定程度上改善负债率。如旭辉集团在2021年11月配股约4.2亿股，募集资金13.7亿元。从募集资金用途来看，增发配股以补充营运资金、偿还贷款为主要目的。

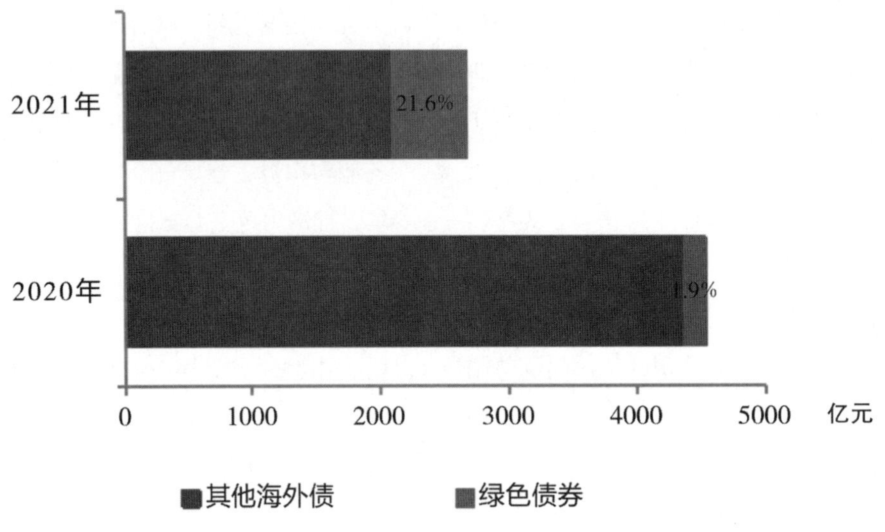

图附1-33　2020—2021年海外绿色债券发行额占比

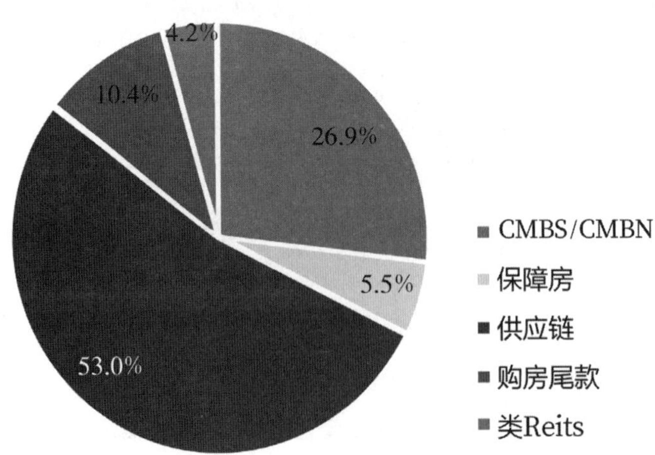

图附1-34　2021年ABS融资结构

（四）社会责任

2021 年，百强企业积极履行企业公民责任，履行纳税义务，加大保障房、公益慈善、绿色可持续性发展等多领域公益投入，践行回报社会理念。

1. 全方位积极回馈社会，全面履行企业公民责任

2021 年，百强企业纳税额均值达 60.2 亿元，同比增长 2.2%，其中税金及附加均值为 38.9 亿元，所得税均值为 21.3 亿元。

百强企业积极响应政府相关部门的号召，扎实推进保障性租赁住房建设。在保障房建设领域中，国有企业和地方企业担当着重要角色。保利发展与中国建设银行签署《发展保障性租赁住房战略合作协议》，累计开发保障性住房项目超 100 个，建成保障房超 10 万套，投资超过 700 亿元。中建东孚承接上海市众多保障房项目，先后开发市属惠南民乐大居，曹路、航头区属保障房，部分项目将以装配式施工方式进行绿色建造，2021 年累计开工保障性住房 320 万平方米，惠及人口 16 余万人。

百强企业积极回馈社会，加大公益捐款投入，为防汛抢险和灾后重建工作贡献力量。面对 2021 年 7 月河南突如其来的强降雨，百强企业全力支持防汛救灾工作。其中，万科公益基金会捐赠 5000 万元；龙湖集团、碧桂园国强公益基金会、新城控股、招商局蛇口等百强企业均捐款 2000 余万元；保利发展和绿城中国等百强企业均捐款千万余元。

百强企业发挥自身优势投入到疫情防控当中，为疫情防控提供资金支持和生活保障。联发集团改造交付 2860 套隔离用房助力厦门市疫情防控。为助力西安抗击疫情，中国金茂、碧桂园等百强企业捐赠口罩、防护服、防寒帐篷等防疫物资。

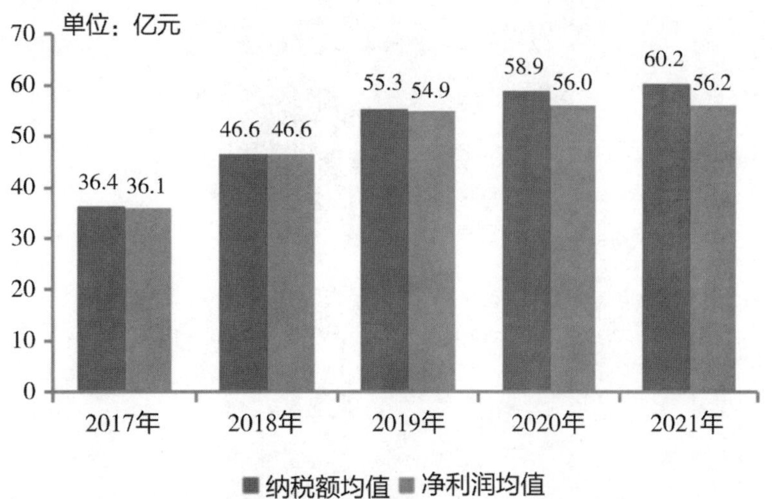

图附 1–35 百强企业 2017—2021 年纳税情况

百强企业员工下沉到抗疫一线，积极配合地方政府防疫工作，用心守护业主的健康安全，助力打赢防疫攻坚战。面对突发的疫情，碧桂园第一时间对公共区域进行消杀，加强人员出入管理，并为业主提供无接触送货上门服务。联发组织党员志愿服务队进社区引导检测、维护现场秩序、分发物资等志愿服务。

2. 坚持绿色可持续发展，推动企业转型升级

首先，百强企业深入践行可持续发展理念，运用智慧科技及绿色环保等手段，积极探索绿色发展模式，推动企业转型升级。2021 年住建部将万科四季花城三期、碧桂园凤桐花园等项目列入智能建造试点项目，开展智能建造试点工作，计划建设和培育一批示范项目和产业基地。碧桂园应用自主开发的博智林机器人，以提升施工质量和降低工业污染及碳排放为目的，打造智能生态建筑，华润置地积极推进以 5G、物联网、大数据、云计算等为代表的新一代数字化技术应用，聚焦未来城市的探索发展，加快企业数字化转型创新步伐。

其次，百强企业更加重视项目的绿色认证。在低碳环保绿色发展的大背景下，百强企业致力将新建项目按照国家绿色建筑标准开发，并积极推动新建项目和现有项目获取绿色认证。2021 年，华润置地获得绿色建筑认证的项目数量为 68 个，获得绿色建筑认证的建筑面积达到 944 万平方米，其中，高星级项目（绿建二星级及以上项目）数量为 62 个。龙湖集团满足绿色建筑标准的项目面积超 9000 万平方米。中建东孚荣获 2021 年 4 月住建部颁发的全国绿色建筑创新奖三等奖。

最后，百强企业打造绿色生活体系，助力绿色服务升级。当 TOD 已逐渐成为未来发展的主流模式，万科打造的 POD 模式应运而生，即“TOD+Park”的共生体，以健康生活为导向，整合城市多元化资源，引领开发绿色城市。中冶置业创建“中冶置业产品科技与服务体系 3.0”，并将最新的研发成果应用到项目开发中，致力为客户打造绿色建筑、科技产品、智能家居和智慧社区。

图附 1–36 百强企业坚持绿色可持续性发展

二、2022 中国房地产百强企业 TOP10 研究

中国房地产 TOP10 研究组在百强企业研究的基础上，基于对企业规模性、盈利性、成长性等方面的深入研究，评价产生了 2022 中国房地产百强企业“综合实力 TOP10”、“规模性 TOP10”、“盈利性 TOP10”、“成长性 TOP10”、“稳健性 TOP10”、“融资能力 TOP10”、“运营效率 TOP10”、“年度社会责任感企业”和“年度扶贫标杆企业”。

（一）综合实力 TOP10

2021 年，综合实力 TOP10 企业依然保持了业绩的稳步增长，注重稳健、高质量发展的万科、保利及碧桂园，综合实力位列前三；华润把握热点区域发展机遇，加大销售力度，销售金额跨越 3000 亿元；招商局蛇口推行“双百战略”，助力经营物业业绩爆发，销售金额超 3200 亿元。

2021 年，综合实力 TOP10 企业销售额均值达 4044 亿元，同比增长率均值为 1.3%，企业综合实力持续彰显。10 家企业的全年营业收入和净利润均值同比分别增长 24.2% 和 5.9%，超出百强企业均值 4.9 和 5.5 个百分点，综合能力提升明显。

表附 1-4　2022 中国房地产百强企业“综合实力 TOP10”

排名	公司名称
1	万科企业股份有限公司
2	保利发展控股集团
3	碧桂园控股有限公司
4	中海地产（中国海外发展）
5	华润置地有限公司
6	招商局蛇口工业区控股股份有限公司
7	绿城中国控股有限公司
8	龙湖集团控股有限公司
9	金地集团股份有限公司
10	新城控股集团股份有限公司

（续表附 1-4）

（二）规模性 TOP10

2021 年，规模性 TOP10 企业的资产和销售规模持续扩大，总资产均值 10375 亿元，同比增长 10.5%，销售额及营业收入均值分别为 4097.3 亿元和 2443.6 亿元，规模效应凸显。

一方面，规模性 TOP10 企业紧抓热点城市市场机遇，如招商局蛇口持续加强区域、城市与板块聚焦，围绕核心都市圈、重点城市群进行深耕细作，有效助力销售业绩增长；另一方面，规模性 TOP10 企业通过把握市场收并购机会。如万科 27.9 亿元收购深圳国际间接持有的附属公司联合置地 35.7% 股权，推动规模进一步提升。

表附 1-5　2022 中国房地产百强企业“规模性 TOP10”

排名	公司名称
1	碧桂园控股有限公司
2	万科企业股份有限公司
3	保利发展控股集团
4	中海地产（中国海外发展）
5	绿城中国控股有限公司
6	招商局蛇口工业区控股股份有限公司
7	华润置地有限公司
8	龙湖集团控股有限公司
9	金地集团股份有限公司
10	中国金茂控股集团有限公司

（三）盈利性 TOP10

2021 年，盈利性 TOP10 企业的利润水平稳步提升，净利润均值同比增长 2.8% 至 260.9 亿元，是同期百强企业净利润均值的 4.6 倍，增速高于百强企业 2.4 个百分点。同时，盈利性 TOP10 企业拥有较好盈利质量，净利率均值为 15.1%，高

出百强企业均值5.3个百分点。

首先，加强区域深耕提升综合运营效益，如金茂、滨江深耕重点布局城市，围绕优势区域储备优质的土地储备，持续巩固所在城市领先地位，为良好业绩表现提供保障。其次，发挥财务稳健优势，降低融资成本，如中海、龙湖、华润、万科、保利等企业发债平均利率均低于4%。最后，向管理要效益，提升内部管控效率，促进业务管理体系提质增效，如中冶置业执行“三清单一流程”决策机制，用好“契约化管理”“组织绩效考核”两个抓手，同时持续升级建筑科技体系，提高集团化管控水平。此外，保利、金茂等依托城市更新、收并购等多种方式低成本拓展资源，深度挖掘高效资源，金茂入股中国宏泰发展，强化城市运营能力。

表附1-6　2022中国房地产百强企业“盈利性TOP10”

排名	公司名称
1	中海地产（中国海外发展）
2	保利发展控股集团
3	万科企业股份有限公司
4	中国金茂控股集团有限公司
5	招商局蛇口工业区控股股份有限公司
6	中冶置业集团有限公司
7	华润置地有限公司
8	杭州滨江房产集团股份有限公司
9	龙湖集团控股有限公司
10	金地集团股份有限公司

（四）成长性TOP10

2021年，成长性TOP10企业销售额均值增长率为17.9%，营业收入均值增长率达27.6%，超过同期百强企业均值分别为14.0、8.3个百分点，成长性TOP10企业精准把握市场发展节奏，精准获取优质土储，畅通融资渠道，为未来发展注入强劲动力。

绿城坚持“区域聚焦、城市深耕”战略，精准发力土地投资，落实精细管控的营销政策，促进产品创新落地转化，推动销售额再创新高，收入盈利实现双位数增长。金隅强化区域优势，深耕细作，拓展开发渠道，加强核心城市土地资源储备，深挖优质区域市场，优化核心布局；盘活土地资源，在老旧小区改造、科技文创园区、非遗文化技艺传承、休闲旅游度假领域探索新模式，提炼金隅方案，助力金隅核心竞争力提升。

表附1-7　2022中国房地产百强企业“成长性TOP10”

排名	公司名称
1	绿城中国控股有限公司
2	杭州滨江房产集团股份有限公司
3	越秀地产股份有限公司
4	金地集团股份有限公司
5	中国铁建房地产集团有限公司
6	招商局蛇口工业区控股股份有限公司
7	北京金隅集团股份有限公司
8	中交地产股份有限公司
9	四川新希望房地产开发有限公司
10	河南信友置业集团有限公司

（五）稳健性TOP10

2021年，稳健性TOP10企业资产负债率均值为72.3%，低于同期百强企业均值2.8个百分点，杠杆率低于行业平均水平；稳健性TOP10企业在2021年的现金短债比均值为1.8，显著高于同期百强企业平均水平，短期偿债能力较强。

2021年，稳健性TOP10企业调整经营策略，加强运营能力，提升效率与业务拓展两手抓。一方面，顺应市场变化，调整经营节奏。如中海避开首轮拿地风潮，在下半年土拍遇冷时逆势发力，仅9月拿地便超500亿元，且新增土储多分布在北京、广州、深圳、杭州等热点城市，极大地补充了土储规模、提升了货值质量。另一方面，持续稳健经营，提升资产运营效率。中冶置业在商业办公、公寓酒店、特色园区等业态进一步完善管理体系，优化管控模式，加强品牌影响，提升盈利水平，打造公司多元化复合经营能力。

表附 1-8　2022 中国房地产百强企业“稳健性 TOP10”

排名	公司名称
1	中海地产（中国海外发展）
2	上海建工房产有限公司
3	中冶置业集团有限公司
4	上海中建东孚投资发展有限公司
5	重庆华宇集团有限公司
6	联发集团有限公司
7	大悦城控股集团股份有限公司
8	上海城建置业发展有限公司
9	爱家集团
10	天地源股份有限公司

（六）融资能力 TOP10

2021 年，在融资环境持续趋严趋紧的背景之下，融资能力 TOP10 企业凭借一贯的财务稳健性与较低的信用风险，以较低成本持续获得资金支持，坚持探索新型融资渠道，为企业稳定发展提供强有力保障的同时，也为提升行业信用贡献了力量。

2021 年，融资能力 TOP10 企业通过信用债融资 2301.6 亿元，平均融资成本 3.9%，低于行业均值 0.4 个百分点；海外债融资 1573.9 亿元，平均融资成本 5.4%，低于行业均值 2.2 个百分点，具有明显的融资成本优势。滨江集团全年共发行 8 只信用债，新城发行 4 只海外债，在民营房企中均名列前茅。

融资能力 TOP10 企业坚持对新型融资方式的探索。远洋集团作为“建筑 · 健康”先行者，于 7 月成功发行 3.2 亿元绿色美元债，获得 5 倍超额认购，票面利率仅为 2.7%，创公司境外市场美元债最低发行利率。华润置地获招商银行 200 亿元并购贷款额度，是首批获得并购贷款的企业之一，在防范化解行业风险、推动行业健康发展和良性循环中起到了积极作用。

表附 1-9　2022 中国房地产百强企业“融资能力 TOP10”

排名	公司名称
1	保利发展控股集团
2	华润置地有限公司
3	中国金茂控股集团有限公司
4	招商局蛇口工业区控股股份有限公司
5	金地集团股份有限公司
6	杭州滨江房产集团股份有限公司
7	龙湖集团控股有限公司
8	大悦城控股集团股份有限公司
9	新城控股集团股份有限公司
10	远洋集团控股有限公司

（七）运营效率 TOP10

2021 年，运营效率 TOP10 企业不断优化组织架构，提升运营效率，同时把握市场主流需求，利用线上平台和科技手段加快周转，提升企业经营效率。

运营效率 TOP10 企业通过优化战略布局和企业组织架构，适应市场环境并且提升管理效率。如龙记泰信六大核心业务分别是地产开发、建筑工程、商业运营、地产金融、物管服务和供应链贸易，贯穿地产开发全产业链，通过优化产业链上下游各业务之间的衔接，有助于产生协同效应，提高效率保障利润。华润置地提出了“城市投资开发运营商”的战略定位，确立了“开发销售型业务、经营性不动产业务、轻资产管理业务”三大主营业务与生态圈要素型业务有机联动、一体化发展的“3+1”业务组合模式，实现新战略格局下的韧性生长。

表附 1-10　2022 中国房地产百强企业“运营效率 TOP10”

排名	公司名称
1	建发房地产集团有限公司
2	金地集团股份有限公司
3	华润置地有限公司
4	四川新希望房地产开发有限公司
5	中国金茂控股集团有限公司
6	中国铁建房地产集团有限公司
7	龙记泰信实业集团有限公司
8	联发集团有限公司
9	金侨投资控股有限公司
10	众安集团有限公司

（八）年度社会责任感企业

2021 年，年度社会责任感企业积极履行纳税义务，投身社会公益活动，聚焦保障房建设、公益捐款和抗击疫情等多领域开展公益活动，同时践行绿色可持续发展理念，全方位回馈社会。

中建东孚承接上海市众多保障房项目，先后开发市属惠南民乐大居，曹路、航头区属保障房，部分项目将以装配式施工方式进行绿色建造，2021 年累计开工保障性住房 320 万平方米，惠及人口 16 余万人。在 2021 年 7 月河南特大洪灾中，保利发展和绿城中国等百强企业均捐款 1000 万元驰援河南抗洪救灾。

此外，年度社会责任感企业积极响应“碳中和”战略布局，践行绿色可持续发展理念。绿城中国秉承“绿色”与“健康”理念，大力发展绿色建筑，并应用“海绵城市”雨水回收技术、低能耗建筑和装配式技术等手段践行绿色发展理念，累计建设绿色星级项目 112 个、LEED/WELL 认证项目 5 个。中冶置业创建“中冶置业产品科技与服务体系 3.0”，并将最新的研发成果应用到项目开发中，致力为客户打造绿色建筑、科技产品、智能家居和智慧社区。

表附 1-11　2021—2022 中国房地产年度社会责任感企业

公司名称
保利发展控股集团
绿城中国控股有限公司
宝龙地产控股有限公司
大悦城控股集团股份有限公司
中海地产（中国海外发展）
上海建工房产有限公司
中冶置业集团有限公司
上海中建东孚投资发展有限公司
金科地产集团股份有限公司
金侨投资控股有限公司

（九）年度扶贫标杆企业

2021 年百强企业积极响应党和政府号召，踊跃参与精准扶贫，带动被帮扶对象脱贫，获得了社会各界的认可和肯定。

大悦城控股继续深入定点扶贫县四川省甘孜县，助力改善教育环境、升级学校设施、添置学习用品等，并联合上下游企业开展“悦公益——品牌携手、情暖甘孜”扶贫募捐活动。宝龙地产通过产业扶贫，为乡村经济“造血”，围绕推动溪边村产业振兴，先后建立了溪边经济社和宝旺金属制品有限公司的项目，旨在培育乡村新产业，助力溪边经济可持续发展，实现精准扶贫。碧桂园集团积极响应“千企帮千镇，万企兴万村”行动号召，在 2021 年“广东扶贫济困日”中，再认捐 3.5 亿元，十二年内累计捐款 39.7 亿元；同时大力发展机器人、现代农业，不断探索以新业务赋能助力城乡融合发展。中建东孚在巩固拓展脱贫攻坚成果与乡村振兴方面与卓尼县保持密切联系，并做好产业优化提升、农副产品采购、结对帮扶等扶贫活动。中国铁建对口扶贫张家口万全区两个贫困村，双方在产业扶贫、劳务扶贫、教育扶贫、社会扶贫等多方面开展帮扶合作，累计为两村引入各种项目共计投资 1 亿余元。

表附 1–12　2021—2022 中国房地产年度扶贫标杆企业

公司名称
碧桂园控股有限公司
中交地产股份有限公司
上海中建东孚投资发展有限公司
融创中国控股有限公司
中冶置业集团有限公司
宝龙地产控股有限公司
中国铁建房地产集团有限公司
大悦城控股集团股份有限公司
联发集团有限公司
北京金隅集团股份有限公司

（十）百强之星企业

2021 年在土地“两集中”政策下，百强之星企业把握热点城市群快速复苏机遇，助推规模增长。北辰实业持续深耕京津冀，加大京内投资力度，扩大在京影响力。金隅持续做好首都“四个中心”建设的同时，聚焦核心城市布局，坚持区域深耕，目前已布局全国 16 个城市，逐渐树立区域市场标杆，形成“立足北京、辐射京津、长三角、成渝经济区三大经济圈”的全国化开发格局。葛洲坝积极融入京津冀、雄安新区、环渤海、长江经济带、粤港澳大湾区、成渝双城经济圈等国家战略，重点布局国内一线城市、二线核心城市和具有较好发展潜力的三线城市，推进区域协调和持续滚动发展。

以人为本，铸造绿色生活空间。百强之星企业针对消费者对住宅需求的变化和升级，不断将产品迭代升级，构建更加宜居的生活空间。金隅积极响应政府“双碳”政策，采用低碳环保的装配建筑工艺搭配绿色环保建材，构建金隅高品质绿色产品。

表附 1–13　2022 中国房地产百强之星

公司名称
北京金隅集团股份有限公司
中国葛洲坝集团房地产开发有限公司
北京北辰实业股份有限公司
金侨投资控股有限公司
龙记泰信实业集团有限公司
河南信友置业集团有限公司
朗基地产集团有限公司
德杰集团
天地源股份有限公司
华董（中国）有限公司

三、重点关注和展望

2021 年以来，“房住不炒”和“稳地价、稳房价、稳预期”的主基调保持不变，房地产贷款集中管理制度严格落实，降负债、降杠杆、加速回款成为房企经营的主旋律。在此背景下，百强企业已然意识到“规模不再是万金油”，唯有在保证财务安全性和经营稳健性的基础上，才能行稳致远、实现高质量的发展。

表附 1-14　部分省市房企 TOP10

重庆市 TOP10	山东省 TOP10	河南省 TOP10	江西省 TOP10	河北省 TOP10	山西省 TOP10	湖北省（本土）TOP10
龙湖集团	融创中国	建业集团	东投地产集团	荣盛发展	保利发展	武汉城建集团
金科重庆	万科	碧桂园	保利发展	融创中国	万科	中建三局地产
万科	碧桂园	正商集团	绿地控股	万科	中海地产	福星惠誉
融创中国	中海地产	保利发展	碧桂园	碧桂园	碧桂园	湖北联投
香港置地	瑞马集团	信友集团	万科	美的置业	华润地产	武汉城投
华宇集团	济宁城投嘉华	融创中国	联发集团	东胜集团	融创中国	百步亭集团
旭辉集团	龙湖集团	永威置业	九颂山河集团	安联地产	中国金茂	湖北交投集团
招商局蛇口	保利发展	东方今典	金科集团	家乐园地产	星河湾	湖北房投集团
保利发展	华润置地	同信地产集团	华润置地	保利发展	中铁置业	恺德集团
华润置地	山东高创	博群集团	力高集团	远洋地产	龙湖集团	鄂旅投集团

（一）重点关注

1. 百强企业顺应市场变化趋势，紧抓热点城市群发展机遇，灵活调整营销策略，实现了销售额的稳定增长

但随着行业进入加速出清、格局优化的阶段，百强企业的市场份额有所下滑，且意识到“大也不再强”，更加关注经营的稳健性，唯有高质量发展才是长久经营之道。

2. 百强企业不断强化运营能力，兼顾经营安全与利润水平

一方面加强精准投资和区域深耕力度，有效规避城市风险并实现内部资源利用效率的最大化；另一方面强化组织管控实现高效运营，同时适度发展轻资产业务，发挥运营优势，提升边际效益。

3. 百强企业要发展更要可持续发展，需严控现金流风险

企业销售回款压力不减，叠加融资端仍面临一定限制，企业债务压力进一步加大，面对 2022 年偿债高峰期，企业稳定现金流面临更大挑战，在这个瞬息万变的时代，应警惕资金环境严峻带来的经营风险。

（二）展望

1. 借助新技术提升决策精锐度和效率，量入为出强化区域深耕

房地产城市调控更趋精细化，城市分化加剧，百强企业须提高投资决策的正确性和预见性，从而控制企业运营风险；聚焦主流城市强化区域深耕，将品牌效益最大化的同时提高资金的使用效率。

2. 加强精细化管理，优化发展模式，唯有高质量发展才能实现永续经营

随着房地产市场销售放缓、土地和资金成本持续走高，依赖于高周转、高杠杆的粗放型经营模式已不再适用，安全与盈利成为促发房企优胜劣汰的关键，百强企业必须更加务实、高效、创新，优化管理模式提升企业运营效能，打造高质量发展的内核，才能筑高竞争壁垒，积淀自身优势，从容应对风险与挑战。

3. 强基固本、回归居住属性，房企未来需要围绕美好生活需要的方方面面捕捉真正的价值市场，培育新动能

对于百强企业来说，转型也意味着风险和挑战，但仍须抛弃住宅黄金时代筑成的避风港和舒适区，专注于提升运营能力、做好长期坚持投入的准备，才能真正将新业务培育成新增长点、形成新动能。

人口新形势下北京住房租赁需求及建议

贝壳研究院

北京市第七次人口普查数据显示，人口老龄化、少子化是北京市人口结构中日益突出的问题，对于首都未来持续发展形成巨大挑战。北京市需要建立与人口老龄化相适应的住房保障体系，吸引年轻人才，促进生育率提升，为未来积蓄足够的人才资源。住房保障体系建设要符合北京市住房发展实际，符合人口需求新特征，要进一步丰富存量为主、灵活转换的供给渠道，建立精准识别、有进有出的标准，建立兼顾市场和保障属性的租金调整机制，建立专业化、可持续的运营机制。

一、人口发展新形势对住房租赁提出新要求

（一）人口往大城市集中，大城市住房压力仍然增加

“六普”以后，我国人口停止大规模增长，但发展机遇多、基础设施好、公共资源丰富的大城市人口增长速度仍然较快。从日本东京圈以及东三省省会看，在总人口下降情况下，中心城市人口仍然继续增长。比如，辽宁省人口在2014年达到人口峰值4391万人后逐年下降，但省会城市沈阳市人口继续保持增加，占全省人口比重提升到19.1%。目前我国人口总量仍然保持小幅增长，即便出现人口总量下降情况，可能会导致总需求减少，但中心城市人口规模仍然会继续增长，住房需求继续提升。深圳、广州年人口增长40万—50万人，按照人均40平方米的需求估算，每年需要新增1600万—2000万平方米的住房。

（二）人口跨城迁移带来人与住房关系重构

尽管农村向城市的城镇化速度正在放缓，但城市与城市之间的流动在增强。人口普查数据显示，2020年我国人户分离人口为4.93亿人，与2010年相比增长88.52%。其中，省内流动人口为1.17亿人，跨省流动人口为3.76亿人，与2010年相比分别增长192.66%和69.73%。

在种植业文明时期，人口与土地的关系高度捆绑，安土重迁。在制造业文明时代，人口与工厂的关系密切，一生居住在一个地方。但在服务业主导的时代，人口在城市内部的迁移变得非常频繁。家庭生产市场化、社会化，基于血缘的家庭关系被社会网络所替代，在服务业主导和交通基础设施完善下，人们拥有了更多的“居住自由”，择城而居、择邻而居。人们不再满足简单的“一生一居”，换房的频率变得更高。这就使总体意义（或平均意义）的住房供需关系失效，未来会出现部分房子无人问津，部分房子大热，不同城市住房市场会出现明显的分化。所以，观察判断房子是不是够住，不能简单用总人口和总住房存量来比较。

（三）家庭化流动方式变化导致住房需求增加

我国人口流动从短期的、临时性迁移变成长期性迁移，平均居留时长不断延长，长期居留意愿日益强烈。人口趋于家庭化流动，更多以已婚和家庭为单位，越来越大的比例是夫妻同时外出，且已婚流动家庭携子女外出，对居住品质和教育

等有更高的要求。

（四）家庭结构小型化导致住房需求更多

根据全国第七次人口普查，平均每个家庭户的人口为 2.62 人，比 10 年前减少 0.48 人。北京家庭户平均户规模从 2010 年的 2.45 人下降到 2.31 人，年轻人单身化趋势增强。家庭结构小型化是全世界共同的趋势，美国、日本的家庭规模数量都在降低。

家庭结构小型化的主要原因是结婚率下降、离婚率上升。2010—2019 年近十年间，我国人口的粗结婚率从 9.3% 下降至了 6.6%；粗离婚率也由 2% 上升至 3.4%，上升了 1.4 个百分点。

家庭结构小型化、人口单身化趋势显著，导致独居率提升。从其他发达国家的经验来看，随着单人户家庭将继续快速增加，到 2030 年我国将有 2 亿的独居人群，其中 20—39 岁群体将达到 7100 万，独居率超过 30%。独居意味着住房需求数量的增多，尤其是中小户型住房需求。

（五）人口老龄化、少子化矛盾显现

北京第七次人口普查数据显示：过去十年北京市常住人口年均增速为 1.1%，低于上一个十年 3.8% 的年均增长率，常住人口增速明显放缓；人口老龄化程度逐步加深，60 岁及以上人口占全市常住人口的比重为 19.6%，比 2010 年提高了 7.1%，高于全国 18.7% 的平均水平，在一线城市中，北京老龄人口占比仅次于上海；人口生育倾向下降，北京 2020 年户籍人口出生数创下十年来新低，相比 2019 年下降幅度约为 24.3%。人口老龄化、少子化程度加深，将进一步增加家庭养老负担和基本公共服务供给压力。

据分析，高房价是年轻人不结婚、不生育的主要因素之一。年轻人面对以房价为代表的生活成本以及社会财富分化加大的现实，不婚不育的倾向明显增加。“以购为主”的住房制度难以适应新的人口形势，日益高企的房价可能会加剧人口的问题。

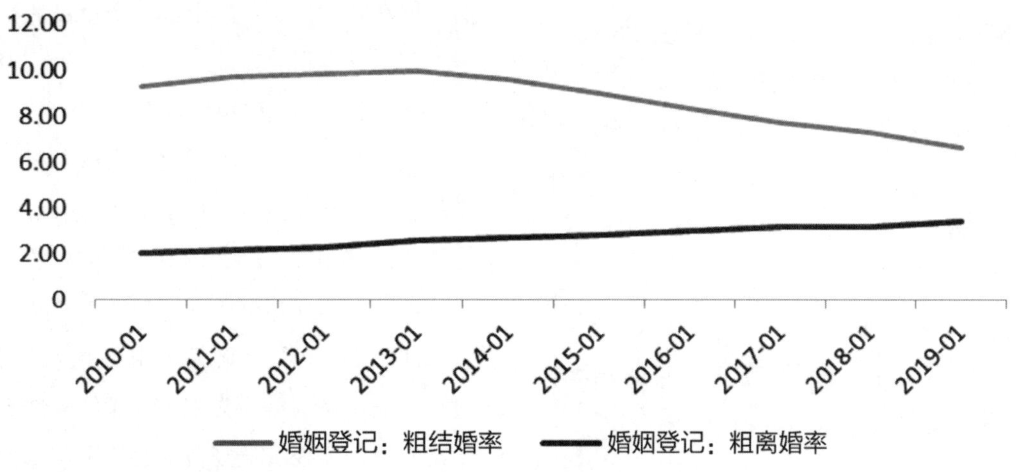

图附 1-37　我国近十年粗结婚率与粗离婚率变化趋势

数据来源：wind，贝壳研究院整理，其中粗结婚率、粗离婚率是指一年中每 1000 人的婚姻申报数量

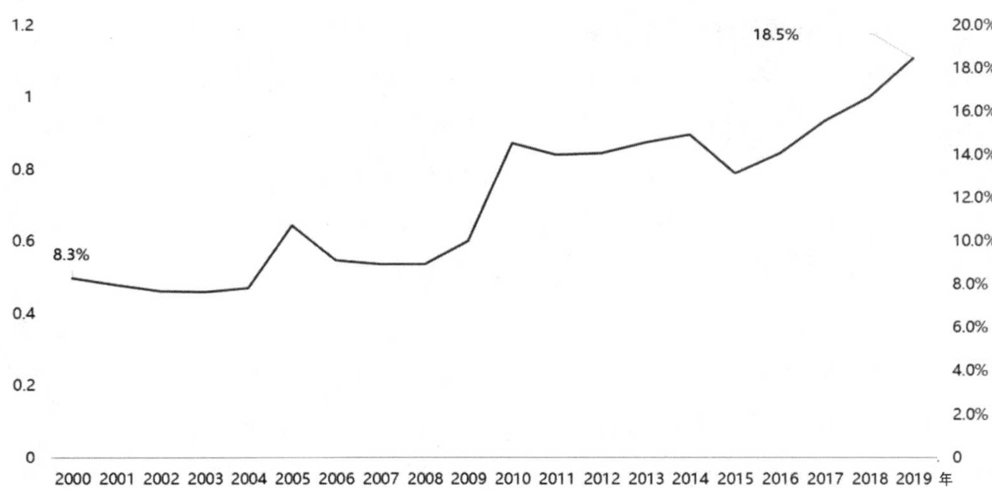

图附 1-38　2000—2019 年中国独居率走势

数据来源：国家统计局，贝壳研究院整理

比如，过高的房价将会抑制城镇化进程。由于大城市房价高且上涨快，新进入城市的外来群体越来越难以通过购房融入城市。国家统计局数据显示，重点城市外来人口，尤其是进城农民工的购房比例很低，购买商品住宅比例只有17.4%[①]。外来人口越来越难以长期在城市留居，导致城镇化质量放缓，2019 年全国城镇化率较上年增加 1.02%，比 2000—2010 年城镇化率年均增速放缓 0.36%。部分大城市出现人口流出现象，如北京 2016 年常住人口达峰后，连续 4 年常住人口总量下降，上海自 2014 年起常住人口增长停滞。考虑到人口出生率大幅下降，进城转移人口减少将是未来城市发展应关注的问题。

二、住房租赁需求进入改善新阶段

在人口城镇化的前半期，租赁主要是解决农民工在城市的容身之所，对居住品质的容忍度较高。但在新阶段，年轻群体、新市民的租赁住房需求正在发生质的提升。

（一）多样化的租赁需求

从人群分类上，不同收入人群对租赁住房的产品呈现差异化需求。低学历流动人群的收入能力无法达到租住一间房的要求，需要的是标准化的床位。城市无房低收入人口，具有本地户籍但收入能力低，需要保障性公租房。流动夹心层人口，以非户籍大学生为主，处于暂时性支付能力不足阶段，需要安全规范的合租和中低端整租。

① 数据来源：国家统计局发布《2018 年农民工监测调查报告》，由于 2019 年报告未披露农民工购房占比，此处使用 2018 年数据

城市户籍夹心层拥有本地户籍，包括毕业5—10年内大学生，收入水平相对较高，但在城市购房难，需要适合家庭居住的整租产品。有房改善型租房人口，为了子女上学，需要有更好地理位置、更好的租住品质的整租。

（二）高品质的租住空间

随着新生代租赁群体观念革新、个人收入增加以及生命周期推进，租赁消费升级大势所趋。对于租赁住房的需求将从基本刚需到“品质升级”，对于高品质的租住空间要求更高。租客对居所的需求不限于居住需求，安全需求、隐私需求、社交需求等逐渐衍生。居住安全性、舒适度、住所的设施及环境、公共空间设计等因素，都逐渐成了影响租客决策的重要因素。根据调研，超五成租客表示愿意为更好的地段、服务和室内环境，每月多支出1000元以上的租金。

表附1-15 租赁人口类型与需求特征

不同收入的人群划分	人口特征	租赁需求特征
有房改善型租房人口	有房家庭，子女上小学为主	具有更好地理位置、更好的租住品质的整租
城市户籍夹心层	拥有本地户籍； 毕业5—10年内大学生； 收入水平相对较高，但在城市购房难	适合家庭居住的整租
流动夹心层租房人口	非户籍大学生	以合租和中低端整租为主
城市无房低收入人口	低收入群体，有购房资质但无经济实力	保障性公租房
低学历流动人口	农民工为主	床位

数据来源：贝壳研究院调研

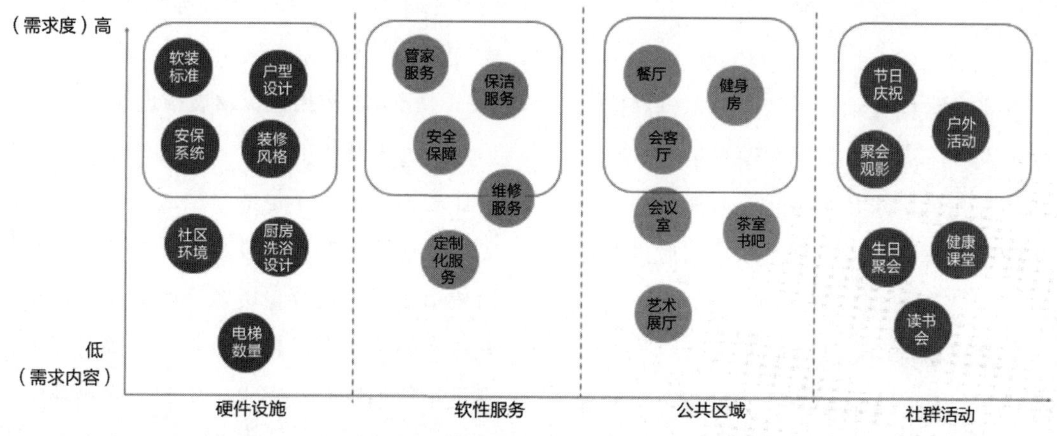

图附1-39 租客居住需求因素

（三）专业化的租赁服务

租客对租赁的专业化服务需求增加。租客对于邻里社交、管家服务、维修保洁等专业服务的日益凸显。维修保洁服务的及时性、邻里社交的群体同质性、居住空间的安全性、活动组织的拓展性以及管家服务是否周到，都是影响租客选择租赁房源的关键服务因素，决定了租客入住后的租住体验和到期后的续租率。

（四）均等化的公共资源

租房者需要更加长期、稳定的租赁关系，其居住的基本权利应当得到保障，不能遭到歧视性对待，不能因为租房而成为城市的“二等公民”。为了子女教育而买房，是租客不再续租的首要原因。依据调研数据，在租客选择租房而不是买房的决策影响条件中，租房能够解决子女教育问题的条件占比第一。关于教育需求对租客购房的影响，受教育程度较高的人往往对子女教育也有更高要求，进而拉动住房需求。因此，解决租客长期租赁的关键目标是，逐渐推动解决租客子女的教育权益，逐步实现机会平等。

三、推动住房租赁高质量发展面临的问题

人口普查的数据显示，尽管人口不再高速增长，但由于人口迁移流动、人口家庭结构的变化，我国大城市住房的需求从数量扩张到质量提升，租赁需求层次多样化，推动住房租赁高质量发展面临以下问题。

（一）住房租赁供给品质不足

一是供需结构错配。小户型、低租金房源数量少，大户型供给多、需求弱。以北京为例，一居室小户型在北京存量房源中的比例只有 25% 左右，45% 的房源为两居室，三居室以上供应比例达到 31% 左右。二是老旧小区地段位置好但居住品质差。当前北京市在租房源 30% 以上的楼龄超过 20 年，房屋厨卫设施、公共配套比较差、装修过时，房东没有改造装修的能力，甚至不及时履行维修义务；居住配套服务不足，租赁服务市场发展不充分，难以满足新市民对居住环境的社交性及安全性等要求。

（二）消费者需求存在大量痛点

一是租房人群在子女受教育权利的优先权上与购房人群存在较大的差异。二是租金不稳定，难以形成长期稳定预期。房东具有较强的市场定价权，甚至随意涨租金，不愿签订长期租约。大城市的新市民、年轻人等租赁住房需求的主力军普遍收入偏低，对于租金的敏感度较高，在房东涨租金下不得不频繁换租。三是租赁关系不稳定，租客合法权利得不到保护。在 C2C 的市场中，房东不向政府登记备案，不遵守租赁管理要求，利用自身强势地位，侵害租客利益，如随意涨租金、随意中断租约等，使租客被迫换租。此外，我国租赁住房大多是按照家庭居住需求设计的户型，在合租时，公共区域、噪声等经常引发租客之间的矛盾冲突得不到妥善解决，导致租客频繁更换。

（三）机构化租赁发展推进缓慢

从过去几年的实践看，机构化租赁是破解我国住房租赁供给不足的必由之路。租赁运营机构促进旧房改造升级，推动租赁行业标准化，规范租赁市场，调动存量资源，改善租赁市场供需错配。专业化运营机构提供更加准确可靠的信息，满足租赁消费升级需求，实现品质租住空间和租后服务，使租期更加稳定，租客体验更好。

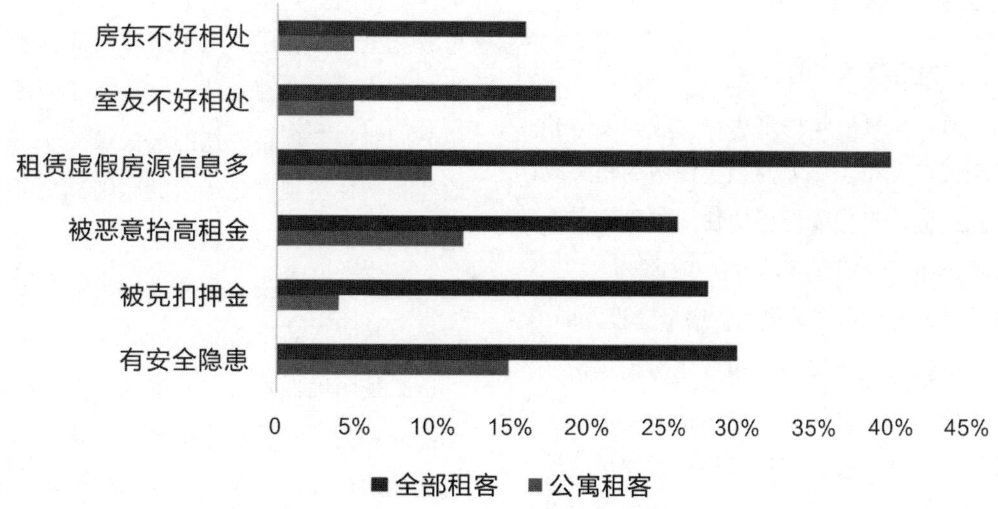

图附 1-40　租客的租住痛点

数据来源：贝壳研究院调研

当前机构化租赁发展陷入瓶颈：一是增量建设模式难以大规模复制。目前仅北京、上海少数城市少数地块开始探索大型社区的租赁住房建设，地方政府缺乏供地积极性。房企建设持有运营的增量模式，面临拿地成本高、运营成本高、投资回报低等问题，开发企业缺乏拿地积极性，项目推进缓慢。二是存量房机构化运营推进艰难。在投资收益、资金安全等方面普遍遇到较大的挑战，专业化机构运营商业模式未能跑通，反而在高速发展中暴露了一系列财务和运营风险。长租房商业模式难以具备大面积和可持续发展的潜力。

（四）长租房发展陷入瓶颈

长租房租金回报率过低与我国住房租赁政策缺失有关。一是住房租赁土地供应制度缺失，各地租赁土地出让缺乏约束，地方政府不愿意出让租赁用地，出让租赁用地的成本过高，集体建设用地出让方式交易成本高。二是住房租赁开发项目在规划、审批、建设、运营方面缺乏标准，原来商品房的标准无法适用租赁住房。与开发相配套的融资制度缺失，开发企业融资困难。既有商业办公类物业改造出租在采光、通风、消防、建筑面积、容积率等方面缺乏相应标准。三是存量住房租赁运营主体资质、房屋标准、租赁运营制度缺失，租赁住房运营企业缺乏可依的标准，房屋改造运营成本高。机构化住房租赁缺少必要的融资制度，融资困难。租赁企业税收负担比较重。四是租赁市场缺乏交易规范，不少私人房东和职业二房东不遵守合同约定，不履行修缮责任，随意损害承租人利益，不进行登记备案。以上这些制度的缺失，消费者不愿意将租房作为长期居住方式，开发商、运营商不愿意持续投入，市场始终难以破局。

四、国内外典型经验

（一）国内主要城市的做法

截至目前，已有广州、重庆、长沙、沈阳和厦门等多个城市发布了保障性租赁住房的相关政策或征求意见稿，对保障性租赁住房的供给、人员认定、租金和运营等方面进行初步探索。

一是多管齐下增加有效供给。增量建设方面，在土地出让流程中前置保障性租赁住房配建指标保障土地供应。大部分土地集中出让的城市，达到最高限价后，竞建设自持保障性租赁住房。沈阳市要求房企签订自持保障性租赁住房协议书，销售许可证原则上一次性确定全部明细和具体位置、面积，不动产权证书附注自持保障性租赁住房，自登记之日起至多少年内不得分割、销售和转让。广州市规定配建保障性住房的总建筑面积占年度商品住宅用地公开出让项目规划住宅总建筑面积的比例原则上不少于10%。重庆市提出了公益类事业单位投资建设保障性租赁住房的，土地采取划拨方式供应，企业利用自有土地建设保障性租赁住房的，用地可采用划拨方式供应，后续经批准转为市场租赁住房的，按规定返还土地出让金。对于保障性租赁住房的退出，长沙市、沈阳市要求保障性租赁住房运营不低于10年后可申请转向市场化，重庆要求保障性租赁住房的运营年限为10—15年，达到运营年限后可申请转化为市场租赁住房。

在存量改造上，重庆市坚持存量优先，以盘活改造存量公租房、安置房、老旧小区、工业厂房和商业用房为主，合理利用市场化租赁住房以及其他符合要求的房源。郑州市结合自身存量拆迁安置房较多的特点，引导租赁企业购买拆迁安置房的租赁权，再出租给新市民群体，未来三年计划筹集15万套房源，以利用存量为主。在改造存量物业方面，降低“非改租”项目最低申请单元。郑州市、厦门市规定改造的最低申请单元可放宽至独立楼层。南宁市将最低申请单元进一步放宽至“相对独立部分”。降低项目最低申请单元同时规定项目改造的最低规模，既可以满足改建租赁住房规模化运营的原则，又可以增加满足申请条件的物业数量与范围。减少对于“非改租”配套尤其是公共配套设施的强制要求，提高市场参与改造的积极性。

二是明确保障对象的准入标准。广州市明确保障对象为非户籍新市民和新就业大学生，企业自建住房优先向本单位无房职工供应；长沙市规定面向城镇无房常住人口供应，主要是非户籍常住人口和新落户的新就业大学生，配租对象不设收入线，但在辖区范围内无自有住房。其住房状况由个人诚信申报，由配租单位及时报区县（市）住房保障部门备案。重庆市对新市民群体做了界定，为城镇无房非户籍常住人口，以及在本市新落户且没有自有住房的外地来渝新就业大学生。几个城市重点保障人群为非户籍常住人口与新落户、新就业大学生。综合来看，这些城市对收入无限制，这将导致保障面过宽，保障能力不足。在审核方面，重庆市保障性租赁住房需采取“人”“房”分离的管理模式，申请人员需要提交户籍、住房证明等材料，明确入库人员的管理要求。对于保障对象的退出机制，目前各城市均未有明确的规定，这将会导致资源无法循环使用。

三是制定租金调节标准和方法。广州市和长沙市提出租金标准为同地段市场租赁住房标准的50%—70%。重庆市要求租金标准与市场租金衔接，由法定机构核定，属地政府相关职能部门予以明确，实行动态调整。租金标准为市场租金的60%—70%。沈阳市要求保障性租赁住房的租金不高于市场租金的70%。

四是明确项目的运营管理要求。目前主要城

市政策强调长期持有。重庆市提出保障性租赁住房必须整体确权，不得分拆确权、分拆转让、分拆抵押、分割销售；如需转让，必须整体转让且不得改变保障性租赁住房的性质和用途。在投入使用前，运营主体须向属地住建部门申报运营方案，包括分配方式、租金标准、物业管理及使用标准、使用和退出管理规定等，经属地政府审核同意后执行，并及时向社会公开。

（二）国际三大城市群的主要做法

从国际经验上看，美国东北部城市群、美国西海岸城市群、日本环东京城市群同样面临住房保障不充分的问题，但针对不同原因导致的住房困难，采取不同的措施。

美国两大城市群面临的问题主要是住房供给短缺，居住成本高企，主要采取降低行政审批成本、放宽规划和配套标准、增加低收入人群住房配建、拓宽保障性住房融资渠道、通过税收补贴等手段鼓励翻新和改扩建，以扩大住房供给。主要措施是：第一，对公共住房等特定住房工程的建设和实施提供资助；第二，减免税费支出，包括房地产税减免、出售住房的资本收益税减免、对自有住房居民抵押贷款利息抵扣个人所得税；第三，针对低收入家庭：租房券、低收入住房税收补贴、免税住房债券（附加首套房低利率抵押贷款）、公共住房、低收入者住房建造税收补贴。

日本面临的问题主要是存量住宅利用率低、空置情况严重，并且新房建设量增长缓慢。日本主要采取了加强公寓管理、提升存量住宅的运营效率、合理使用公共住宅、活化老旧街区等手段，增强对居民特别是老龄化人口的社区服务。主要举措是：第一，对低收入家庭租房、购房提供补贴，对公共住宅建设提供政策性住房贷款；第二，住宅贷款所得税、财产登记税、城市建设税等减免；第三，实施更加灵活的土地制度，例如交换、特借、借受、民赁等多种私有土地转为国民住房用地方式。

五、对北京市住房租赁工作的建议

北京市保障性租赁住房建设要符合北京的城市定位，紧扣北京市人口结构和区域分布的特点，为城市人口向质量、活力方向转型提供良好的住房保障。

（一）房源筹集上以存量为主，新建为辅

北京人口总量增速放缓、城市化率达到高峰，同时住房存量水平较高，套户比超过 1，表明住房保障主要不是住房数量不足的问题，而是结构不合理，应更多依靠存量资源。增量建设主要是为了满足那些工作相对稳定、居住相对集中的群体需求，而存量改造更能满足灵活就业群体经常换租的需求。具体政策建议是：第一，政府性机构与市场化运营机构合作，从市场上筹集低租金的居民闲置房源，按照最小必要改造原则对这些房源进行微改造，提供给保障人群。第二，加大“非改租”项目支持力度。提升中央财政支持住房租赁市场发展专项资金使用效率，对申请“非改租”的项目减免房产税，提供专项财政补贴。加大对申请“非改租”企业和项目的债权类融资支持，包括发放专项银行贷款以及公司信用债。第三，在位置便利的区位新建集中式小户型住房（30 平方米或以下）。引导乡镇、村集体经济组织通过市场公开选择建设主体，开放各区横向协调机制，鼓励集租房建设指标置换。鼓励商业银行等金融机构为符合条件的集体土地租赁住房项目提供专项贷款，推动集体土地租赁住房项目的资产证券化融资，加快推动保障性租赁住房 REITs 落地，引导保险资金和公积金有序进入。

（二）建立覆盖多元、进出有序的人员审核机制

为了吸引更多外来人才来京就业，将保障对象扩展至在京稳定就业的常住人群。设定合理并且动态调节的收入标准，设立上下限，一般覆盖20%—60%收入分位的群体，采取主动申报、机构审核、社会公示的机制。加快制定保障性租赁住房人群的审核、退出机制，通过智能门锁、人脸识别等方式建立与各相关部门的数据共享机制，保证资源最大限度地利用在真正有需要的人身上，避免保障性租赁住房沦为一种固化的“福利”。

（三）科学制定租金水平和动态调整机制

既要符合保障对象的支付能力，又要满足企业持续运行的需要。租金的确定要与地段位置相适应，不能搞“一刀切”，否则会形成区域冷热不均。保障性租赁住房的租金与市场租金相平行，保障性租赁住房的租金与市场租金差距不宜过大，否则会导致价格寻租套利，增加审核难度。应根据需求阶段性强弱，允许保障性租赁住房供给方上调租金水平，但原则上应低于同时期同地段同条件的市场租金价格。

（四）制定可持续的运营管理机制

保障性租赁住房可委托市场化机构托管运营，托管机构可通过政府特许经营、PPP、ROT、BOT等方式，将闲置空间资源改造成社区停车场、养老、托幼、医疗、助餐等公共服务设施，获得长期物业经营权。要建立专业化运营的服务流程标准，鼓励运营者建立线上化、公开化的信息平台，与城市公共管理服务部门相互衔接。政府或行业协会建立承租人权利保护机制，提升租后生活品质。

优化存量空间　提升首都功能首都城市更新政策瓶颈问题调查研究

北京城市规划学会

中共中央和北京市委关于制定国民经济和社会发展第 14 个五年规划和 2035 年远景目标的建议中均明确提出“实施城市更新行动”，2020 年中央经济工作会议将“实施城市更新行动”列为扩大内需的重要举措。随着北京进入以存量空间利用为主的发展阶段，首都城市更新自上而下的政策框架正在形成，而自下而上的瓶颈问题亟待总结。本次调研聚焦实践案例中的政策瓶颈问题，从生活空间、生产空间两个维度选取 20 余个典型案例，包括历史文化街区、老旧小区、老旧厂房、老旧楼宇、老产业园区等 5 种类型，以及央军属、市区属、企业及个人产权、集体产权等 5 种权属，查找分析瓶颈问题，从完善规划实施体系与加强多维统筹两大方面提出建议。

一、全面梳理存量空间，开展深入调研分析

（一）生活空间

待更新存量生活空间中，以历史文化街区（平房区）、老旧小区为主要类型。

历史文化街区——重点调研首创申请式退租改善居住条件的东城区雨儿胡同，多主体共建提升社区治理水平的西城区白塔会客厅，以非整院腾退引入新居民的前门东区共生院，城市副中心申请式腾退的通州区南大街 18 个半截胡同等 4 个案例。

老旧小区——重点调研引入社会资本实现“自我造血”的朝阳区劲松北小区，探索市场化租赁推动核心区职住平衡的西城区真武庙小区，推动“投资—改造—运营服务”（EPC+BOT）一体化招标的石景山区鲁谷六合园小区，居民自筹资金实施央产小区拆除重建的朝阳区北苑 2、3 号院，跨小区统筹旧改资源的大兴区枣园和三合南里，将旧改与区级公服统筹建设的通州区玉桥项目等 6 个案例。

（二）生产空间

待更新存量生产空间中，以老旧楼宇、老旧厂房、老产业园区为主要类型。全市存在大量老旧楼宇亟待更新，以首都功能核心区为例，未来老旧厂房、老产业园区的更新是北京需要面对的重要课题。

老旧楼宇——重点调研全市“一店一策”政策试点之一的赛特购物中心，社会主体主导商业改办公的万科时代中心·朝阳（原十里堡西单商场），长安街沿线第一个外立面改造获批的多业权楼宇招商局大厦，探索老旧楼宇基金化更新模式的新街高和等 4 个案例。

老旧厂房——重点调研转型文创园区的751D · PARK 时尚设计广场，转型科创园区的 768 创意产业园，转型公共空间及配套设施的城市绿心东亚铝业，核心区内央企自主更新的天宁 1 号，大规模更新的新首钢，多元主体共同参与更新的张家湾设计小镇铜牛地块等 6 个案例。

老产业园区——重点调研传统业态向创新业

态转型的中关村产业园区中关村e世界和北京经济技术开发区亦创智能机器人创新园等2个案例。

二、聚焦规划和土地政策，研提瓶颈问题与建议

通过调研发现，存量更新实践在功能活化、规模管控、主体权益保障、技术标准创新等规划土地政策领域存在部分瓶颈问题，亟待寻求政策创新，释放存量空间潜力。

（一）功能活化方面，建筑功能转变、用地功能兼容、多方式办理用地手续等政策有待细化

一是老旧楼宇在符合规划前提下，建筑功能变更手续办理不畅。如中关村e世界拟将原电子市场升级为中关村金融科技创新中心，在规划用地性质为其他商务用地（B29），包含贸易、咨询、服务等功能的情况下，仍需办理规划用途变更手续。建议研究建筑功能在符合规划用地性质前提下的灵活转换政策，细化相应审批流程。

二是为促进产业高质量发展，工业用地功能兼容的支持政策有待完善。如北京亦创智能机器人创新园在传统制造业向科技服务业转型中，实现了规划M1用地兼容科研创新、会议会展功能。但这一调整是在世界机器人大会驱动下，依托经开区特殊政策，通过多方合力实现的，推广复制的局限性较大。建议在工业厂房与园区更新中，结合区域发展定位，增强更新用地的规划兼容性，允许兼容一定比例的科研创新、生产配套设施、租赁型服务公寓和便民服务设施，明确配套政策细则。

三是工业用地改经营性用地缴纳土地出让金压力大。一次性缴纳土地出让金压力大，降低了更新主体的改造意愿。建议允许土地出让金通过转化为年租金或入股分红等方式分期补缴，帮助更新项目在短时间内投产、运营、盈利。

四是老旧厂房改文创五年过渡期后续政策保障不清晰。《关于保护利用老旧厂房拓展文化空间的指导意见》（京政办发〔2017〕53号）中五年过渡期政策期限将满，缺少后续政策支撑，厂区后续发展形势不明朗，更新改造动力下降。建议细化五年过渡期后续政策，允许过渡期满后以协议方式办理立项、规划建设、施工、消防安全、登记注册等手续。

（二）规模管控方面，总量管控下微增量精准投放等激励政策有待创新

一是老旧小区达到居住改善、设施补短板目标的建筑规模增量需求，未与全市减量目标形成机制统筹。对于综合整治类老旧小区，规定利用现状合法房屋补充配套设施不得新建扩建，降低了社会资本参与的积极性。对于危旧房改建类老旧小区，虽有政策提出为改善居住条件可适度增加规模，但实践中仍倾向按1∶1拆建比审批方案。如朝阳区光华里5、6号楼项目，为解危排险实施拆除重建，受规模减量限制，按照原规模重建，未能实现地块控规、补充公服短板。建议加快老旧小区补短板不计容政策的研究出台，通过区域统筹、居住类型统筹、跨项目统筹等方式，加强建筑规模的区域管控和整体平衡。

二是老旧厂房缺乏补充公服设施短板途径，加层建筑规模无法认定。如751D·PARK为提升园区步行环境，希望新建停车楼缓解停车问题，但其规模增量没有出口；768创意产业园容积率仅为0.52，整体用地不够集约，园区有新建、加建意向，但因程序走不通而放弃。建议允许老旧厂房闲置空间转变为公共服务设施和必要的商业设施，研究为城市提供公共空间的改造项目内部加层不计容的相关政策。

（三）主体权益保障方面，支撑资产更新的权属分割、主体变更、主体联合、权益认定政策

有待创新

一是平房院落及老旧小区的大量直管公房更新利用限制严格，制约社会资本投入。包括雨儿胡同在内的传统平房区房屋老旧问题严重，但由于直管公房占比最大、限制严格，无法吸引社会资本进入，需要政府不断投入维修，未能形成自我造血机制。此外，核心区控规将“租赁置换”作为老旧小区改造的重要手段，但西城区真武庙社区大量单位自管公房受政策制约，无法开展市场化租赁，存量资源价值未得到释放。建议研究公房经营权授权政策，如转化为由国企持有的长期租赁公寓，由市属公共租赁住房企业（如北京市保障房中心）与旧改企业联合成立项目公司，推进公房存量资源活化利用。

二是老旧小区改造中，政府公有资产使用权、运营权划转给社会企业存在制度障碍，影响社会资本参与改造的积极性。在以劲松北社区为代表的社会资本参与案例中，改造低效存量建筑出租获得经营性收益是平衡资金的主要方式。但实践中，社区内粮店、锅炉房、邮局等设施产权归房管局和单位所有，而运营权归居民所有，运营与利益分配存在矛盾。此外，很多归属政府或国企的设施使用权无法划转转租，或租期短、租金高，为社会资本参与运营带来困难。建议研究老旧小区配套设施、物业产权统一划转至街道和社区运营管理的政策机制，研究政府与国企所属存量资产使用权划转街道、对外租赁、用途回归、国有资产租期延长和“0租金”起步期等政策，为社会资本参与改造并获得持续收益创造条件。

三是老旧楼宇更新中，多业权楼宇需全体业主授权的要求制约更新进程。如朝阳区招商局大厦在申报外立面改造中，区规自分局要求全体业主授权。楼宇散售至15户业主，部分业主在海外难以回国，部分业主要求高额赔偿。为达成一致意见，投资方追加投资25亿元收购部分企业，项目报审时间延长至9个月。多主体楼宇经营效益一般低于单一主体楼宇，更新审批又面临重重困难。建议研究以三分之二业主表决代替需全体业主授权的审批政策，促进多主体楼宇转型增效。

（四）技术标准创新方面，适于更新项目的非标准化技术体系尚未形成

老旧小区、楼宇、厂房都存在建设年代早、建设配置标准低，绿化、停车、服务配套、消防避难等各项欠账短板多，用地空间紧张的情况，改造后难以满足现行标准规范。如劲松北社区更新中绿地设置要求与居民的人行道改造、地下停车场下挖需求存在矛盾；老旧厂房及楼宇普遍存在建设时期合规，而现在无法通过新消防标准验收的问题。建议研究出台适用于更新项目的非标准化技术规范体系，加强对园林绿化、日照、消防等重点方面的引导。

三、加强多维统筹，推动各部门协同施策

（一）规划统筹：释放“能、量、权”

通过各类规划和实施环节的统筹，破解“能”“量”“权”方面关键症结。“能”即建筑功能，要守住功能底线、做好功能混合、保持功能弹性、实现功能演进；“量”即建筑规模，要在总量管控的前提下，使用好容积率转移、补短板不计容、指标池统筹、微增量精准投放等政策措施；“权”即权益保障，要做好支撑部分资产更新的权属分割、多主体参与的主体变更、主体联合、权益认定等政策创新。因此，要重点加强城市更新的规划土地政策研究，畅通信息对接、优化合作机制，处理好各类政策衔接的关键节点，形成完善的后续保障机制。

（二）央地统筹：协调“都”与“城”

建立央地空间资产梳理整治和协同管理机制。针对中央政务办公用房规模不足、办公场所分散、占用重要文物情况普遍，非紧密型行政辅助服务功能的近期调整优化需求尚未明确，中央党政机关住房供需不平衡、职住不平衡、配套设施不完善，周边整体环境有待提升等问题，建议摸清可疏解腾退空间资源底账，结合行政辅助服务功能、企业及下属单位等所在位置、紧密程度等因素，提出疏解腾退清单。完善空间资源置换、腾退资源统筹利用的政策机制，结合重点文物腾退、街区保护更新及核心区外城市更新工作，统筹协调央属、军属产权单位配合地方政府做好单位资产清理整治工作。

建立央地协同、权责清晰的平房院落修缮与老旧小区改造工作机制。针对部分央产单位责任意识不强，中央财政、产权单位出资原则不明确，央产市区产混合小区难以同步改造等问题，建议加强高位协调，构建面向平房院落修缮与老旧小区改造重点项目的央地协同工作专班，建立资源疏解、置换、规划、实施、物业管理一体化的协作平台。明确央、军、地各级产权单位的出资原则、标准和义务，加大对央产平房院落维护修缮的资金保障力度，完善央产老旧小区更新维护的多渠道资金筹集机制。

（三）部门统筹：配套“财、税、金”

通过与发改、财政、金融等相关部门的统筹协作，加强更新实施的配套资金政策支撑，配套“财、税、金”。发挥财政直接补助的杠杆作用，发挥税费优惠对长期持有运营的支持作用，发挥基金、信贷、信托、保险等多渠道金融措施的支持作用。

历史文化街区须拓展多渠道资金来源，考虑“政府补贴 + 居民付费”的模式；老旧小区可通过住宅产权面积增量，激励居民自筹资金，降低财政负担，利用区位级差地租带来的住房资产持有或交易环节税收增益；老旧楼宇须补充购置及改造存量楼宇的金融信贷政策；老旧厂房与产业园区须加强土地保有环节的经济调节力度，制定差别化土地使用税征税政策等，积极拓展土地出让金入股分红等投融资支持政策。

（四）多元共治：协同“民、企、政”

要调动各方积极性，形成政府、市场、社会、公众合力，构建综合治理、协同治理、良性互动的城市更新健康生态系统。

一是搭建政府、居民、市场共建共治共享平台。坚持以居民需求为导向，完善利益协调机制，促进自上而下的政策传导与自下而上的需求主导有机结合，提高各主体参与城市更新的积极性。

二是明确与精简审批流程。如研究具体改造项目对应的报审处室，部门之间的联动行政机制，加快处理产权规模认定、工商证照办理等问题，提供补换发证照的绿色通道等推动更新。

三是强化基层政府统筹力度。坚持党建引领，充分发挥吹哨报到、接诉即办、责任规划师的制度作用，探索将城市更新纳入基层治理的有效方式。

四是统筹多主体同步实施机制。如研究楼宇地块内部公共空间与红线外道路空间一体化更新机制；统筹老旧小区改造中基础类、完善类、提升类实施时序，避免“反复拉链工程”成本上升、周期延长等情况。

北京市通用无障碍环境建设进入新阶段

清华同衡规划设计研究院　金安园

2022年北京冬奥会和冬残奥会的成功举办，沉淀下无与伦比的宝贵的奥运遗产，影响深远，北京市无障碍环境的提升成为典型样板和示范。无论理念还是规划、建设、改造与管理，在《北京市进一步促进无障碍环境建设2019—2021年行动方案》的指引下，北京市人居环境建设在通用包容、合理便利的无障碍提升工作方面卓有成效，代表着北京的通用无障碍环境建设进入新阶段。国际残奥委会无障碍专家伊莱亚娜·罗德里格斯评价，"让残疾人更加积极主动地融入社会，（在这方面）北京无疑给下一届冬残奥会的东道主设立了标杆"①。

北京市在我国无障碍环境建设中始终走在前列。在20世纪80年代起步，与欧美发达国家相比起步较晚，但发展速度较快。1985年，中国残疾人福利基金会、北京市残疾人协会和北京市建筑设计院共同举办了"残疾人与社会环境研讨会"，联合发出了"为残疾人创造便利的生活环境"的倡议，产生了很大的社会反响，树立了我国第一块倡导无障碍环境建设的里程碑。随后在社会各界的积极努力下，1989年，我国发布了《方便残疾人使用的城市道路和建筑物设计规范（试行）》，这是我国首次发布无障碍行业标准。到1990年，残疾人保障法、老年人权益保障法相继出台，其中对残疾人平等、充分参与社会生活，满足老年人的特殊需要，创造良好的无障碍环境、设施与条件，从法律角度提出了明确的规定。2004年，北京市领先全国，出台了第一部地方无障碍法规《北京市无障碍设施建设和管理条例》，这为北京市筹办2008年奥运会，全面开展无障碍环境建设奠定了法治基础。

2008年在北京成功举办的奥运会与残奥会，将全社会对无障碍发展的认识推到了新的高度。北京残奥会需要接纳肢体残疾、视力残疾、脑瘫等多种类别，不同残障级别的众多运动员，对参赛、办赛、观赛的无障碍保障提出了很高要求。在奥运筹备的8年中，北京市在城市无障碍设施建设方面投入10多亿元人民币，实施了14000多项无障碍改造工程，无障碍设施建设总量相当于过去20年的总和②。在此前奥运筹办历史上，国际奥委会和国际残奥委会还没有对主办城市正式提出无障碍建设标准，正是通过2008年北京奥运会和残奥会首次设立了奥运筹办的无障碍建设标准，这是对全球奥运事业发展做出的重要贡献。奥运带来的无障碍环境整体提升，在后奥运时代发挥了巨大作用，给城市生活注入了更多无

① 中国青年网，中国人的故事｜全国人大代表吕世明：无障碍环境建设应当纳入公共信用制度体系中 https://baijiahao.baidu.com/s?id=1726810364349293624&wfr=spider&for=pc

② 吕小泉，吕天天，《无障碍与现代奥运》，辽宁人民出版社，第3-4页，2019

障碍关爱，为全社会无障碍建设管理水平的提升创造了前所未有的良好氛围。2012 年，国务院颁布了《无障碍环境建设条例》，成为我国进一步强化无障碍建设的引领性法规。

2022 年北京冬奥会和冬残奥会需要实现北京、延庆、张家口三个赛区交通网络的快捷连通，要充分考虑复杂地形、严冬天气条件下各类新建、改建场馆的赛事需求和赛后利用，北京和张家口两个发展水平差异较大的城市要在接待、运行等各方面缩小差距、无缝衔接，涉奥相关场所、路线、服务要兑现申奥承诺，达到相关国际标准。为了能够保障所有参与者都能获得高质量的运动会体验，2022 年冬奥会的无障碍要求超出了 2008 年北京奥运会所面临的挑战。“改善城市无障碍环境”作为城市发展遗产内容之一，被写入北京冬奥会和冬残奥会遗产战略计划。

2021 年是北京市实施《北京市进一步促进无障碍环境建设 2019—2021 年行动方案》的最后一年。在三年的无障碍提升行动中，各方面开展了大量的无障碍设施普查、体检和改造工作，建立了重点地区无障碍设施数据库和改造台账。截至 2020 年 12 月底，全市整改 12 万余个点位，整改量是 2008 年奥运会的 8 倍，其中，城市道路注重消除断点，修复盲道 6000 余条，整改公交车、公交站台、地铁站、停车场 1 万余个。2021 年全年整改超 13 万个点位，重点解决无障碍设施不规范、不到位、不系统的问题，组织实施好交通、文化旅游场所、配套服务场所等场馆“红线”之外城市运行无障碍工作。[①]

2021 年，还是北京市无障碍法治建设取得重大进展的一年。伴随北京市“四个中心”战略定位的不断落实，人民群众平等参与社会生活意识的不断增强、重度老龄化社会的快速临近，北京无障碍环境供需状况已经发生了很大变化。为了更加切实解决无障碍环境建设领域突出问题，进一步推进北京无障碍环境建设，落实北京总体规划建设目标，2021 年 2 月，市人大常委会明确将 2004 版《北京市无障碍设施建设和管理条例》修订纳入年度立法工作，聚焦条例修订的重点与难点问题，集思广益，统筹条款优化内容。条例修订工作历时 8 个多月，历经初稿—征求意见稿—报审稿—审议稿 4 个阶段的完善修改，市领导召开 2 次专题会听取汇报，于 2021 年 11 月 1 日起正式施行。这次修订距这个全国第一部地方无障碍法规的颁布已经过去了十七年。新的修订工作和上位法规进行了衔接，补充了“无障碍信息交流”和“无障碍社会服务”相关内容，体现了当前无障碍环境建设发展新要求。

2021 年 5 月，北京市规划和自然资源委员会发布了北京市通用图集《无障碍设施》，这是适用于北京市一般房屋建筑工程的推荐性标准设计文件。图集的编制在全国范围内产生了重要的影响，成为全国建筑行业在无障碍设计技术方面的重要参考，其主要内容已经纳入 2022 年我国注册建筑师继续教育培训教材之中。

2021 年 6 月，在市政协十三届四次会议上，市政协社会和法制委员会提交了关于“建议加快无障碍建设步伐，促进首都治理现代化”的提案，被确定为 2022 年市领导领衔督办重点提案。提案将无障碍发展视为社会治理现代化能力提升的重要内容，提出了对标基本实现现代化，加快构建首都无障碍环境社会治理体系的设想。

① 北京日报客户端，https://baijiahao.baidu.com/s?id=1689688591114274767&wfr=spider&for=pc

2021年，北京市无障碍环境建设公众参与的机制创新迎来重要突破：在冬奥会和冬残奥会建设工期紧张、协调复杂的情况下，充分调动有关科研院所、设计机构、社会组织的积极性，产生广泛的辐射作用，形成集体智慧，针对相关部门和人员的无障碍理念和知识短板，编制了专门的教材和指南；通过建设无障碍专家工作组，设立残障人士监督体验员，高效发挥公众参与的效能，从设计源头抓起，对相关项目从设计到竣工验收开展全过程无障碍优化与监督。上述的机制创新，均形成了以冬奥会和冬残奥会办赛、参赛、观赛为主线的公众参与重要创新。

以清华大学无障碍发展研究院、北京建筑设计研究院等为代表的一批高水平研究、设计和智库机构都在北京诞生、成长和壮大，近几年开展完成了一系列无障碍优秀设计和科研项目，如北京2022年冬奥会和冬残奥会无障碍指南技术指标图册、清华大学校园无障碍专项规划、大兴国际机场无障碍系统设计、北京市残疾人职业康复和托养服务中心无障碍设计等。这些无障碍领域的高水平机构建设和成果直接助力了北京市无障碍发展的能力和水平。

本届冬奥会和冬残奥会还通过众多科技创新成果揭示了无障碍发展在“第五次产业革命”的内涵。如果说第四次产业革命也就是信息化革命，使我们的生活变得更加快捷，第五次产业革命则是智能科技和生命科技的革命，变革的目标将是使人有尊严地生存和发展。本届冬奥会和冬残奥会中智慧科技与生命科技为我国运动员取得优异成绩奠定了坚实基础，对北京市的科技创新发展有着重大意义。举例而言，清华大学智能与生物机械研究团队全面支持了从残奥冬季两项和残奥越野滑雪队员使用的滑雪架、残奥高山滑雪队员使用的座舱等设备的研发制造，考虑运动员姿态、发力方式等差异，“量身定制”各类器材并不断更新迭代。诸如此类的一大批科技成果在助残领域落地应用，从助力残疾人运动员训练、比赛的科学方案和服装器材，到遍布场馆的无障碍智能设备，科技的力量让冬残奥会更安全、更精彩，也让残疾人运动员和更多残障人士的生活更便利、人生更出彩。本届冬奥会和冬残奥会在信息无障碍方面的工作表明，“数字社会”“数字经济”“数字政府”的高速发展，会产生“数字鸿沟”“数字排斥”等重大问题。数字化、智慧化是促进公共服务和社会运行方式创新，驱动生产方式、生活方式和治理方式变革的主要方面，尤其是以新冠肺炎疫情为代表的重大公共卫生和社会冲击事件中，智能社会治理的能力和水平是影响未来发展的关键。在提供智慧便捷公共服务、建设智慧城市和乡村、构建新型数字生活场景的过程中，由于涉及人群广、内容应用多样、技术迭代速度快、个性需求差异大，“数字鸿沟”所带来的矛盾不断加剧。必须重视在数字化浪潮中，全方位地推动社会关爱行动，提升特定人群关爱服务水平，切实保障相关群体发展权利和机会。

人口老龄化、少子化问题将是北京未来发展过程中的长期问题，以“一老一小”为重点完善人口服务体系，促进人口长期均衡发展是长期战略。2021年北京市以无障碍治理为抓手，在“通用无障碍”的发展上进入了新的历史阶段，在无障碍理念提升、统筹协调、公众参与、全过程督导等机制建设，以及空间环境、志愿服务、信息无障碍等方面，不仅仅在人居环境方面得到了整体优化提升，还实现了发展战略层面的升华，体现了通用无障碍作为“全社会最大公约数”的战略理念。以冬奥会和冬残奥会的无障碍遗产为代表的重要工作，将会进一步地推动开发建设、城市更新、交通出行、公共服务、公众参与等各方面的有机衔接，以及在基层环境治理与社会服务方面各个部门的“吹哨报到”协同，突出满足“七有”“五性”的人民需求。

当前，全国人大将《无障碍环境建设法》列入立法研究工作。我国无障碍法治体系在加快上升和完善中，无障碍环境建设的通用性、体系性、全面性将会进一步加强。

2021 年是“十四五”开局之年。今天的无障碍已经远远超出了传统意义上的建筑设施领域，涉及科技研发、城乡建设、医疗卫生、教育培训、文化传播等各个方面。北京市在建设国际一流和谐宜居之都的进程中，面对新时代高质量发展的目标和建设社会主义现代化国家的战略部署，包括健康老龄化、儿童友好、共同富裕、乡村振兴等重大领域，无障碍必然是民生保障基本战略的重要组成，承载着社会公平正义诉求和对人的生命尊重与关怀。如今，通用无障碍环境已成为北京人居环境建设的底色，代表着无障碍发展的新阶段。

老旧商业改造建设标准化社区商业中心经验与启示

清华同衡国际城市发展及治理研究所规划师　刘心雨

标准化社区商业中心是具有一定规模，业态齐全、功能齐备，集约化程度较高，能够满足区域内及周边居民多样化、综合性生活消费和服务需求的商业形态。近年来，实体商业受到电商冲击陷入发展困境，旧商业体改造建设社区商业中心成为零售市场的新趋势。莱坊国际报告预测到2030年，中国将形成2万个以上的新社区，而我国社区商业占消费零售总额比例尚未达到国际水平，表明社区商业市场蕴藏着巨大潜力。

一、“标准化社区商业中心”概念来源与评价标准

2016年，商务部、民政部等五部委联合发布《关于推进电子商务进社区促进居民便利消费的意见》，明确应“着力提升社区商业信息化、标准化、规范化、集约化水平，推动社区商业创新发展模式”。为落实文件精神，中国社区商业工作委员会（以下简称“社商委”）自2018年起开始在全国开展“标准化社区商业中心”示范工程建设工作，提出建设“综合性、一站式、互联网+、环境美好”的标准化社区商业中心。

为引导标准化社区商业中心建设及为示范命名提供考评依据，社商委首先于2018年制定了《社区商业中心建设和经营管理规范》（以下简称《规范》），明确了标准化社区商业中心的基本功能要求、建设要求与经营管理要求。后于2019年出台《全国标准化社区商业中心示范项目自评标准》（以下简称《自评标准》），在“生活业态齐全、服务功能齐备”的基本要求以外，增加了“环境、运营管理、品质、互联网+”四个评价维度，鼓励企业探索突破，进一步提升社区商业中心服务水平。

二、各地利用存量商业改造建设“标准化社区商业中心”经验总结

对应《自评标准》中“环境、运营管理、品质、互联网+”四个评价维度，着重从改造后的社区商业中心如何促进社区文化建设、创新运营管理模式、提升商业项目品质和应用“互联网+”理念四个角度对各地经验进行归纳。

（一）定位社区生活中心，打造和睦邻里环境

社区商业中心不仅有其商业特质，也具有鲜明的社区属性。上海“国和1000”项目原为一家年代陈旧、运营不善的中型超市，于2016年开始由业主方杨浦商贸集团进行改造。2018年，改造完成的“国和1000”获评上海首家标准化社区商业中心示范项目。评审结果指出，该项目在营造邻里氛围、建设社区文化方面有突出贡献。

一方面，“国和1000”通过公共空间的打造和社区服务功能的引入，为居民交往互动创造理想空间。在空间设计上，“国和1000”将原本封闭的大尺度空间打开，打造多个出入口，同时大量留白和设置公共空间，形成便利、开放的空间环境。在业态布局上，“国和1000”在购物、餐饮等传统商业服务外，在其商场4层、近2000

表附 1-16　全国标准化社区商业中心示范项目自评标准

<table>
<tr><th rowspan="2">评价要求</th><th colspan="2">建设标准</th><th>自我评价</th></tr>
<tr><th>评价要点</th><th>评价内容</th><th>□是　□否</th></tr>
<tr><td rowspan="3">★
基本规范要求</td><td>生活业态齐全
服务功能齐备</td><td>满足居民日常需求的生活业态齐全，服务功能齐备，统一管理，集中布局，服务规范，环境优美。</td><td>□是　□否</td></tr>
<tr><td>一级
1000—3000平方米
必备业态齐全</td><td>蔬菜水果、生鲜食品、主食厨房、社区早餐、社区超市（便利店）、家政保洁、洗衣、缝纫裁剪、大众美发、综合修理、快递服务、电信服务、再生资源回收等。</td><td>□是　□否</td></tr>
<tr><td>二级以上
3000平方米以上
选择业态丰富</td><td>在必备业态基础上增加：餐饮、药店、健康养老、儿童教育、文化娱乐、专业店、专卖店、社区医院、银行等更多选择性业态。</td><td>□是　□否</td></tr>
<tr><td rowspan="2">★
环境</td><td>政府政策</td><td>社区商业为民生工程，得到当地政府、商务、民政主管部门、街道办和居委会等支持，有相关扶持和奖励政策。</td><td>□是　□否</td></tr>
<tr><td>文化建设</td><td>注重社区文化建设，经常性举办社区活动，促进邻里亲情文化回归。对老、幼、残等特殊人群有公益性便民服务措施。</td><td>□是　□否</td></tr>
<tr><td rowspan="3">★
运营管理</td><td>传统模式</td><td>传统零售和商业经营模式，管理规范，经营稳定。已开业经营 ____ 年，有较好的区域品牌影响力。</td><td>□有　□无</td></tr>
<tr><td>创新模式</td><td>有创新融合以及新业态、新零售，业态跨界等先进经营理念；有可持续盈利能力，有实力企业参股及资本投资等。</td><td>□是　□否</td></tr>
<tr><td>经营状况</td><td>年营业额 ________ 万元，年毛利率 ________%；经营状况良好。</td><td>□是　□否</td></tr>
<tr><td rowspan="3">★
品质</td><td>设计装修</td><td>设计标准：________ 元 / 平方米；装修标准：________ 元 / 平方米；环境现代时尚，舒适温馨，体现商业文化的挖掘与创意。</td><td>□高　□低</td></tr>
<tr><td>品牌发展</td><td>商家品牌：全国 ______ 家；当地区域 ______ 家；品牌化率 ______%；自身品牌有连锁加盟手册，或已实现品牌连锁发展。</td><td>□是　□否</td></tr>
<tr><td>食品安全</td><td>功能分区、蔬果生鲜食品实现可追溯体系、进货管理规范。</td><td>□是　□否</td></tr>
<tr><td rowspan="2">★
互联网 +</td><td>电子商务</td><td>能网上下单，1 公里范围内可实现店内商品配送服务等。</td><td>□有　□无</td></tr>
<tr><td>信息管理</td><td>商家统一联网、后台可实现大数据管理分析以及信息共享。</td><td>□有　□无</td></tr>
</table>

申报示范项目的单位须对所填报信息真实性负责，专家组考评通过后获示范命名。

平方米的空间内，与街道合作打造了睦邻空间，涵盖百姓舞台、图书阅览、公共厨房等，满足社区居民休闲与社交需求，成为连接项目与周边居民的情感纽带。

另一方面，“国和 1000”与所在社区形成稳定的合作机制，共谋社区文化建设与发展。商场运营主体积极与所属街道、居委会及其他社区组织对接融合，逐步形成了“共同组建一个微信工作群，形成一张睦邻活动安排表和定期开展会商务虚”的共建机制，携手打造社区睦邻文化。营业半年，“国和 1000”已开展各类社区活动 60 余场，活动也为商场引入了大量人流，为其成功运营奠定基础。

（二）创新业态组合，探索社区商业中心运营新模式

依据《规范》要求，标准化社区商业中心涵盖购物、餐饮、生活服务、休闲娱乐等多种业态。在此基础上，各地积极应用业态跨界、混搭等先进经营理念，丰富功能组合，创新社区商业中心运营模式。

改造后的社区商业中心引入多类功能，打造多元化、跨业态的综合服务模式。上海杨浦勤海社区商业中心由勤海菜市场改造而来，是殷行街道与新的经营方杨浦商贸集团合力打造的示范工程。项目将生鲜销售面积缩减到全部面积的 1/3，同时吸纳了花店、图书阅览室、儿童活动室、共享空间等多种业态形式。南京的“苏尚·扇骨里”邻里生活中心示范项目则在 3000 平方米的建筑面积内混合了 25 种居民刚需消费业态以及服务项目，还通过与街道合作，融入社区政务服务、警务服务、养老服务等服务形式，成为“政府功能生活化”的首次创新与尝试。

社区商业在转型升级中采取“千店千面”的运营策略，进行个性化、差异化的业态布局。北京超市发提出：零售是基于客需的组合题——应针对不同的商圈和客群特质，进行相应的空间与产品组合。北京超市发于 2018 年对三家店面进行整改，其中，学院路店获评示范项目。该项目针对周边高校学生客群，一方面在店面设计上采取了更加时尚、活泼、富有科技感的风格，另一方面在商品组合上增设了便利店、读书角及大量文创用品和创意小家电等。相较之下，整改后的超市发玉泉路店更加注重传统北京风味的营造，玲珑路店则选择以生活服务为重心，构建了“连而不锁、千店千面”的运营逻辑。

（三）提升场所与服务品质，塑造社区商业品牌标签

近年来，各地陆续涌现出一批颇具代表性的社区商业品牌。在品牌塑造的过程中，主要有以下两点做法。

一是依托“网红经济”，在社区商业中心改造与建设中形成高颜值、重体验的消费场景，打造富有记忆点的品牌特色。上海杨浦勤海社区商业中心经改造后以其时尚、明亮、温馨的设计风格，区别于“脏乱差”的传统市场，吸引了大量人流，并获评 2019 年“五星”标准化社区商业中心。苏州双塔菜场改造而成的双塔市集也凭借其分明的区域规划、清晰的动线设计以及富有江南特色的室内装饰成为新晋网红打卡地。南京“苏尚·扇骨里”邻里生活中心在空间设计中从生活艺术出发，融入扇文化、水文化，将消费过程塑造为特色鲜明的场景体验之旅，深入刻画用户记忆，凸显品牌特色。

二是加强质量管理，推动产品与服务供给能力及供给品质的提升，培养品牌信用度。各社区商业中心在改造中重视保障与提升生鲜零售业的产品品质。上海勤海社区商业中心在改造后转变了原本由个体经营户分别承包的经营方式，推行基地直供，统一从蔬菜基地以及知名生鲜品牌采购商品。西安长百烟火巷则大力发展食品溯源体系，加强品质保证。而绿地等大型商业地产集团凭借资本优势，实行社区商业产品、运营、物业一体化的高强度管控：一方面打造自营服务品牌矩阵，包括 G-Super 进口超市、G-Coffee 绿伴咖啡等，另一方面针对运营、物业甚至活动的每个环节进行深入管控，保质保量。

（四）落实“互联网 +”理念，将新一代信息技术融入社区商业管理与运营

随着“互联网 +”理念的风靡与信息技术的迅速发展，智能化、智慧化已成为社区商业发展的必然趋势，社区商业中心的改造与建设也积极引入数字技术。

建立数据汇集、管理与分析平台，实现商户信息化管理。西安长百烟火巷在改造后安装了大数据电子显示屏，实时显示客流量、交易数量及市场内产品的当日售价。市民也能够通过查询机看到每个商户的营业执照、所售产品的进货源头及农药监测的记录，消费过程更加安全可靠。杭州市香悦奥府社区商业中心则引进了先进的数据管理与分析平台，实现了基础信息综合管理、食品抽检信息综合管理、交易信息综合管理等，并可以基于大数据进行分析、展示和发布，实现社区商业中心的信息化统一管理。

融合新零售，打造数字化社区商业中心。零售行业已从传统的纯实体、后来的纯电商转变为现今线上与线下深度结合的新零售模式。各个社区商业中心也纷纷引入这一概念。深圳的盒马里・岁宝由传统零售岁宝百货与新零售弄潮儿盒马鲜生联手打造，将原本的传统超市岁宝百货改造为全国首个数字化购物中心。项目以盒马 APP 为基础架构，门店附近 3 公里内的用户，可以在线上实现盒马里内约 60 个商家 10 万种商品的一键下单，形成线上线下一体的运营模式。

三、对北京的启示与建议

一方面，北京应加快整合陈旧、低效的商业空间，改造建设标准化社区商业中心。目前，北京市标准化社区商业中心示范项目较少，应进一步盘点各社区属地的老旧商业资源，并鼓励业主方对照《规范》与《自评标准》进行改造，突破传统社区商业零散、低端的瓶颈，打造多功能、高品质的社区商业中心。

另一方面，北京应鼓励社区商业在改造中围绕《自评标准》，重点进行社区文化、运营管理、品质提升与技术应用四个方面的探索。支持社区商业与属地街道合作，将社区商业中心打造为社区生活中心、服务中心，并鼓励通过创新业态模式、提高品质标准以及引入智能技术等方式，进一步丰富、优化客群体验，切实提升社区商业服务品质。

稳步推进老旧小区物业管理全面转轨的政策建议

北京物业管理协会

2021年，北京物业管理协会就老旧小区物业管理问题征求了国管局、中直管理局、军队的意见，并调研听取了部分街道、社区和业主委员会（物管会）以及首开集团等国有企业的意见建议，研究提出了加快推进北京市老旧小区物业管理全面转轨的政策建议。

一、老旧小区物业管理现状

按照国办发〔2020〕23号文要求，2000年底前建成小区属于重点改造的老旧小区，但从物业管理的角度看，老旧小区主要是指住房实物分配体制下单位或政府建设的公有住房（房改房）。北京市公有住房按照产权归属可划分为央产房、军产房、市属和区属单位公房；按照管理方式可分为直管公房和单位自管公房。全市公有住房约1.4亿平方米200万套，90%多出售给个人，涉及居民约600万人。公有住房中直管公房1801万平方米，除978万平方米成套楼房已按房改政策出售给承租人外，剩余823万平方米仍由承租人使用，其中，成套楼房376万平方米，住户约5万户，平房、简易房、筒子楼等非成套住宅310万平方米，住户14万户。

《北京市物业管理条例》（以下简称《条例》）自2020年5月1日起施行以来，全市各方按照“三年行动计划”要求，积极推动实现“三率”，取得显著成果，物业服务覆盖率达到90.9%，老旧小区物业管理覆盖率也相应提高。如东城区东直门街道共有住宅小区71个，其中，商品房小区20个，军产小区2个，央产房小区4个，市属房产小区22个，区属小区9个，多产权小区11个，产权不明确的3个。《条例》实施前，有专业物业服务小区21个，失管老旧小区50个。街道在市区统一部署下，成立了工作专班，通过约谈产权单位、物业服务企业、组织吹哨会等方式，50个失管老旧小区中有41个小区实现了物业管理，4个小区实施准物业管理，5个小区仍无物业管理，物业管理覆盖率达到93%。成绩来之不易，但也存在问题，不具有可持续性。45个新实施管理的老旧小区只有7个小区建立了物业收费制度，而且收费标准低（1元左右）；其他小区均未建立收费制度，由原产权单位提供保安、保洁、垃圾清运等基本服务。

在落实物业管理“三年行动计划”中，老旧小区物业管理的矛盾和问题逐渐凸显，成为物业管理工作的难点和焦点。化解老旧小区物业管理难题，实现老旧小区物业管理全面转轨是垃圾分类和物业管理两个“关键小事”的关键，也是首都新时代物业管理长效机制建立的关键。

二、推动老旧小区物业管理社会化的探索

按照住房制度改革目标，公有住房后期管理要实行社会化，建立物业管理制度。近几年来机关企事业单位从不同角度出发进行积极探索，不同程度推动了老旧小区物业管理体制变革。

（一）市属国有企业非经营资产移交

在总结破产企业非经营资产移交经验的基础上，2007年市国资委按照整体移交、现状接收的原则，允许因破产、退出等形成的劣质市属国有企业将其自管公房移交首开集团（其合并的原房地集团），逐步向所有市属国有企业推开，并根据企业情况由财政和企业给予每建筑平方米350元补贴，用于维修改造、日常维护等。市属国有企业将非经营性资产及其配套设施的所有权和国有土地使用权、相关档案资料、公共维修资金和售房款余额全部完整移交至接收单位，由接收单位承担公有住房原产权单位职责，并负责物业管理。

（二）中央企业“三供一业”移交

为进一步深化国有企业改革，加快剥离国有企业办社会职能和解决历史遗留问题，2016年国家国资委和财政部在总结试点经验的基础上，全面实施国有企业职工家属区“三供一业”［供水、供电、供热（供气）及物业管理］分离移交工作，由地方国有企业接收。对于其中的物业管理分离移交问题，市属企业仍按非经营资产整体移交的办法执行，在京中央企业多选择了分项移交，即只移交物业管理责任，非经营性资产及其配套设施的所有权和国有土地使用权未划转市属接收单位，原产权单位责任并未实质移交。

（三）机关事业单位物业管理制度改革

2015年在京中央和国家机关事业单位推行了物业管理货币化和社会化改革，向在京中央和国家机关事业单位职工发放物业补贴，鼓励单位公有住房小区成立业主大会，选聘专业化物业服务企业管理，物业费由单位承担转变为职工个人承担。北京市按照与在京中央单位政策一致的原则实施了机关事业单位物业管理改革。

从上述改革探索看，机关事业单位虽然改变了物业管理缴费主体，但并未厘清与原产权单位的产权和管理关系。市属国有企业公有住房非经营资产移交属于原产权单位责任全部移交。中央企业“三供一业”移交只是物业管理的移交，公有住房小区配套设施的所有权和国有土地使用权以及相应责任并未移交，而且在移交中又引发了新的矛盾和问题。如市属国有企业北控物业接收了央企华电（北京）热电有限公司西城区广外街道家属区“三供一业”，由于业主缴费机制未能建立，去年物业公司因经营亏损开始撤管，造成多个小区失管。

三、老旧小区物业管理存在的问题

在落实《条例》、推进老旧小区物业管理中，主要存在以下问题：

（一）产权复杂，政策多样

老旧小区既有军产又有地方产；既有央产又有市产，既有机关事业单位产又有企业产，还有政府产，而且同一小区不同单位的多产权小区大量存在。军产、央产、市产住房和管理政策不同，机关事业单位和企业也不一致，企业中企业自管、非经营资产移交和“三供一业”也各有区别，增加了问题的复杂性和解决难度。如首开集团（含原房地集团）作为市属直管公房管理单位和国有企业非经营资产和“三供一业”承接平台，其在京项目约1716个面积约4781万平方米户数约55万户，包括直管公房、统管房、非经营性资产、三供一业、保障性住房、自管房、房改房、公租房等类型，其中，非经营性资产、直管公房、三供一业项目共计约1003个面积约1692万平方米户数约26万户；保障性住房、房改房、公租房、自管房、社会委托项目共计约598个面积约1707万平方米户数约20万户；统管房项目约5个面积约292万平方米户数约3万户。

（二）原产权单位职责不清，协调难度大

公有住房从房屋产权、设施设备、维修资金、基础资料等到小区业主身份都与原产权单位有千丝万缕的联系，原产权单位仍然负责公房出售、未售房租金收取和租赁管理，承担房屋大中修责任等。由于相关政策未明确原产权单位对公有住房物业管理的权利义务，而街道社区开展党建引领社区治理物业管理工作时又离不开原产权单位的支持配合，面对不同性质、不同级别的原产权单位，在没有政策支持的情况下，街道社区协调难度大，力不从心。

（三）业主缴费意识缺乏

按照公有住房出售政策，职工购买公有住房后，物业费一直由原产权单位负担。机关事业单位职工虽然发放了物业补贴，但受长期习惯影响，缴费率不高；企业职工不发补贴，物业费缴费抵触情绪更强。前述东直门街道 50 个老旧小区只有 7 个小区建立了收费制度。

（四）配套设施不足老化

老旧小区建设年代早，受规划等先天不足和后期管理不善等影响，物业管理用房缺失，配套设施设备陈旧老化，部分小区仅有的一些公共用房（如门房、设备间、地下室等）大多改变了规划用途，挪作他用，增加了小区专业化、常态化管理的难度和成本。

（五）街道、社区、业主组织开展工作面临困难

按照《条例》要求，物业管理工作下沉到基层，而街道、社区和业主组织指导协调老旧小区物业管理工作，面临政策不清、资料不全、能力不足等问题。主要表现为：一是老旧小区法规政策复杂多样，不统一，不系统，难以把握；二是小区维修资金欠账不足、账户分散，数据不准；三是无办公场所，设施设备等资料缺失；四是街道、社区以及业委会（物管会）多为新成员，存在业务能力、管理经验和主动作为意识不强等问题。

四、政策建议

按照《条例》要求，老旧小区物业管理的目标是纳入党建引领社区治理框架下的物业管理体系，建立党委领导、政府主导、居民自治、多方参与、协商共建、科技支撑的工作格局。为实现这一目标，建议按照中央与地方政策一致、分类实施、厘清责任、稳步推进的原则，逐步实现老旧小区从传统管理向新时代物业管理体系全面转轨。

（一）建立协调机制

建立市级老旧小区物业管理协调机制，市住建委、市发改委、市民政局、市财政局、市国资委、市规自委作为成员单位，国管局、中直管理局、军队等参加，市物业协会积极参与配合。市住房城乡建设委作为牵头部门，协调成员单位负责制定政策，确定工作方案，压实各类原产权单位责任，协调工作推进中重大事项。

（二）完善政策，加快立法

在市政府 2020 年立法计划适时提出项目第 6 项中，明确要求开展《关于城市公有房屋管理的若干规定（修订）》。建议结合立法工作，在《条例》的框架下，梳理各类公有住房相关管理政策，加快相关立法和配套政策的尽快出台，内容应包括缴费制度、原产权单位责任、补贴办法、维修资金、售房款使用、移交退出、后期管理等方面。

（三）厘清原产权单位责任，建立退出移交机制

按照老旧小区的性质不同，采取划定范围、分清责任、分步退出的方式逐步实现老旧小区物业管理社会化转轨。首先，确定原产权单位退出管理小区的范围，如涉及保密或与军队营房、高校校园不可分割等特殊老旧小区，原产权单位暂不宜退出；其次，确定社会化转轨顺序：市属单位先行，国管局、中直管理局、军队等分步推进，如中直管理局提出暂可采取原产权单位和社会化相结合的管理方式。

原产权单位退出老旧小区管理过程中需要做好几方面工作：一是提交老旧小区业主名册、房屋出售出租情况、权属资料、规划建设图纸等相关资料。二是核定专项维修资金筹集使用情况，补足欠账。三是核定房改售房款余额。四是查明物业用房以及其他配套用房、设施设备产权及使用情况。五是配合街道、社区和业主组织做好相关移交工作，并协助业主选聘物业服务企业，实现业主自主缴费。六是对于未售公房，可由原产权单位继续持有，负责办理职工承租和购房手续，并派代表参加小区业主组织；也可以将产权划转到区直管公房管理单位或其他国有企业，由其履行相关责任。

原产权单位移交退出的同时，街道、社区和业委会（物管会）组织业主依法选聘物业服务企业，考虑老旧小区规模小、相对分散、资源不足等特点，为了提高规模效应、降低成本，可以将一定区域内的不同小区划为同一物业管理区域，由一家物业服务企业统一管理。

（四）建立业主缴费制度

一是修订《北京市职工购买公有住宅楼房管理办法》（京政发〔1992〕35号，2007年市政府200号令修改）。该文第七条规定，职工购买住宅楼房电梯、高压水泵的运行、维护和更新费用，由售房单位承担。据此北京市曾制定了一系列政策，明确房改房的物业管理费用除保安、保洁外均由原产权单位承担。该条款与《条例》业主付费原则明显不符，亟须废除。二是推动建立老旧小区业主缴费制度，并制定实施计划。上海市从2012年开始采取每年适当提高收费标准的办法，经过3年实现了公有住房业主全额缴费目标。北京市可以借鉴上海做法，街道、社区、业主组织和原产权单位共同努力，采取一次性或分年到位的办法，实现业主缴费。三是通过宣传动员，培养老旧小区业主缴费意识。

（五）升级改造配套设施，推行管线及相关设施管理专业化

一是原产权单位退出前，应结合老旧小区综合改造有关政策，补齐短板，优化功能，提升环境。二是在总结老旧小区综合改造经验的基础上，将小区内公共区域供（排）水、供电、供气、供热等专业管线移交相关专业公司管理维护。三是参照“三供一业”和非经营资产移交政策，建立设施设备升级改造补贴制度，由财政和原产权单位按比例分摊。四是房改售房款有结余的，可首先用于补足专项维修资金，剩余部分纳入改造资金。五是通过组织业主共同决策，利用空闲场地增建停车位，安装充电设施，缓解老旧小区停车难问题。

（六）建立基层培训指导制度

可由市物业协会配合主管部门编制培训教材，组织讲师团，负责全市街道、社区、业委会（物管会）工作人员，以及其他业主的培训工作，加强《条例》和老旧小区有关政策宣讲，并指导推进老旧小区物业管理相关工作。

附录二

优秀案例

一、聚焦高质量发展　打造高品质住房

——燕保·百湾家园公共租赁住房项目

关键词：保障性住房　公共租赁住房项目　现代住宅

燕保·百湾家园公共租赁住房项目位于北京市朝阳区东四环、东五环之间，广渠路南侧，化二东侧路东侧。由北京保障房中心有限公司建设运营，国际著名建筑大师马岩松设计，拥有“北京最美公共租赁住房”的美誉。2021年获得中国土木工程詹天佑奖优秀住宅小区金奖。

该项目于2015年11月开工，占地8.44万平方米，总建筑面积47.33万平方米，共有住宅4000套，全部为公共租赁住房。项目三层以上主体结构全部采用装配式，预制率约为40%。室内采用装配式精装，租户可拎包入住。其中，项目2#、4#栋公共租赁住房作为“超低能耗”试验点，是针对北京地区气候特点进行的环保节能尝试，从材料、施工工艺、质量标准等方面考虑，为今后北京市推广超低能耗建筑技术积累了丰富的实践经验。

燕保·百湾家园项目以飘浮的“山水城市”为设计理念，通过建筑的高低错落，造型的起伏变化和师从自然的黑白景观环境，营造出大都市里的山水群落。街区内道路尺度得宜，旨在打造有厚度、有温度、有气度的人文宜居生活家园。配套商业沿中间纵向道路两侧布置，满足给社区住房保障家庭购物提供方便。在首层顶部的飘板层区域，设置屋顶花园、健身设施和公共活动区，营造多层次、立体化的园林景观，每个组团景观各有特色。

燕保·百湾家园项目是北京市住宅产业化工艺创新和品质提升方面的示范点，更是北京市委市政府在“租赁型社区”探索社会治理体系和治理能力改革创新的一块试验田。

图附2-1　立体园林景观

图附2-2　高低错落的建筑群

二、创理想生活家园　圆百姓安居梦想

——白各庄集体土地租赁住房项目

关键词：保障性住房　集体土地租赁住房

首创新城镇建设投资有限公司

白各庄集租房项目位于北京市平谷区大兴庄镇白各庄村，是北京市集体土地租赁住房十三个首批试点项目之一，已纳入保障性租赁住房，首批获得北京市《保障性租赁住房项目认定书》。该项目总用地规模为3.95万平方米，容积率2.1。

白各庄集租房是北京市属国企首创新城镇开发建设的7宗集租房项目之一。项目于2020年3月开工，将于2022年中竣工交付。作为保障性租赁住房重要一环的集体土地租赁住房，对扩大住房供给，缓解大城市住房问题，促进住房体系的完善有着深远意义。该项目具有五大设计创新探索。

规划设计上，强调内外有机联系。采用点式交错布局为主，争取土地的集约利用，营造良好居住区室外公共空间。建筑立面风格采用现代风格，与城市周边建筑协调融合。项目东侧的活力内街，创造了城市公共空间与私密居住空间之间的过渡，与城市形成开放、共享的空间关系。

公共配套上，丰富业态并提高配比。在满足《北京市居住公共服务设施配置指标》的基础上，增设室内共享图书馆、共享健身房、共享课堂、共享咖啡馆等共享公共空间，同时打造室外农夫集市、社区展览、微型农场等多元化的社区活动。

建筑设计上，全周期考量，多维度展开。户型设计上以55平方米一居室、80平方米两居室和100平方米三居室为主，多为两梯四户的板楼设计，与产权类住宅的居住体验相似。

景观设计上，基于科学分析打造全龄社区。采用环境行为心理学的理念与数理逻辑分析的方式推导设计，充分考虑项目后期运营与各年龄层居民的使用需求，营造利于交往的室外环境。

人文关怀上，通过居住政策与运营服务支撑可持续发展。在完善的规划与设计基础上，通过良好的居住政策与运营服务支撑租赁住户的生活体验。

图附2-3　鸟瞰效果图

图附2-4　社区配套活力内街效果图

三、构建美好租住生活 租赁社区大放异彩

——有巢国际公寓社区总部基地店项目

关键词：保障性住房 长租公寓项目 华润置地有限公司 平安不动产有限公司

有巢国际公寓社区总部基地店作为北京市集体土地租赁住房项目试点第一批公示项目之一，在 2018 年取得《北京市规划和国土资源管理委员会乡村建设规划条件》和用地批复后，由华润置地有限公司联合平安不动产有限公司共同开发，并由华润置地旗下长租公寓品牌有巢运营。

有巢国际公寓社区总部基地店包含 9 栋楼共计 2300 余间房，包括面积约 25 平方米的小开间和约 33 平方米的大开间，精装采用装配式精装，节能环保，隔音满足规范要求，整体也符合年轻人审美需求；园区内设置有潮流创想空间、艺术生活空间、社区剧场空间、健身娱乐空间和优享休闲空间等多个活动空间，为入住客户提供多元、新潮的生活。

此外，该项目交通便捷，配套完善：其位于北京市丰台区南四环和南五环之间，步行约 800 米可达大葆台地铁站，30 分钟内可达金融街、北京西站、西红门等重要商务区和聚集区，区域内还包含荟聚广场、花乡奥特莱斯以及丰台万达广场等多个商业综合体，充分满足生活需求。

有巢国际公寓社区总部基地店是目前丰台区规模最大的集租房项目，总用地规模共计 6 万余平方米。该项目创新地提出“巢范儿生活中心”生活理念，突出“巢范儿空间”“巢范儿社交”“巢范儿安全”“巢范儿运动”四大主题，并以项目现有的活力下沉广场作为核心，又利用运动跑道、室外篮球场、景观草坪等优势，打造“双核双轴多组团”多层次景观，将户外多功能公区与室内休闲文化区域相衔接，丰富的公共活动空间为入住客户带来全新的租住体验。

图附 2–5 社区鸟瞰图

图附 2–6 社区交通走廊

四、秉承“绿色办奥”理念　打造节能健康居所

——北京冬季奥运村人才公租房项目

关键词：保障性住房　公共租赁住房　装配式建筑　钢结构住宅

北京冬季奥运村人才公租房项目位于北京市朝阳区国家奥林匹克体育中心南侧，奥体中路以南、北辰东路南延段以西、内部九号路以东，二号路以北。规划总用地面积5.94公顷，总建筑面积约33万平方米，由20栋住宅组成，地上16层，地下3层。装配式钢结构采用钢框架—防屈曲钢板剪力墙结构，装配率50%，裙房及地下室部分为钢筋混凝土结构。为突出中国特色，采用仿四合院落设计，楼楼有园，户户有景。

北京冬季奥运村人才公租房项目作为2022年北京冬奥会的非竞赛类场馆，从设计到施工，在项目全过程实践“绿色”“科技”的冬奥会理念。本项目首次在居住建筑中大规模采用钢框架—防屈曲钢板剪力墙结构体系，并在设计中考虑了防屈曲钢板剪力墙在罕遇地震下的消能减震作用，大大提高了工程的结构抗震性能。针对常规钢结构的弱点，改善钢结构防火、隔声、减震等性能，打造了钢结构居住建筑升级完善版产品。结构体系塑造大跨度无墙建筑空间，墙体灵活布置，灵活可变，满足赛时赛后功能转换需求，减少拆改，适应各种户型布置的变化可能。突出体现了装配式建筑可持续性发展的亮点。项目首次在居住类装配式建筑中应用层间装配式复合外墙体系，实现装饰保温一体化和精确化快速安装。全过程BIM技术应用，有助于缩短建设周期。

该项目应用的技术体系和建设经验对钢结构住宅体系的推广应用具有重要意义。北京冬奥村首次大规模采用了“健康建筑”系统，按照健康建筑WELL金级认证标准建造，将高品质居住需求与钢结构住宅的发展结合，成为当前住宅建筑领域的新标杆。

图附 2-7　鸟瞰图

图附 2-8　立面实景照片

五、打造超低能耗建筑　引领未来发展趋势

——首开国樾天晟被动式住宅项目

关键词：商品住房　超低能耗建筑　被动式科技住宅　健康建筑

首开国樾天晟被动式住宅项目位于北京市密云区密云新城中部、水源路北侧，用地面积30464.52平方米，住宅和车库总建筑面积66413.75平方米，其中地上建筑面积35740.21平方米，地下建筑面积30673.54平方米，包括10栋住宅楼、2栋地下车库，地上4—6层，地下2—3层。获得三星级绿色建筑设计标识、美国LEED金级预认证、德国PHI预认证，北京市建筑长城杯金质奖，中国房地产精装创新奖等奖项，并于2019年被列为北京首个超低能耗社区示范项目。

首开国樾天晟被动式叠墅，以五大核心科技，赋能健康人居，分别为：一是高效围护结构保温；二是高性能外门窗；三是无热桥设计；四是气密性措施；五是新风热回收一体机。

项目采用了超低能耗建筑和德国被动房的技术要求，通过节能技术打造了低碳建筑，并采用了多项绿色技术，达到了节地、节能、节水、节材以及创造良好的室内环境的目的，从建筑的全寿命周期来综合考虑能够节约费用，具有较好的社会效益和环境效益。项目每年供暖能耗相比现行节能基准建筑二氧化碳排放减少11.9kg/m^2，超低能耗建筑区域总面积3.56万平方米，预计每年可减少400余吨二氧化碳排放量。按照超低能耗及德国被动房的技术标准与北京市现行节能标准相比对，项目3.56万平方米的超低能耗建筑区域预计每年能够节约供暖、空调及照明的运行费用约130万元，具有良好的经济和社会效益。

该项目售楼处于2020年8月建成投入使用，经过对售楼处样板间一年使用期间（2020年10月至2021年10月）实际用电量的监测，4个月供暖季的空调用电量为912.8度，单位用电量6.09度/平方米，单位建筑面积的采暖费用仅为3.29元/平方米。与传统的大市政锅炉采暖费用30元/平方米相比有较大幅度节约，充分证实了超低能耗技术的可行性。

图附2-9　入口处效果图

图附2-10　模型展示

六、探索城市理想生活　品质铸就更美生活

——北京金茂府项目

关键词：商品住房　适老性住宅　科技健康住宅

北京金茂府位于富有生机的三环石榴庄地区，是中国金茂首个战略转型落地项目。一平方公里范围内，将7块土地、8种城市功能，整合为步行可达都市街区空间，将墅区、教育、养老、医疗、公园、商业、街坊空间、轨道交通等理想生活必备要素，打造为千步多维都市生态圈，进而形成健康、绿色、可持续发展的城市生活机能体及城市修复、更新的崭新样本。北京金茂府以“因地制宜，健康舒适，低碳环保，全生命周期”的英国BREEM绿色评价体系为设计标准，是中国首个住宅设计绿色认证，是中国金茂旗下金茂府系产品项目中产品、配置、配套各方面的府系超越之作。

打造城市设计的新形象：用新现代主义来表达建筑的理性主义、功能主义以及逻辑性，从而诠释建筑的场所精神。立面秩序采用横显竖隐的水平线脚的收头，结合了层间防火隔离技术需求，立面的斜向壁柱经过数百次比例的精雕细琢，功能与秩序完美结合，大道至简。

对细节的不断追求：精心设计的198个居住细节，每一个空间都从人性化生活出发赋予其功能和作用，秉承以人为尊的空间礼序，以孝为先的全龄设计。从空间布局到每一个空间的处理、从适老适幼设计至前沿智慧系统，全面提升居住便捷度与舒适度。运用垂直分区、代际分层、社交厨房的设计理念，以空间影响居住行为，在最大化家人相聚交流空间的基础上，尊重每一个家庭成员的生活习惯，满足不同的居住需求。

引入科技与智慧：采用中国金茂12大科技系统：地源热泵系统、天棚毛细管网辐射系统、全置换新风系统、同层排水系统、隔声降噪系统、外围护保温体系、高效节能外窗及外遮阳体系、24小时户式热水、智能温控、智能家居，共同打造新时代人居生活典范。

图附2-11　鸟瞰图

图附2-12　室内效果图

七、幸福感的极小容器

——北京交道口极小住宅项目

关键词：商品住房　极小住宅

交道口极小住宅位于交道口头条，面积仅有25平方米，需要满足一家三口的日常使用，以及随时间推移可变的使用可能性。主体由南侧传统硬山顶建筑和北侧混凝土平顶建筑两部分组成，由北侧入户，原有通风采光窗仅南侧一处，考虑到东西两侧与邻居仅一墙之隔，在硬山顶与平顶处分别增设天窗，以满足基本采光与通风需求。

平面布置上由北向南依次是半开放厨房、干湿分离卫浴、多功能水吧台、客厅和活动区域兼具儿童房功能，夹层为主卧。其中空间内最主要的卫浴体块，不仅物理区隔开厨房与起居空间，更是通过半透明材质在空间内增加了层次。

客厅区域的下沉处理进一步增加层次的同时，为夹层增加了通过高度。

材质上以浅色木质和白色涂料为主，除去体块关系外尽量减少装饰，让空间留白，把工作重点更多地放在空间家具上。在以更加准确合理的尺寸把各项功能集成在只有正常经验一半的空间里时，还需要考虑它的合理性，不只体现在使用的便利性上，还有最核心的视觉美感以及随后对幸福场景的想象，它可以是厨房里忙碌身影旁高度刚刚合适的调料柜，可以是收起桌板的那方墙壁，也可以是床前案头映着月光的那本书。

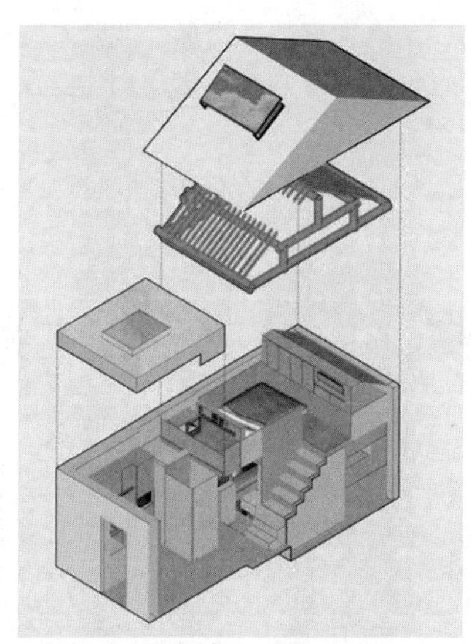

图附 2-13　模型分解图

图附 2-14　客厅实景图

图附 2-15　卧室实景图

八、ONE+ 街区生活体系　构筑美好街区生活

——北京壹街区项目

关键词：商品住房　健康住宅

北京壹街区择址万亿副中心，落位于“世界艺术宜居生活区”宋庄，是由金地集团打造的“3.0格林系”健康住宅新作品。该项目作为区域少有的 1.6—1.8 容积率纯粹低密洋房社区，依托世界街区 BLOCK 规划理念，以“ONE+ 街区生活体系”构筑美好街区生活。

“ONE+ 街区生活体系”包含“世界街区生活系统、低密洋房宜居系统、360° 花园度假园林系统、极光户型舒居系统、五心精装系统、金地健康家全维系统、TOP1 金地物业服务系统”七大系统，从社区规划到室内空间，从物理建筑到社区服务，构建富氧、艺术、丰盛、积极、精致、优雅的全维街区生活。

还原人与家庭的健康关系。在室内设计过程中，打造舒适宜居的环境，注重各空间互动设计，功能“分界线”的消失，“空间孤岛”被打破，自然、生活与亲情，伴随空间的打开而融合。

还原人与自然的健康关系。社区微环境改善模块通过微气候规划手段、植物微环境改造，并配置相应环境监测调节系统，以营造空气清新、温度宜人、湿度合适的景观环境。设计从人们的生活环境出发，通过社区环境的全维营造，实现对生命健康的关爱，让生活价值得到最大的尊重，还原人与自然的健康关系。

还原人与社区的健康关系。当绿意盎然的社区加入了人与人亲密相拥的温度，才能唤起我们对自然的感动。这里是孩子们的植物王国，是年轻人的健身所，是太太们的社交场，是老人们的静养花园，是宠物的撒欢儿乐园……

图附 2–16　项目示意图

图附 2–17　项目景观示意图

九、节能减碳，让品质生活落到实处

——大兴区北京新机场东航新基地项目

关键词：公共建筑　节能减碳

北京新机场东航新基地项目位于大兴国际机场北侧核心区内，新机场中轴线东侧。项目于2019年10月投入运行，总用地面积约5.84公顷，建筑规模23.36万平方米，包括03、05地块两个办公区（16.01万平方米）和一个职工生活区（7.35万平方米），近期常住人口1200人，未来将服务2000多人口，实现东航基地核心区职住平衡，打造环保低碳的步行生活圈。

项目建设单位即后期使用单位，在策划初期就将项目定位为三星级绿色建筑，立足于全周期绿色实践，从严格按照绿色建筑要点规划设计、引入全过程绿色咨询团队，再到后期绿色技术、设备的专业培训和运行，实现项目安全耐久、健康舒适、生活便利、资源节约和环境宜居的绿色理念，有效降低了运行能耗。绿色建筑实施成效需要有以下几方面。

明确绿色建筑星级目标，严控设计要点保障目标达成。为提高使用者的幸福感、获得感和安全感筑牢基础。

科技助力绿色低碳理念的实施。项目充分利用太阳能、地源热泵等可再生能源利用技术，有效降低了电耗、气耗消费。同时通过一系列节能设备的使用，降低了物业运营维护成本，使部分办公租户在租金方面受益，同时还提高了办公品质。

采用现代化建造模式促进建设、管理转型升级。项目设计、施工采用BIM技术，为后期运行管理提供了信息化基础。项目施工中严格控制建材消耗，降低了建材生产阶段的碳排放，对生态环境保护起到积极推动作用。

绿色运行关注使用者健康和宜居环境的营造。项目制定了《北京大兴国际机场东航基地能源管控方案》，设置了包括建筑能效管理系统等14项智能管理系统，将绿色环保理念在运行阶段接续传递。

图附2-18　项目实景图

图附2-19　地块综合办公楼屋面光伏

十、践行绿色低碳理念　打造城市办公典范

——北投投资大厦项目

关键词：商业建筑　绿色建筑　北投集团

北投投资大厦坐落于北京中轴线旁，据守集“人文、绿色、科技”于一体的奥体文化商务园区核心。南眺元大都城垣遗址公园，小月河蜿蜒流过，北瞰鸟巢、水立方等标志性建筑，西北紧邻冬奥村。建设用地约6040.7平方米，建筑面积约4256.86平方米。地铁10号线安贞门站和北土城站，快速接驳北三环、安定路等城市主干道。

北投投资大厦荣获国内绿建二星认证。采用古典与时尚相结合的新简约风格，造型轮廓整齐、庄严雄伟。简约大气的立面线条，蓬勃向上的挺拔姿态，北投投资大厦以国际化的前沿观，引领商务封面，成就奥体璀璨标识。建筑秉承健康、环保、节能的规划理念，从光照设计、水资源利用、建筑节能与室内空气质量等多方面，创造健康、舒适、节能生态的商务空间，打造绿色商务空间。LOW-E玻璃幕墙较大程度隔音降噪、保温隔热、防止紫外线等，让阳光深入办公室内部，营造生态、环保、节能的办公空间；30米高恢宏中庭：阳光从中庭倾泻而下，置身其中，感受更宽阔的视野；270°景观转角玻璃窗：充足的自然光线透窗而过，给在这里工作的人提供无限视觉享受；68.8米高空多功能厅：可做小型沙龙、发布会等场所，方便入住企业开展商务活动。

北投投资大厦，运用智能化系统集成管理平台（简称IBMS技术），依托先进的网络技术，将不同通信协议的智能化设备进行联通，从而实现楼宇内消防报警、能源管理、线路系统维护、智能照明等多个子系统的智能化管理，提高管理效率。秉承细心，坚守真心，极致用心。运用国际化标准管理，一站式服务，使人感受到“家”的温暖。

图附2-20　大厦外观

图附2-21　大厦中庭

十一、智慧更新促提升　社区旧貌换新颜

——老山东里北社区改造项目

关键词：城市更新　老旧小区改造　首开集团

老山东里、西里社区原系首钢集团产权房屋，建于20世纪90年代，占地面积29.25万平方米，建筑总面积43.33万平方米，共有90栋楼宇，367个单元门，80%为首钢离退休老职工，涉及产权单位多。因年代久远，小区设备设施破旧，公共管理陷入半瘫痪状态。在90年代末，职工入住后就没有单元楼门，居住安全问题一直是居民的难题痛点。首开集团所属首华物业公司接管老山项目后，迅速实施老山东里北社区综合改造工程。

作为“有机更新”改造的首个试点小区，首华物业实施了“10+1”改造工程，包括安装单元门禁、楼道粉刷、小区监控、楼内线路规整、更换楼道照明、道路修整、绿化整理、楼外立面一层粉刷、路灯恢复、室外飞线整理以及小区封闭停车管理。在小区居住20多年的居民由此终于过上了单元楼有门的日子。人站在门禁前，把脸对准摄像头，3秒钟后，系统显示“已识别”，单元门“啪嗒”一下打开了。2019年11月15日，社区最后四栋楼启动单元门禁，标志着“10+1”的改造工程全部完成。

老山东里北社区专门设立有机更新提升工作专班，由物业公司代表、政府部门代表、设计规划师代表、居民代表、社区居委会代表共五方组成，所有涉及老山东里北社区改造的议题，都得先由专班会议讨论。与此同时，居民们对社区改造有什么意见，也可以向专班成员反映。现在小区环境已经焕然一新，功能明显完善，颜值大大提升，居民幸福度飞速增长。

作为社区有机更新提升工作专班群众工作组成员之一的社区居民张玉荣说，“20年没变的环境，在今年变了样，如今这儿可是一个美丽社区”。老旧小区完成了“美丽蝶变”，社区居民都切身感受到了“幸福来敲门”的喜悦。

图附2-22　垃圾分类站点

图附2-23　王大爷（左）在物业人员的指导下，尝试用人脸识别开门　赵莹莹 摄

十二、创新楼宇新业态　开放服务新生态

——大红门服装商贸城改造升级项目

关键词：城市更新　老旧楼宇更新

大红门地区腾退产业空间改造提升项目位于丰台区大红门街道，四至范围为东至光彩路，西至马家堡东路，南至南四环，北至南三环。通过疏解腾退大红门服装商贸城、福海国际、天雅女装和新世纪服装商贸市场 4 家服装市场，腾退总建筑规模 43.94 万平方米，继而利用腾退空间进行改造提升，引入新型业态，实现大红门地区转型升级。

大红门服装商贸城作为首个腾退升级改造项目，计划将其打造成南中轴国际文化科技园，计划先期实施必要的公共区域改造及装修，包括重要立面改造、结构及机电系统等，其余部分由入驻企业根据自身特点，在《大红门地区存量市场建筑改造及建设改造导则》要求的范围内，自主承担改造装修。计划 2022 年 12 月底完成南中轴国际文化科技园一期（原大红门服装商贸城三期）升级改造工作。

整体按照“整体统筹、单元实施、主题特色”的转型思路，以大红门服装商贸城为先导，吸引头部企业入驻；构建创新生态，搭建专业化公共技术和服务平台，促进产业链协同发展；营造完善的生活配套设施和舒适的人文环境，把大红门服装商贸城建设成国际一流“文化 + 科技”新地标和数字经济新高地。

同时大红门服装商贸城吸引高精尖产业集聚，采用招商策略，吸引一批行业隐形冠军企业、国际总部及分支机构加速落地；建设专精特新企业加速器，前瞻性谋划布局一批依托新科技、引领新需求、创造新动力的未来产业。升级创新服务生态，按照“空间 + 投资 + 服务”模式，以合作空间为承载，一站式连接高水准科技创新集成服务体系，加快构建面向大红门地区及丰台全域的创新服务生态。

图附 2–24　改造前后对比图（左图改造前，右图改造后）

十三、原地改建新路径　彰显惠民新成效

——光明楼 17 号简易楼直管公房项目

关键词：城市更新　危旧楼房改建　京诚集团

光明楼 17 号简易楼位于北京市东城区龙潭街道光明楼小区，属于区属直管公房，涉及居民 29 户，占地面积 339.82 平方米，建筑面积 1007.1 平方米，户均建筑面积 28.63 平方米。该楼建于 20 世纪 60 年代，三层砖混结构，空斗砖墙体，存在上下水陈旧老化、私搭乱接电线、共用卫生间等问题。对光明楼 17 号简易楼实施改建迫在眉睫。

光明楼 17 号改建试点项目实施主体为区属国企京诚集团。项目充分尊重群众主体意愿，采取申请式方式实施，将“三个 100%”作为改建的前提条件。2020 年 8 月底实现居民 100% 同意改建；2021 年 1 月征得居民在实施方案、设计方案及物业管理方式方面 100% 同意；2021 年 3 月 21 日启动预签约工作，签约首日即实现 100% 签约。项目于 2021 年 7 月 5 日开工建设，力争 2022 年 9 月底实现全体居民回住新居。

提升居住安全性和宜居性。整体采用单元式格局，合理设置楼梯数量，减少公摊面积；每户增设独立厨房和卫生间，将非成套住宅改建为成套住宅；尽量保证居室南北通透，满足通风与采光需求；南侧卧室增加飘窗，创造舒适的居住体验。

延续特色地区街区风貌。建筑体量由三层提高为四层，与小区其他建筑层数保持一致；坡屋顶塑造其体量的完整性；建筑色彩提取现有建筑样貌；屋顶采用灰色瓦片，设置挑檐作为屋顶的延续，与周边建筑保持一致。

适度补充公服配套短板，建设配套公共服务设施。引入物业提升基层治理，通过居民作出同意后期引入物业管理的承诺，为今后引入统一物业管理奠定了群众基础。

北京市通过该试点项目，探索形成了一条危旧楼房改建的新路径，在改善民生和保护核心区历史风貌之间寻找平衡点，对今后核心区危旧楼房改建具有示范意义。

图附 2-25　简易楼现状图

图附 2-26　改造后效果图

十四、西单重装亮相　重燃城市活力

——西单更新场项目

关键词：城市更新　商业建筑　公共空间提升改造

西单更新场位于北京市西城区西单北大街180号，项目规模35375.05平方米。地铁一号线A口通往地上花园广场，B口可以直接进入地下商业区，地铁四号线F口则与A口打通，方便了更新场与周边商场的衔接。西单更新场是城市广场与地下商业空间结合的更新改造项目，是城市更新复杂矛盾下的一个小型项目实践，该项目于2016年12月28日开始建造，2021年4月27日完工，主持建筑师刘晓光，中国建筑科学研究院有限公司负责结构及机电工程，中国建筑科学研究院有限公司负责施工图设计。

该项目采取非商业建筑的设计方法，聚焦公共场所营造，通过打破地面的物理及概念界限，将公共领域与商业空间融为一体。隐身景观的设计借鉴了中国古典文化和场地历史的隐喻，形成兼具独特美感与文脉关联的再生城市景观。打破传统项目边界，用灵活的动线、大面积的玻璃幕墙和开阔的场地将室内空间和室外公园连接起来；塑造公共空间品质，破解地下商业空间的局限，将原有4层改造成3层，减少出租面积，提高公共空间面积；立足提高轨道连通度，从交通流线组织、站城融合功能完善、城市品质提升等方面对存里资源进行盘活；新增多处开口，优化商业综合体的轨道可达性。

主持建筑师刘晓光表示，更新场具有公共空间和商业空间的双重属性，在“桃花源”式的空间格局下，形成了更公共的、更绿色的、更艺术与多元、更沉浸体验的复合型空间。区别于以往的商业建筑，更新场正如它的名字一样，以一个“场”的身份进行空间策划和场所运营，有机融合公共空间与商业活动，做“不像商业的商业”。

图附2-27　更新场鸟瞰效果图

图附2-28　更新场某地下公共空间效果图

十五、城市变形记　塑造新“打卡”地

——望京小街更新项目

关键词：城市更新　传统商圈升级改造

望京是朝阳区的东大门，也是朝阳区重要的经济功能区和国际化、科技化、现代化建设的重要窗口。地区经济形成了以总部经济为核心、高新技术与现代服务业为支撑、文化创业产业为创新点的多元高质量产业格局。十多年前，这里汇集了曾经繁华的购物中心，但随着城市定位和周边业态的更新变化，小街的整体空间渐次老旧，办公楼宇业态不佳，商业层次与实际需求产生了错位，道路老化、停车混乱、交通拥堵和环境脏乱等问题日益凸显。

2020年初，在朝阳区政府的支持下，万科作为社会资本参与望京小街的改造提升工作。8月，望京小街重新亮相后，成为一条集办公、购物、休闲、生活于一体的富有设计感的国际化现代步行街，更承载起智慧科技、国际交往、文化艺术等多元属性，是朝阳在街区更新工作中的“样板”。

打造地标“望京之眼”和“凤舞游龙”，提升了街区环境品质；构建数字化智慧停车新生态，优化停车管理，释放地下空间和路侧停车资源，增加外摆管理，在望京街道成立专班进行快速响应；实施“共享停车”理念，建立停车资源数据库和信息共享平台，在实时监控及停车场动态数据分析的基础上，分配空置停车资源，实时发布临停空余车位信息；留住文化记忆，留住望京小街路名，保存城市的温度，望京坊也保持原有的花园记忆，命名为“Wangjing Garden”。

在进行街区更新的同时，商业也全面启动提档升级，全球特色餐饮品牌聚集，黑珍珠餐厅3家，汇集了keep、唱吧、每日优先等一批成长性好的独角兽企业。整个街区的原生代码发生了变化，成为了一个外向型街区。

图附2-29　望京小街改造后实景1

图附2-30　望京小街改造后实景2

十六、核心街区保护更新　推动老城焕发新生机

——皇城景山街区城市更新项目

关键词：城市更新　首都功能核心区平房（院落）更新

皇城景山街区城市更新项目紧邻北京内城中轴线，位于故宫博物院与景山公园的东北侧，总占地面积约 74 公顷，建筑面积约 52 万平方米。作为皇城文化精华区，孕育了皇城、寺庙、红色、建筑等“四大文化”。现存 4 处全国重点文保单位，5 处市级文保单位，2 处区级文保单位。

作为北京市首个社会资本参与的历史文化街区申请式退租及恢复性修建项目，北京市属国企——首开集团践行国企责任，设立首开东成公司作为项目实施主体。项目立足于街区单元整体，计划分四期开展保护更新工作。2020 年 10 月取得东城区政府正式授权后，于 2021 年 6 月、11 月先后已完成一、二期退租工作。

项目于 2021 年底完成《皇城景山街区保护更新综合实施方案（2021 年—2035 年）》的编制工作，全面梳理了街区历史沿革、文化传承、资源禀赋、保护要素、更新需求和实施路径，是实施项目恢复性修建及运营管理的上位规划。按照文化、金融、科技融合发展的思路，项目设定了构筑“一园、四街、五组团”的规划布局。将率先启动其中集中连片、较为成熟的 9 个院落更新改造，目前“一院一策”设计方案已基本稳定，未来将复制到整个街区之中。预期 2022 年底完成启动区院落修缮工作，2023 年 1 月实现亮相。

项目依托街区深厚的历史文化底蕴，注重文脉传承和城市更新的有机融合，将通过恢复性修建、保护性修缮，恢复院落和街巷传统风貌和格局，实现历史格局、街巷肌理、传统风貌、建筑形态、景观视廊、空间环境得到极大改善，同步织补功能、改善居住条件、提升街区活力，建立街区治理长效机制，促进优秀历史文化和现代生活的融合。

图附 2–31　街区范围示意图

图附 2–32　更新步骤示意图

十七、百年工业遗址华丽转身 战功赫赫到如今绿色再生

——首钢工业园更新项目

关键词：城市更新 公共建筑 工业遗址 产业园区更新改造

“新首钢高端产业综合服务区”（简称首钢园区）位于北京市石景山区中南部，是长安金轴的西部起点，西山永定河文化带的重要组成部分，也是新版北京城市总规重要的区域功能节点，是落实首都功能定位的重要支撑。

首钢园区分为北区、东南区、南区三个区域。北区：规划范围约 290 公顷，规划建筑规模约 182 万平方米。功能定位为传统工业绿色转型升级示范区、京西高端产业创新高地、后工业文化体育创意基地。东南区：定位为新首钢品质高端、功能复合、便捷高效的综合配套和生态宜居示范新区。南区：现状多为厂房，尚未启动建设，后续将按获批控规实施。

首钢老工业区坚守首都城市战略定位，打造新时代首都城市复兴新地标，跳出房地产开发的老路子，探索老工业区城市更新新路径，初步形成了有典型示范意义的“首钢模式”。

注重整体有机更新，实施整体性保护开发。强化整体风貌保护引导，创新性地提出“保留工业素颜值、织补提升棕颜值、生态建设绿颜值”整体风貌打造理念。率先实施“多规合一”，先后编制了多版控规，形成符合整体保护利用特点的规划体系。

借势冬奥全面提升城市综合承载能力。构建专业化、标准化、国际化的重大赛会保障指挥体系，吸引知名企业入驻办公。

注重实施方式创新，推进分区滚动开发。因地制宜推进分区分期滚动开发，按照“成熟一块、开发一块，做热一块、带动一块”的原则，确立了集中力量优先开发北区的分区分片滚动建设总体思路。

注重绿色低碳转型，强化生态环境治理。治理污染场地土壤，拓展绿色空间，推广绿色建筑，搭建智慧化管控平台，全面提升区域“绿颜值”。

图附 2-33 改造后的首钢滑雪大跳台

图附 2-34 改造后的西十筒仓

十八、水岸国际范儿　世界的亮马河

——亮马河更新项目

关键词：城市更新　环境治理

亮马河国际风情游自 2021 年正式通航以来，备受广大游客和各大媒体青睐，短短几个月时间已经成为了北京知名的网红打卡地，更入选首批国家级夜间文化旅游消费集聚区名单。项目位于北京市朝阳区，作为北京消费中心城市的主承载区，朝阳区积极打造“一核两带五片区”的商圈格局，其中亮马国际风情带即为“两带”之一，证明了该项目在朝阳区助力北京成为国际消费中心城市建设中的重要地位。城市因水而生、因水而兴，亮马河国际风情游承载文化交流、娱乐休闲、生态保护等诸多功能。

亮马河国际风情游建设过程中，朝阳区采用政府主导、政企联动、协同发展的工作模式，用创新打造的“共商、共治、共建、共管、共享、共赢”六共模式，有效联动周边相关管理单位与企业、亮马河两岸业态及周边居民，形成有效的联动机制，将亮马河从一条普通的城市河道变成如今的网红景区。

游客乘船在 45 分钟的时间内，通过一个主线故事，三大主题段落，十个创意光影点，用科技与创意让人移步异景地亲身感受到一场感官盛宴。让“轻舟夜赏亮马河”成为来北京旅游的一张新名片。

2022 年的亮马河国际风情游增加了日间游览项目，在白天游客可在游船行进中直观感受到祖国经济与商业发展的清晰脉络，形成与夜游亮马河完全不同的视觉感官体验。同时，游客可在游船上体验到更有品质感、定制化与更个性化的服务，亮马河国际风情游必将为游客带来更大惊喜。亮马河历史悠久，过去水草丰美，风景如画。作为首批国家级夜间文旅消费集聚区与北京知名的网红打卡地，是北京最具特色的国际风情水岸代表。

图附 2–35　亮马河实景照片 1

图附 2–36　亮马河实景照片 2

十九、银企合作开创换租模式　实现老城有机持续更新

——菜西片区更新项目

关键词：金融产品　银企合作　换租模式

菜西片区位于北京市西城区菜市口西南侧，范围约6.5公顷，隶属于北京老城十三个文化精华区“宣西—法源寺精华区”。2019年5月28日，北京市西城区政府发函授权北京金恒丰城市资产运营管理有限公司开展菜市口西片区的“申请式退租”和“恢复性修建”等工作。由于整院改造提升难，院落租赁价值发生“缩水”，升级改造资金不足，装修改造、运营资金存在一定缺口，以上问题成为了金恒丰实施核心区城市更新道路上的绊脚石。2021年6月22日，建信住房北京公司与北京金恒丰城市更新资产运营管理有限公司签署《菜市口西片老城保护和城市更新项目房屋租赁院落合作协议书》，协议的成功签署标志着北京市第一个银企合作实现老城有机持续更新项目落地，解决了金恒丰迫在眉睫的需求。

建设银行北京市分行协同建信住房北京公司创新“申请式换租”模式，通过平移置换，为菜市口西培育胡同16号共生院中的唯一未腾退住户提供同片区的免费平移房源。建信住房北京公司收持平移后的房屋享有20年租赁权，并每三年进行一次租金趸付，以长租解决原住户的安居难题。建信住房北京公司与金恒丰切实从原住户的需求出发，发挥各自在住房租赁、房屋腾退领域的优势，以保留未来腾退房屋租赁权即“人走权留”为前提，采取一定期限内向住户提供免费平移房源或支付自行租房租金的方式，通过租赁置换促成“共生院”原住户的平移腾退。

建设银行与金恒丰在菜市口西片区的深化合作，利用“建行生活”本地生活服务一条龙的优势，整合片区商户资源并进驻平台，为租户群体提供生活便利。建设银行以资源整合者的身份，通过资金赋能、住房租赁、建行生活在核心城区搭建生态圈，以新金融助力实现百姓对美好生活的向往。

图附2-37　改造前

图附2-38　改造后

二十、创新架构模式　填补市场空白　疏通资金梗阻　保障房源供给

关键词：金融产业　银企合作

2022 年 4 月 20 日，建设银行北京分行成功为北京首都开发股份有限公司发行 2022 年第一期自持住房租赁资产支持票据业务“飞驰—林语第一期类 REITs”9 亿元。该笔业务为全国银行间首笔住房租赁股权类 REITs 产品，为 1355 套长租公寓提供了创新资产盘活路径。该产品整体方案由建设银行独立设计，产品由建设银行独家承销，在产品特点、产品期限及产品架构方面，开创了住房租赁领域和国内资产证券化领域的先河，是建设银行在国内住房租赁资产证券化领域的重要创新。

2021 年 2 月 9 日，建设银行北京分行与北京首都开发控股（集团）有限公司签署战略合作协议，给予首开集团“住房租赁 + 城市更新”领域意向性授信 1000 亿元，为首开集团在“十四五”期间提供专项额度用于城市更新、老旧小区综合整治、保障房租赁房建设、存量资产盘活提效等相关领域，并共同组建专班、推动城市更新项目落地实施。其间，建设银行统筹协调北京市金融资源，整合行内各部门以及建信住房公司协同推进，历经 1 年时间，飞驰—林语第一期类 REITs 最终顺利完成第一期发行工作，该项目的发行支持了北京市大兴区旧宫镇 06、07 地块熙悦林语项目等五个一、二线城市普通商品房配建 15%—70% 不等的自持住宅项目，以及北京市顺义区牛栏山一个一线城市集体土地建设保障性租赁住房项目，保障了一、二线普通租赁住房及保障性租赁住房房源的供给。

该项目的发行期限为 15 年，创新地采用了股权转让及资产化盘活架构模式，为市场首创，同时嵌入强 AAA 信用，填补了市场长期高评级资产的投资空白，为投资市场提供了优质的“压舱石”资产。产品的设计有效盘活了客户存量住房租赁资产，有力解决了住房租赁企业市场“融资难、资金压占”的痛点难点，同时股权类产品为企业新增了权益性资金，优化了资产负债结构，获得了企业的高度认可，为企业存量住房租赁资产的盘活提供了新的解决路径。

图附 2–39　北京市大兴区旧宫镇熙悦林语项目

附录三

附表

附表 3-1　2021 年北京市各街乡镇租金情况表（1—6 月）

元 / 月 · 平方米

区	街道	1 月平均租金	2 月平均租金	3 月平均租金	4 月平均租金	5 月平均租金	6 月平均租金
昌平区	回龙观街道	81.0	76.5	81.6	83.2	81.8	84.2
昌平区	霍营街道	70.2	66.0	70.8	72.5	73.4	76.7
昌平区	龙泽园街道	69.3	67.0	69.5	74.8	73.9	72.9
昌平区	天通苑南街道	64.6	72.8	66.6	73.1	73.3	73.7
昌平区	北七家镇	42.7	40.6	44.5	45.4	44.4	44.3
昌平区	城北街道	52.0	46.4	49.3	50.2	52.7	51.9
昌平区	沙河地区（镇）	54.8	54.7	57.1	51.2	56.7	57.9
昌平区	天通苑北街道	54.3	54.7	58.7	61.8	59.9	62.7
昌平区	史各庄街道	0	0	76.0	0	74.6	79.2
昌平区	南邵镇	0	0	61.0	63.3	55.0	50.8
朝阳区	安贞街道	117.2	119.8	123.4	125.9	85.28	131.3
朝阳区	奥运村街道	82.5	89.6	91.1	95.9	60.43	97.5
朝阳区	八里庄街道	93.0	90.0	94.2	94.8	128.9	101.4
朝阳区	常营地区（回族乡）	80.5	75.7	78.9	83.4	99.3	85.8
朝阳区	朝外街道	120.1	112.0	126.4	132.0	100.0	131.6
朝阳区	大屯街道	83.8	97.6	100.8	104.2	83.7	108.3
朝阳区	东湖街道	100.3	104.9	103.8	107.5	134.0	115.1
朝阳区	垡头街道	65.7	70.3	70.5	70.8	109.7	69.6
朝阳区	高碑店地区（乡）	84.8	89.3	99.1	112.6	109.1	108.7
朝阳区	管庄地区（乡）	70.5	63.1	72.4	70.9	73.3	78.2
朝阳区	和平街街道	109.6	107.6	113.7	115.6	108.9	119.8
朝阳区	将台地区（乡）	111.9	106.5	113.2	114.2	72.4	115.9
朝阳区	劲松街道	95.7	90.4	99.7	105.7	115.5	106.8
朝阳区	来广营地区（乡）	79.7	84.7	88.0	90.6	114.0	94.3
朝阳区	六里屯街道	98.9	103.1	104.6	107.8	107.7	111.5
朝阳区	南磨房地区（乡）	83.1	80.5	86.9	89.6	91.3	94.5
朝阳区	潘家园街道	91.1	84.2	92.7	96.2	110.8	98.5
朝阳区	平房地区（乡）	88.0	80.9	87.1	91.3	90.9	90.4
朝阳区	三间房地区（乡）	72.5	71.7	76.0	76.5	100.5	81.1
朝阳区	双井街道	106.3	109.0	107.6	110.7	90.7	115.4

（续附表 3-1）

区	街道	1月平均租金	2月平均租金	3月平均租金	4月平均租金	5月平均租金	6月平均租金
朝阳区	太阳宫地区（乡）	113.7	101.4	111.6	117.4	116.8	121.9
朝阳区	望京街道	98.8	102.6	103.8	106.8	109.1	112.7
朝阳区	小关街道	98.4	109.7	108.9	109.1	117.6	116.0
朝阳区	左家庄街道	117.9	112.2	112.9	122.5	124.7	126.5
朝阳区	呼家楼街道	118.0	112.2	122.0	123.9	127.5	127.4
朝阳区	酒仙桥街道	110.8	92.6	106.4	112.5	113.0	119.1
朝阳区	十八里店地区（乡）	91.2	89.3	87.0	89.6	85.6	94.1
朝阳区	香河园街道	104.3	108.4	108.9	113.7	118.6	115.8
朝阳区	亚运村街道	105.4	105.4	112.4	114.3	118.4	118.4
朝阳区	东坝地区（乡）	65.1	65.7	66.0	70.2	72.2	72.9
朝阳区	东风地区（乡）	83.7	80.5	89.8	98.8	90.7	93.9
朝阳区	建外街道	108.8	109.7	119.3	109.9	121.6	117.4
朝阳区	麦子店街道	116.4	114.6	118.1	118.6	119.5	129.9
朝阳区	三里屯街道	125.6	113.7	130.5	129.1	129.0	129.8
朝阳区	团结湖街道	116.0	110.2	114.5	111.0	121.3	119.5
朝阳区	小红门地区（乡）	79.0	0.0	78.6	80.1	80.5	75.4
朝阳区	豆各庄地区（乡）	60.3	0.0	63.9	71.9	83.8	73.6
朝阳区	首都机场街道	66.8	0.0	62.8	0	0	65.5
朝阳区	王四营地区（乡）	79.5	76.3	82.2	80.2	81.4	84.1
大兴区	荣华街道	71.2	73.5	80.0	73.0	75.8	76.6
大兴区	高米店街道	57.6	52.7	57.0	58.3	57.0	57.5
大兴区	观音寺街道	42.0	40.3	39.7	40.9	42.6	42.6
大兴区	旧宫地区（镇）	53.0	53.6	55.0	55.2	57.9	58.0
大兴区	清源街道	53.6	47.4	51.4	52.3	53.4	55.9
大兴区	西红门地区（镇）	54.1	53.4	52.4	53.7	58.0	56.5
大兴区	兴丰街道	47.3	48.7	50.0	49.5	53.5	53.2
大兴区	林校路街道	48.4	0	51.9	54.2	57.7	58.0
大兴区	天宫院街道	49.7	0	46.3	50.5	51.6	50.9
大兴区	瀛海地区（镇）	0	0	47.6	48.2	45.2	49.8
大兴区	黄村地区（镇）	0	0	37.4	36.9	38.1	34.5
大兴区	采育镇	0	0	0	0	0	0
东城区	和平里街道	117.8	116.3	119.8	120.5	124.8	125.9
东城区	永定门外街道	82.4	84.9	85.7	91.2	93.5	100.7
东城区	崇文门外街道	116.9	111.2	111.5	116.4	118.5	115.0

（续附表 3-1）

区	街道	1 月平均租金	2 月平均租金	3 月平均租金	4 月平均租金	5 月平均租金	6 月平均租金
东城区	东花市街道	95.0	96.8	99.6	101.3	99.0	106.2
东城区	东直门街道	124.5	126.3	126.7	128.2	133.3	133.8
东城区	龙潭街道	93.8	101.9	102.0	100.4	105.7	104.5
东城区	北新桥街道	119.1	0	109.4	133.2	126.0	125.8
东城区	朝阳门街道	0	0	124.6	122.3	132.3	129.5
东城区	东华门街道	138.0	0	143.0	138.2	137.2	141.4
东城区	东四街道	131.0	0	126.1	0.0	142.2	139.4
东城区	天坛街道	0	0	96.5	87.9	101.9	105.4
东城区	建国门街道	0	0	128.8	129.1	134.3	130.0
东城区	体育馆路街道	0	0	0	98.2	101.2	107.4
东城区	交道口街道	0	0	0	0	0	0
房山区	长阳镇	43.8	41.7	43.9	44.4	44.6	46.5
房山区	拱辰街道	42.9	44.2	42.6	42.2	43.2	42.4
房山区	良乡地区（镇）	42.6	0	41.1	42.1	43.6	40.4
房山区	西潞街道	38.1	0	31.3	33.5	35.2	36.5
房山区	窦店镇	0	0	24.1	23.8	23.8	24.0
房山区	阎村镇	0	0	32.7	32.2	30.5	32.4
房山区	城关街道	0	0	26.0	27.4	26.1	26.4
丰台区	大红门街道	76.3	73.7	78.1	81.4	83.0	84.2
丰台区	东铁匠营街道	79.5	75.6	80.7	85.2	85.4	84.9
丰台区	方庄地区	90.6	85.9	89.9	95.7	96.2	97.0
丰台区	丰台街道	72.6	69.1	77.3	81.0	80.2	79.9
丰台区	卢沟桥街道	68.7	67.1	71.0	74.5	74.0	75.8
丰台区	马家堡街道	86.5	82.2	88.9	91.6	91.5	93.5
丰台区	太平桥街道	79.2	81.6	81.1	84.2	88.4	89.5
丰台区	西罗园街道	81.4	77.1	82.4	84.0	85.6	88.3
丰台区	新村街道	70.7	68.1	73.3	77.0	78.0	78.3
丰台区	右安门街道	82.2	81.2	82.9	84.2	89.3	91.3
丰台区	南苑街道	73.8	65.3	72.8	69.5	72.8	74.3
丰台区	和义街道	55.1	54.5	56.1	57.6	59.8	57.3
丰台区	宛平城地区	0	0	51.5	54.8	55.3	57.7
丰台区	长辛店街道	54.5	0	54.4	53.1	52.9	52.8
丰台区	东高地街道	0	0	0	0	0	0
海淀区	八里庄街道（海淀）	95.0	104.5	109.2	109.8	110.4	112.4

（续附表 3-1）

区	街道	1月平均租金	2月平均租金	3月平均租金	4月平均租金	5月平均租金	6月平均租金
海淀区	北太平庄街道	119.8	116.5	120.9	124.8	127.1	130.9
海淀区	北下关街道	116.3	120.4	126.4	125.9	127.5	136.1
海淀区	海淀街道	130.5	130.6	135.4	138.7	144.4	144.6
海淀区	花园路街道	123.0	118.7	125.6	127.1	128.4	128.6
海淀区	清河街道	93.1	89.7	96.2	95.4	101.2	102.4
海淀区	西三旗街道	84.0	81.8	86.0	87.0	88.7	92.6
海淀区	学院路街道	111.0	109.1	117.5	118.7	119.4	120.1
海淀区	羊坊店街道	103.1	102.6	102.3	103.2	111.2	112.5
海淀区	中关村街道	133.6	137.9	137.4	142.7	145.6	154.5
海淀区	甘家口街道	120.0	121.4	131.0	123.4	125.9	130.8
海淀区	马连洼街道	100.0	95.8	102.1	106.8	102.4	106.0
海淀区	万寿路街道	106.4	94.1	103.1	104.9	108.3	111.0
海淀区	西北旺地区（镇）	91.5	80.3	80.6	87.4	89.2	87.5
海淀区	紫竹院街道	116.4	112.5	129.8	121.2	124.8	132.3
海淀区	东升地区（镇）	93.2	102.6	92.1	96.3	95.6	102.1
海淀区	田村路街道	81.8	79.6	84.4	89.2	86.6	87.9
海淀区	上地街道	109.0	0	106.2	115.2	110.6	111.7
海淀区	曙光街道	102.8	0	104.3	105.0	107.8	110.5
海淀区	四季青地区（镇）	0	0	95.8	95.4	107.7	104.5
海淀区	永定路街道	0	0	98.7	96.6	97.1	99.8
海淀区	温泉地区（镇）	0	0	72.4	80.6	75.3	77.0
海淀区	青龙桥街道	0	0	0	0	0	0
海淀区	苏家坨地区（镇）	0	0	0	0	0	0
怀柔区	泉河街道	0	0	33.5	34.2	0	0
开发区	亦庄地区	57.8	0	58.6	62.0	62.4	61.4
门头沟区	大峪街道	46.8	47.6	45.6	46.6	48.9	50.0
门头沟区	永定地区（镇）	47.8	44.9	49.2	48.8	53.4	51.5
门头沟区	东辛房街道	0	0	0	0	0	65.0
石景山区	鲁谷街道	72.2	69.1	76.8	73.9	85.8	81.1
石景山区	苹果园街道	77.8	66.6	70.5	76.5	75.1	77.9
石景山区	八宝山街道	81.9	76.0	81.5	88.3	86.4	90.3
石景山区	八角街道	70.6	67.9	70.8	73.3	74.0	75.1
石景山区	古城街道	75.6	71.4	78.8	79.4	82.5	83.9
石景山区	金顶街街道	65.3	61.4	63.3	65.4	69.2	67.3
石景山区	老山街道	79.6	76.7	78.0	80.0	77.3	79.5

（续附表 3-1）

区	街道	1月平均租金	2月平均租金	3月平均租金	4月平均租金	5月平均租金	6月平均租金
顺义区	光明街道	40.1	41.5	40.7	43.8	45.6	43.8
顺义区	胜利街道	51.5	43.6	48.3	49.0	53.5	55.2
顺义区	旺泉街道	51.9	0.0	53.9	53.3	55.0	52.6
顺义区	石园街道	38.5	37.8	36.2	38.6	40.5	38.5
顺义区	双丰街道	39.1	0	41.4	40.1	43.0	44.2
顺义区	李桥镇	40.8	0	42.7	39.4	40.7	38.8
顺义区	后沙峪地区（镇）	0	0	61.4	61.5	67.4	64.7
顺义区	南法信地区（镇）	0	0	74.6	64.4	72.0	69.5
顺义区	空港街道	0	0	63.7	66.8	74.9	60.9
顺义区	天竺地区（镇）	0	0	0	0	0	0
通州区	北苑街道	53.8	49.8	54.2	57.1	57.6	59.2
通州区	梨园地区（镇）	49.8	48.2	49.9	53.1	53.6	53.4
通州区	永顺地区（镇）	48.6	46.7	47.5	49.5	53.0	52.2
通州区	玉桥街道	50.9	46.7	50.9	51.5	52.0	52.7
通州区	马驹桥镇	46.5	49.0	47.7	46.8	48.2	48.2
通州区	中仓街道	50.5	47.0	51.5	53.8	54.8	56.6
通州区	潞城镇	39.6	0	40.6	42.3	43.2	43.1
通州区	新华街道	0	0	0	74.6	77.7	74.0
通州区	台湖镇	0	0	61.6	70.7	64.4	63.2
通州区	漷县镇	0	0	0	61.7	60.1	59.5
西城区	德胜街道	118.0	113.0	120.4	125.2	132.1	129.8
西城区	广安门外街道	101.9	95.8	101.4	103.5	105.8	106.9
西城区	月坛街道	128.0	123.3	138.2	140.0	140.1	141.7
西城区	展览路街道	131.5	131.7	138.5	138.5	140.8	141.4
西城区	白纸坊街道	101.6	97.5	93.9	99.8	102.4	102.9
西城区	金融街街道	166.9	164.7	161.2	169.9	166.7	176.3
西城区	牛街街道	99.0	99.8	99.5	103.1	104.2	110.5
西城区	新街口街道	129.3	133.7	139.0	138.6	142.5	142.7
西城区	广安门内街道	114.3	0	121.7	116.6	128.9	123.4
西城区	陶然亭街道	0	0	118.2	122.9	119.2	131.4
西城区	西长安街街道	0	0	148.4	140.9	154.8	153.2
西城区	椿树街道	0	0	138.4	138.8	140.1	138.8
西城区	天桥街道	0	0	0.0	107.2	111.1	109.5
西城区	什刹海街道	0	0	147.8	133.9	0	0

附表 3-2　2021 年北京市各街乡镇租金情况表（7—12 月）

元 / 月・平方米

区	街道	7 月平均租金	8 月平均租金	9 月平均租金	10 月平均租金	11 月平均租金	12 月平均租金
昌平区	回龙观街道	85.6	84.8	86.4	86.1	86.1	85.1
昌平区	霍营街道	75.2	75.5	75.1	77.8	79.3	74.7
昌平区	龙泽园街道	78.0	76.7	76.2	76.2	77.8	77.5
昌平区	天通苑南街道	76.7	78.9	78.7	74.7	76.5	74.4
昌平区	北七家镇	44.6	48.0	48.1	45.6	44.2	46.5
昌平区	城北街道	51.3	50.7	52.8	54.0	54.0	55.1
昌平区	沙河地区（镇）	57.9	59.9	60.3	61.3	63.8	63.2
昌平区	天通苑北街道	64.0	65.4	59.0	64.4	60.5	60.3
昌平区	史各庄街道	76.1	78.3	78.9	0	0	0
昌平区	南邵镇	57.5	60.0	61.8	63.4	60.6	0
朝阳区	安贞街道	132.4	132.1	134.3	128.8	130.8	129.4
朝阳区	奥运村街道	97.8	100.4	100.5	100.6	97.6	95.6
朝阳区	八里庄街道	99.8	101.1	99.3	102.8	100.2	100.6
朝阳区	常营地区(回族乡)	85.8	87.6	85.4	85.2	85.8	86.7
朝阳区	朝外街道	129.3	136.8	131.1	135.1	128.7	128.0
朝阳区	大屯街道	107.5	110.5	109.7	109.3	111.7	110.7
朝阳区	东湖街道	112.0	114.6	113.8	112.4	110.4	111.9
朝阳区	垡头街道	75.7	80.2	74.2	73.5	75.5	74.4
朝阳区	高碑店地区（乡）	95.6	101.6	96.5	94.0	98.4	92.2
朝阳区	管庄地区（乡）	73.9	76.6	81.7	75.5	75.0	76.6
朝阳区	和平街街道	118.3	122.9	124.7	119.5	121.9	120.4
朝阳区	将台地区（乡）	117.1	116.7	115.8	116.8	115.4	115.9
朝阳区	劲松街道	109.8	108.1	110.1	108.3	110.0	106.6
朝阳区	来广营地区（乡）	96.5	97.2	96.4	95.2	97.4	92.9
朝阳区	六里屯街道	111.1	113.6	113.4	111.1	111.1	110.4
朝阳区	南磨房地区（乡）	93.9	93.5	93.6	94.7	94.1	91.8
朝阳区	潘家园街道	97.8	100.9	97.0	102.4	95.2	95.8
朝阳区	平房地区（乡）	94.6	94.8	96.9	95.5	95.3	93.0
朝阳区	三间房地区（乡）	80.1	81.3	81.6	83.2	81.0	82.0
朝阳区	双井街道	116.4	115.9	116.5	117.7	118.8	114.2

（续附表 3-2）

区	街道	7月平均租金	8月平均租金	9月平均租金	10月平均租金	11月平均租金	12月平均租金
朝阳区	太阳宫地区（乡）	118.5	122.5	128.7	123.9	120.4	126.2
朝阳区	望京街道	114.7	113.3	114.6	115.1	111.7	110.4
朝阳区	小关街道	115.5	117.4	114.4	119.8	118.9	117.9
朝阳区	左家庄街道	128.0	128.9	129.6	130.5	126.5	125.0
朝阳区	呼家楼街道	126.3	127.2	132.1	129.4	124.2	126.3
朝阳区	酒仙桥街道	111.7	115.6	107.6	103.6	107.0	103.3
朝阳区	十八里店地区（乡）	90.1	95.6	93.8	89.9	93.6	90.4
朝阳区	香河园街道	119.3	119.6	120.2	117.6	121.0	120.1
朝阳区	亚运村街道	117.1	122.8	120.1	120.4	119.9	123.4
朝阳区	东坝地区（乡）	71.6	76.3	75.0	77.9	72.8	73.0
朝阳区	东风地区（乡）	96.4	99.3	97.2	97.3	93.2	90.5
朝阳区	建外街道	118.4	130.8	127.5	124.8	128.9	126.0
朝阳区	麦子店街道	131.3	121.8	129.8	129.7	130.7	127.0
朝阳区	三里屯街道	134.1	136.4	137.1	134.6	135.1	132.7
朝阳区	团结湖街道	120.7	120.4	126.6	122.3	119.4	122.5
朝阳区	小红门地区（乡）	82.3	82.6	78.1	79.1	83.7	78.0
朝阳区	豆各庄地区（乡）	58.6	81.8	65.1	63.1	68.1	0
朝阳区	首都机场街道	65.0	66.3	63.3	66.7	63.9	66.3
朝阳区	王四营地区（乡）	69.6	82.9	81.7	80.5	81.3	0
大兴区	荣华街道	79.2	78.3	75.4	81.9	83.0	79.0
大兴区	高米店街道	58.5	61.5	57.0	60.7	59.7	60.3
大兴区	观音寺街道	43.3	41.8	43.4	42.5	42.6	41.0
大兴区	旧宫地区（镇）	56.6	58.7	58.7	60.1	59.9	59.7
大兴区	清源街道	56.1	56.0	57.4	55.5	56.4	55.7
大兴区	西红门地区（镇）	56.4	57.4	52.7	55.7	57.2	59.4
大兴区	兴丰街道	53.3	50.4	53.6	53.6	52.2	53.6
大兴区	林校路街道	52.5	54.4	53.6	56.5	52.2	52.3
大兴区	天宫院街道	51.6	53.3	54.3	55.0	59.7	52.2
大兴区	瀛海地区（镇）	57.1	55.9	53.7	52.5	56.8	0
大兴区	黄村地区（镇）	36.5	35.4	37.5	37.4	35.9	36.2
大兴区	采育镇	0	24.4	26.3	0	0	0
东城区	和平里街道	129.8	132.3	134.4	131.4	127.3	129.3
东城区	永定门外街道	96.5	98.2	96.2	96.7	93.8	96.3
东城区	崇文门外街道	122.1	120.8	124.2	125.6	123.7	121.1

（续附表 3-2）

区	街道	7月平均租金	8月平均租金	9月平均租金	10月平均租金	11月平均租金	12月平均租金
东城区	东花市街道	106.7	109.1	108.4	112.2	108.4	101.7
东城区	东直门街道	137.1	137.2	139.1	133.2	136.8	133.7
东城区	龙潭街道	107.5	107.8	108.7	112.3	108.5	100.9
东城区	北新桥街道	128.5	133.6	129.3	130.9	131.0	131.6
东城区	朝阳门街道	137.5	145.7	142.0	146.6	140.4	0
东城区	东华门街道	145.3	148.4	143.6	147.3	143.0	145.6
东城区	东四街道	139.0	146.3	147.2	148.8	0	146.1
东城区	天坛街道	104.4	104.9	99.2	107.9	107.5	0
东城区	建国门街道	137.7	143.9	0	0	0	0
东城区	体育馆路街道	105.2	110.6	114.7	0	0	0
东城区	交道口街道	162.1	160.1	0	0	0	0
房山区	长阳镇	46.4	47.8	47.1	47.9	49.2	49.4
房山区	拱辰街道	39.9	45.1	44.6	43.9	44.4	42.9
房山区	良乡地区（镇）	43.8	42.2	44.8	43.9	45.2	44.0
房山区	西潞街道	35.9	32.1	34.7	34.1	33.8	36.2
房山区	窦店镇	26.3	27.5	22.5	24.4	23.0	24.4
房山区	阎村镇	30.3	0	32.9	33.4	0	0
房山区	城关街道	27.4	26.6	26.5	25.9	27.8	26.5
丰台区	大红门街道	83.7	83.1	84.6	86.4	83.7	84.9
丰台区	东铁匠营街道	87.0	87.2	88.0	87.5	88.2	86.0
丰台区	方庄地区	98.3	98.5	102.2	100.0	98.7	96.6
丰台区	丰台街道	80.4	78.6	82.1	79.9	80.0	81.1
丰台区	卢沟桥街道	75.0	77.4	76.8	76.5	75.3	75.7
丰台区	马家堡街道	90.2	92.9	94.7	94.0	94.9	92.9
丰台区	太平桥街道	87.2	89.9	92.4	92.1	92.7	89.2
丰台区	西罗园街道	88.9	90.6	89.0	84.4	84.8	86.6
丰台区	新村街道	78.6	79.7	80.5	79.9	76.7	74.9
丰台区	右安门街道	92.2	90.6	91.8	90.9	91.4	92.8
丰台区	南苑街道	74.5	76.7	75.3	75.4	73.6	77.7
丰台区	和义街道	58.4	61.6	59.8	59.3	61.7	63.3
丰台区	宛平城地区	52.0	55.2	55.9	54.8	54.4	55.6
丰台区	长辛店街道	45.3	52.1	53.1	52.9	53.4	52.1
丰台区	东高地街道	0	0	59.9	0	0	0
海淀区	八里庄街道（海淀）	113.1	117.2	119.2	115.5	112.4	109.5

（续附表 3-2）

区	街道	7月平均租金	8月平均租金	9月平均租金	10月平均租金	11月平均租金	12月平均租金
海淀区	北太平庄街道	129.7	132.3	133.4	134.6	133.0	130.1
海淀区	北下关街道	137.8	137.5	138.1	137.3	132.4	131.3
海淀区	海淀街道	150.7	151.6	157.7	143.9	143.2	137.7
海淀区	花园路街道	133.1	132.5	133.1	129.6	126.5	130.3
海淀区	清河街道	98.8	101.6	107.1	104.9	100.7	102.1
海淀区	西三旗街道	91.9	92.9	92.9	97.2	95.3	93.7
海淀区	学院路街道	125.1	125.1	124.6	123.2	119.8	121.8
海淀区	羊坊店街道	112.8	114.6	113.6	110.6	113.5	113.3
海淀区	中关村街道	156.4	159.6	156.3	151.1	147.2	145.9
海淀区	甘家口街道	127.3	132.1	132.2	131.7	127.9	126.2
海淀区	马连洼街道	102.0	105.2	105.8	114.0	109.7	105.5
海淀区	万寿路街道	110.6	110.9	110.4	106.5	108.9	110.6
海淀区	西北旺地区（镇）	84.7	87.6	88.9	89.9	90.8	86.6
海淀区	紫竹院街道	128.2	130.9	131.9	134.6	125.5	123.9
海淀区	东升地区（镇）	95.3	94.6	98.3	94.0	95.5	100.6
海淀区	田村路街道	87.7	91.3	92.8	89.6	91.6	87.5
海淀区	上地街道	109.9	112.0	120.4	121.6	116.8	118.7
海淀区	曙光街道	109.7	113.4	116.6	115.5	113.6	116.8
海淀区	四季青地区（镇）	106.4	106.4	110.2	104.2	99.1	99.8
海淀区	永定路街道	98.8	98.8	96.2	0	0	0
海淀区	温泉地区（镇）	76.5	76.9	84.2	0	0	0
海淀区	青龙桥街道	139.2	154.3	0	0	0	0
海淀区	苏家坨地区（镇）	0	0	72.7	0	0	0
怀柔区	泉河街道	0	32.6	32.6	34.1	0	0
开发区	亦庄地区	61.9	60.7	67.1	61.5	63.0	64.6
门头沟区	大峪街道	49.3	47.9	46.7	47.8	47.3	50.5
门头沟区	永定地区（镇）	53.9	52.7	54.2	54.4	49.6	53.0
门头沟区	东辛房街道	57.5	0	0	0	0	0
石景山区	鲁谷街道	75.5	78.0	77.3	72.2	75.0	71.7
石景山区	苹果园街道	76.0	76.9	79.1	76.4	76.8	74.4
石景山区	八宝山街道	93.4	95.9	89.4	87.4	87.1	86.9
石景山区	八角街道	75.0	74.9	79.1	76.3	75.4	73.5
石景山区	古城街道	77.9	84.0	74.1	81.8	78.8	78.2
石景山区	金顶街街道	68.6	68.6	67.9	68.9	70.7	70.0
石景山区	老山街道	82.8	86.7	84.1	85.0	85.2	80.2

（续附表 3-2）

区	街道	7月平均租金	8月平均租金	9月平均租金	10月平均租金	11月平均租金	12月平均租金
顺义区	光明街道	45.4	45.2	46.0	45.6	47.2	46.4
顺义区	胜利街道	50.5	51.4	55.0	50.7	54.1	56.6
顺义区	旺泉街道	54.6	53.5	55.2	51.1	56.7	55.4
顺义区	石园街道	38.7	39.3	38.7	40.7	42.4	39.5
顺义区	双丰街道	40.6	42.9	42.5	42.3	44.3	40.7
顺义区	李桥镇	38.4	40.3	39.7	40.1	38.7	38.4
顺义区	后沙峪地区（镇）	66.2	69.7	66.1	64.8	68.9	61.8
顺义区	南法信地区（镇）	73.0	75.3	70.9	75.0	79.2	80.9
顺义区	空港街道	65.8	75.6	77.4	89.2	0	0
顺义区	天竺地区（镇）	0	46.5	0	0	0	0
通州区	北苑街道	59.8	59.1	59.8	59.5	60.3	58.0
通州区	梨园地区（镇）	53.7	53.8	55.0	56.4	55.6	53.4
通州区	永顺地区（镇）	51.3	52.1	50.5	51.9	54.3	52.9
通州区	玉桥街道	52.7	51.3	53.4	53.7	53.3	52.5
通州区	马驹桥镇	50.4	47.1	46.4	49.3	52.2	48.6
通州区	中仓街道	54.6	55.1	56.4	52.6	55.6	55.9
通州区	潞城镇	46.7	44.6	45.3	43.6	43.6	44.0
通州区	新华街道	83.2	71.2	70.5	71.5	68.7	77.0
通州区	台湖镇	65.2	66.7	60.4	58.4	0	0
通州区	漷县镇	0	61.1	0	56.4	0	0
西城区	德胜街道	137.0	144.3	143.0	133.6	139.7	127.8
西城区	广安门外街道	105.3	110.6	112.3	112.9	111.1	106.0
西城区	月坛街道	147.4	148.1	151.0	147.7	144.8	145.7
西城区	展览路街道	145.1	149.2	147.8	146.1	146.1	146.2
西城区	白纸坊街道	106.4	107.6	103.8	109.0	106.9	102.3
西城区	金融街街道	184.4	180.1	191.7	183.6	185.9	183.5
西城区	牛街街道	105.2	107.9	113.5	112.7	110.1	110.5
西城区	新街口街道	151.9	153.0	151.6	150.5	150.6	148.7
西城区	广安门内街道	129.1	129.6	128.7	125.9	130.1	130.1
西城区	陶然亭街道	135.7	131.1	143.5	147.3	0	140.7
西城区	西长安街街道	168.8	168.4	173.9	163.5	0	0
西城区	椿树街道	154.9	150.2	158.5	0	0	0
西城区	天桥街道	110.9	113.8	119.7	0	0	0
西城区	什刹海街道	161.9	173.3	169.7	0	0	0

附表 3-3　2021 年北京市备案项目商品住房情况

辖区	企业名称	项目推广名	本年度申请规模（万平方米）
东城区	北京城建东华房地产开发有限责任公司	东华国际广场	5.08
	北京城建兴瑞置业开发有限公司	北京城建·天坛府	4.18
	北京永安佑泰房地产开发有限公司	永定府	4.57
	北京钟鼓楼龙苑文化发展有限公司	和苑	5.83
朝阳区	北京东银燕华置业有限公司	朝阳区华侨村二期 5 号地项目	4.15
	北京恒榆房地产开发有限公司	北京市朝阳区孙河乡北甸西村、北甸东村、西甸村、孙河村 2902-31 地块 R2 二类居住用地	5.66
	北京恒合天基房地产开发有限公司	天恒·恒基傲云	4.98
	北京金开旭泰房地产开发有限公司	华樾国际	2.80
	北京金旭开泰房地产开发有限公司	华樾国际领尚	8.33
	北京卓开旭泰房地产开发有限公司	青云上府	10.59
	北京佳裕欣邦置业有限责任公司	朝阳一墅	8.01
	北京望和润致置业有限公司	和光悦府	15.66
	北京招城房地产开发有限公司	龙樾合玺	7.04
	北京中冶名鼎房地产开发有限公司	德贤御府	4.07
	北京兆悦房地产开发有限公司	建发望京养云	11.56
	北京保营善筑置业有限公司	保利锦上	12.54
	北京中绿园房地产开发有限公司	中绿东岳府	16.10
	北京朝意房地产开发有限公司	沁园家园	17.95
	北京矿融城置业有限公司	朝阳壹号	11.66
海淀区	北京华大基业房地产开发有限责任公司	圆明天颂	7.36
	北京融贸晟璟置业有限公司	学府壹号院	24.01
	北京陕创企诚置业有限公司	学府壹号院	26.47
丰台区	北京唯逸房地产开发有限公司	葛洲坝北京中国府	2.57
	北京合盛恒嘉房地产开发有限公司	合生·金茂东叁金茂府	6.80
	北京合力运兴置业有限公司	合生缦云	6.32
	北京建远万誉房地产开发有限公司	泽誉嘉苑	10.90
	北京创阅新科置业有限公司	首创·天阅山河	7.70
	北京云茂置业有限公司	西山金茂府	15.75
	北京首开卓越盈泰置业有限公司	熙悦晴翠	19.55

（续附表 3-3）

辖区	企业名称	项目推广名	本年度申请规模（万平方米）
石景山区	北京万越辉置业有限公司	翡翠山晓	6.48
	北京鑫安兴业房地产开发有限公司	中海·天钻	10.53
	北京景辉置业有限公司	禧瑞学府	4.31
	北京鑫安兴业房地产开发有限公司	中海寰宇天下·天赋	11.16
	北京远景中安置业有限公司	远洋源山佳苑、春秋	7.34
	北京景晟乾通置业有限公司	长安悦玺	12.66
	北京鑫泰兴业房地产开发有限公司	中海云庭	2.48
通州区	北京黄海房地产开发有限公司	北京东湾	3.47
	北京通投兴顺置业有限公司	春和景明	8.03
	北京金地通达房地产开发有限公司	金地北京壹街区	15.94
	北京双城通达房地产开发有限公司	国誉未来悦	7.58
	北京武夷房地产开发有限公司	金融街武夷·融御	19.26
	北京天旭运河房地产开发有限责任公司	京贸国际城	2.82
	北京睿豪荣通房地产开发有限公司	盛世天玺	2.04
门头沟区	北京京投瀛德置业有限公司	檀香府	2.41
	北京骏辉房地产开发有限公司	天峰家园	4.16
	北京方程信和置业有限公司	中建长安麓府	4.65
	北京华盛西山房地产开发有限公司	西山相府家园	6.15
	北京辰轩置业有限公司	龙湖北辰·揽境	8.88
房山区	北京骏峰房地产开发有限公司	中骏云景台	1.34
	北京恒房兴置业有限公司	北京恒大御峰	1.96
	北京智地兴辰房地产开发有限公司	中建·京西印玥	3.07
	北京鑫汇房地产开发有限公司	金地璟宸	9.05
顺义区	北京顺鑫佳宇房地产开发有限公司	顺鑫颐和天璟	8.90
	北京财懋房地产开发有限公司	尚岸御境	4.60
	北京华垣盛兴置业有限公司	锦绣园	0.71
	北京城茂房地产开发有限公司	金茂北京国际社区	7.21
	北京智地顺欣房地产开发有限公司	招商中建顺义臻珑府	16.65
	北京金顺保筑置业有限公司	和锦华宸	10.18
	北京智地顺景房地产开发有限公司	中建宸庐	9.11
	北京隽安房地产开发有限公司	路劲御和府	11.93
	北京和顺安仁房地产开发有限公司	云河砚	0.43
	北京城安辉泰置业有限公司	安林嘉苑	16.70
	北京顺和润致置业有限公司	和光瑞府	35.50

（续附表 3-3）

辖区	企业名称	项目推广名	本年度申请规模（万平方米）
昌平区	北京宏华伟业房地产开发有限公司	西山上品湾 MOMA	1.97
	北京中公未来教育科技有限公司	龙湖云璟	4.36
	北京昌业房地产开发有限公司	翡翠公园	1.55
	北京泰禾嘉兴房地产开发有限公司	承文家园、拾景家园	4.01
	北京怡和置业有限公司	万橡悦府	1.29
	北京天时汤山房地产投资发展有限公司	御邸	3.78
	北京力汇房地产开发有限公司	北清云际	16.23
	北京力盈房地产开发有限公司	奥森春晓	10.05
大兴区	北京京能育兴房地产开发有限公司	京能·丽墅	3.44
	北京隽兴房地产开发有限公司	路劲御合院	8.45
	北京兴和航泰置业有限公司	和悦璞云	4.84
	北京骏阳房地产开发有限公司	未来云城	3.33
	北京中冶名盈房地产开发有限公司	德贤华府	8.92
怀柔区	北京京雁置业有限责任公司	北科建水岸雁栖	0.23
	北京城建兴胜置业有限公司	府前龙樾	5.16
	北京建邦怀憬房地产开发有限公司	北京建工璟玥林汐	8.17
	北京恒秀立怀置业有限公司	怀山府	13.47
密云区	北京臻德兴云置业有限公司	阳光城·溪山悦	6.56
	北京祥鼎置业有限公司	国祥雲著	26.01
延庆区	北京碧晟凤盈房地产开发有限公司	碧桂园·世奥龙鼎	4.15
	北京住总房地产开发有限责任公司	住总·山澜阙府	3.86
开发区	北京中海亦庄智慧置业有限公司	京海雅苑	30.84
	北京合亦盛景置业有限公司	合生 me 悦	12.76
	北京和信仁泰置业有限公司	云悦佳苑	7.04
	北京金谷创展置业有限责任公司	禧瑞金海	9.42
	北京城建鑫泰房地产开发有限责任公司	樂知筑	9.51

附表 3-4　2021 年北京市备案项目保障住房情况

辖区	企业名称	项目推广名	本年度申请规模（万平方米）
东城区	北京城建兴瑞置业开发有限公司	望坛新苑	11.24
朝阳区	北京望和润致置业有限公司	和光悦府	3.57
	北京招城房地产开发有限公司	龙樾合玺	3.53
	北京中冶名鼎房地产开发有限公司	德贤御府	1.22
	北京保营善筑置业有限公司	保利锦上	1.58
	北京矿融城置业有限公司	朝阳壹号	2.93
昌平区	北京宏华伟业房地产开发有限公司	西山上品湾 MOMA	3.96

附表 3-5　2021 年北京市备案项目共有产权住房情况

辖区	企业名称	项目推广名	本年度申请规模（万平方米）
房山区	北京世茂嘉年华房地产开发有限公司	世茂轩景颂、轩景家园	7.57
昌平区	北京未来科学城昌泰置业有限公司	未来慧园	12.57
顺义区	北京北汽恒盛达顺置业有限公司	潮白水悦	17.03

附表 3-6 2021 年北京市备案项目商业、办公情况

辖区	企业名称	项目推广名	本年度申请规模（万平方米）
东城区	北京城建东华房地产开发有限责任公司	东华国际广场	94.61
朝阳区	北京东银燕华置业有限公司	朝阳区华侨村二期 5 号地项目	1.34
	北京恒合天基房地产开发有限公司	天恒·恒基傲云	1.72
	北京兆悦房地产开发有限公司	建发望京养云	2.44
	北京朝意房地产开发有限公司	沁园中心	6.91
海淀区	北京德成置地房地产开发有限公司	百旺润商大厦	23.17
	北京铭海置业有限公司	海淀幸福里	3.37
丰台区	北京南悦房地产开发有限公司	丰台大悦春风里、槐新雅筑	3.62
	北京中海鑫海房地产开发有限公司	中海海嘉中心	4.74
石景山区	北京首奥置业有限公司	制氧创新中心	12.04
	北京新润致远房地产开发有限公司	华远中心	0.72
	北京金安兴业房地产开发有限公司	中海首钢·长安云尚	2.93
	北京鑫安兴业房地产开发有限公司	中海·金海汇	15.24
	北京鑫泰兴业房地产开发有限公司	中海云庭	0.94
通州区	北京润锦房地产开发有限公司	通州万国城 MOMA	4.12
	鹏瑞利美融加二（北京）置业有限公司	运河核心区Ⅷ -13 地块	15.63
	鹏瑞利美融加三（北京）置业有限公司	运河核心区Ⅷ -14-1 地块	10.86
	鹏瑞利美融加一（北京）置业有限公司	运河核心区Ⅷ -14-2 地块	11.04
	北京富华运河房地产开发有限公司	运河财富中心 & 大河宸章	9.96
	北京友泰房地产开发有限公司	云创天地、万创慧谷	7.05
房山区	北京天恒乐活城置业有限公司	天恒乐活城	4.61
顺义区	北京智地顺欣房地产开发有限公司	中建宸庐	2.36
	北京和顺安仁房地产开发有限公司	云河砚	3.25
	北京城安辉泰置业有限公司	公园都会	0.08
	北京顺和润致置业有限公司	和光瑞府	1.87
昌平区	北京宏华伟业房地产开发有限公司	西山上品湾 MOMA	0.13
大兴区	北京兴创房地产开发有限公司	兴创百悦中心	3.42
	北京兴创置地房地产开发有限公司	兴创嘉悦中心	1.92
	北京中海盈达房地产开发有限公司	中海寰宇时代	5.10
怀柔区	北京安宝房地产开发有限公司	龙山广场	14.93
平谷区	北京金谷创展置业有限责任公司	禧瑞金海	0.78
	北京城建鑫泰房地产开发有限责任公司	樂知筑	0.14
延庆区	北京碧晟凤盈房地产开发有限公司	京源著	0.06

附表 3-7 截至 2021 年底有效期内北京市房地产开发企业名录（一至三级）

序号	企业名称	资质等级
1	北京城建房地产开发有限公司	一级
2	北京城建投资发展股份有限公司	一级
3	北京城建兴华地产有限公司	一级
4	北京富力城房地产开发有限公司	一级
5	北京和裕房地产开发有限公司	一级
6	北京嘉源置业投资有限公司	一级
7	北京金第房地产开发有限责任公司	一级
8	北京金科展昊置业有限公司	一级
9	北京金隅地产开发集团有限公司	一级
10	北京金隅嘉业房地产开发有限公司	一级
11	北京金源鸿大房地产有限公司	一级
12	北京龙湖中佰置业有限公司	一级
13	北京融创恒基地产有限公司	一级
14	北京瑞雪春堂房地产有限公司	一级
15	北京首城置业有限公司	一级
16	北京首钢房地产开发有限公司	一级
17	北京万科企业有限公司	一级
18	北京新华联置地有限公司	一级
19	北京中建地产有限责任公司	一级
20	北京中铁诺德房地产开发有限公司	一级
21	北京住总房地产开发有限责任公司	一级
22	华通置业有限公司	一级
23	金融街控股股份有限公司	一级
24	首创置业股份有限公司	一级
25	中昂地产（集团）有限公司	一级
26	中国电建地产集团有限公司	一级
27	中国房地产开发集团有限公司	一级
28	中国葛洲坝集团房地产开发有限公司	一级
29	中核兴业控股有限公司	一级
30	中铁建设集团房地产有限公司	一级
31	中信房地产集团有限公司	一级
32	中冶置业集团有限公司	一级
33	北京佰嘉置业集团有限公司	二级

（续附表 3-7）

序号	企业名称	资质等级
34	北京保达房地产开发有限公司	二级
35	北京北控城市开发有限公司	二级
36	北京碧桂园凤凰置业发展有限公司	二级
37	北京博大新元房地产开发有限公司	二级
38	北京长安置地房地产开发有限公司	二级
39	北京城建兴顺房地产开发有限公司	二级
40	北京城建亚泰房地产开发有限公司	二级
41	北京城市副中心投资建设集团有限公司	二级
42	北京城乡房屋建设开发有限责任公司	二级
43	北京春光置地房地产开发有限公司	二级
44	北京东方依水源房地产开发有限公司	二级
45	北京东亚新华投资集团有限公司	二级
46	北京方兴亦城置业有限公司	二级
47	北京房地置业发展有限公司	二级
48	北京广安置业投资公司	二级
49	北京广安置业投资有限公司	二级
50	北京国际商务中心区开发建设集团有限公司	二级
51	北京国际商务中心区开发建设有限公司	二级
52	北京国锐房地产开发有限公司	二级
53	北京海开房地产集团有限责任公司	二级
54	北京恒隆兴置业有限公司	二级
55	北京华恒兴业房地产开发有限公司	二级
56	北京佳源投资经营有限责任公司	二级
57	北京建工地产有限责任公司	二级
58	北京江南投资集团有限公司	二级
59	北京京粮置业有限公司	二级
60	北京京投置地房地产有限公司	二级
61	北京经开投资开发股份有限公司	二级
62	北京科技园置地有限公司	二级
63	北京昆泰房地产开发集团有限公司	二级
64	北京昆泰控股集团有限公司	二级
65	北京联合置业有限公司	二级
66	北京联茂方泰房地产开发有限公司	二级
67	北京龙庆房地产开发有限公司	二级
68	北京隆泰祥房地产开发有限公司	二级

（续附表 3-7）

序号	企业名称	资质等级
69	北京路劲隽御房地产开发有限公司	二级
70	北京宁溪房地产开发有限责任公司	二级
71	北京仁和日升房地产有限公司	二级
72	北京世纪鸿城置业有限公司	二级
73	北京世纪鸿房地产开发有限责任公司	二级
74	北京市保障性住房建设投资中心	二级
75	北京市昌平房地产开发有限责任公司	二级
76	北京市大龙房地产开发有限公司	二级
77	北京市大兴城镇建设综合开发集团有限公司	二级
78	北京市丰台区鸿华房地产开发经营有限公司	二级
79	北京市广厦房地产开发有限公司	二级
80	北京市基础设施投资有限公司（原北京地铁集团有限责任公司）	二级
81	北京市天竺房地产开发公司	二级
82	北京市文化置业有限公司	二级
83	北京首钢二通建设投资有限公司	二级
84	北京首农发展有限公司	二级
85	北京顺华房地产开发有限公司	二级
86	北京顺开房地产开发有限公司	二级
87	北京泰福恒投资发展有限公司	二级
88	北京泰益德置业集团有限公司	二级
89	北京腾航房地产开发有限公司	二级
90	北京天地助房地产开发有限公司	二级
91	北京天利海房地产开发有限公司	二级
92	北京天瑞金置业集团有限公司	二级
93	北京天旭运河房地产开发有限责任公司	二级
94	北京天洋基业投资有限公司	二级
95	北京天竺房地产开发有限公司	二级
96	北京新京润房地产有限公司	二级
97	北京兴创置地房地产开发有限公司	二级
98	北京兴创中和房地产开发有限公司	二级
99	北京亚通房地产开发有限责任公司	二级
100	北京倚基土地开发有限公司	二级
101	北京英蓝置业有限公司	二级
102	北京永同昌房地产开发集团有限公司	二级
103	北京裕昌置业股份有限公司	二级

（续附表 3-7）

序号	企业名称	资质等级
104	北京远东新地置业有限公司	二级
105	北京远坤房地产开发有限公司	二级
106	北京泽信地产有限公司	二级
107	北京中昂地产有限公司	二级
108	北京中海地产有限公司	二级
109	北京中鑫源房地产开发集团有限公司	二级
110	北京住总集团有限责任公司	二级
111	当代节能置业股份有限公司	二级
112	泛华城市投资有限公司	二级
113	凤凰城科技集团有限公司	二级
114	国测地理信息科技产业园集团有限公司	二级
115	国开东方城镇发展投资有限公司	二级
116	恒大地产集团北京有限公司	二级
117	华纺房地产开发有限公司	二级
118	江河创新地产股份有限公司	二级
119	京能置业股份有限公司	二级
120	茂华控股集团有限公司	二级
121	中车科技园发展有限公司	二级
122	中国通用新兴地产有限公司	二级
123	中国新型房屋集团有限公司	二级
124	中合置业有限公司	二级
125	中建智地置业有限公司	二级
126	中交房地产管理集团有限公司	二级
127	中交置业有限公司	二级
128	中铁二十二局集团房地产开发有限公司	二级
129	中铁房地产集团北方有限公司	二级
130	中铁十六局集团置业投资有限公司	二级
131	中铁置业集团北京有限公司	二级
132	北京北汽恒盛达顺置业有限公司	三级
133	北京北汽恒盛和顺置业有限公司	三级
134	北京城建兴业置地有限公司	三级
135	北京城建兴云房地产有限公司	三级
136	北京城建远东地产投资有限公司	三级
137	北京德成兴业房地产开发有限公司	三级
138	北京东方瑞平房地产开发有限公司	三级

（续附表3-7）

序号	企业名称	资质等级
139	北京东隆房地产开发有限公司	三级
140	北京泛海东风置业有限公司	三级
141	北京复地通达置业有限公司	三级
142	北京复地通盈置业有限公司	三级
143	北京富华房地产开发有限公司	三级
144	北京广恒房地产开发有限责任公司	三级
145	北京合生北方房地产开发有限公司	三级
146	北京合生愉景房地产开发有限公司	三级
147	北京华油房地产开发有限公司	三级
148	北京金隅程远房地产开发有限公司	三级
149	北京京创投资有限公司	三级
150	北京京发房地产开发有限公司	三级
151	北京京投兴业置业有限公司	三级
152	北京京西北发展集团有限公司	三级
153	北京经开工大投资管理有限公司	三级
154	北京静水园房地产开发有限公司	三级
155	北京君合百年房地产开发有限公司	三级
156	北京龙冠房地产开发有限责任公司	三级
157	北京青远房地产开发有限公司	三级
158	北京融创兴业地产有限公司	三级
159	北京盛达兴业房地产开发有限公司	三级
160	北京世纪景房地产开发有限公司	三级
161	北京市新时特房地产开发有限公司	三级
162	北京顺义新城建设开发有限公司	三级
163	北京顺鑫佳宇房地产开发有限公司	三级
164	北京天安科创置业有限公司	三级
165	北京天庆房地产开发有限公司	三级
166	北京田家园房地产开发有限公司	三级
167	北京通明湖信息城发展有限公司	三级
168	北京通瑞兴盛置业有限公司	三级
169	北京万通新发展集团股份有限公司	三级
170	北京未来科学城发展集团有限公司	三级
171	北京武夷房地产开发有限公司	三级
172	北京西海龙湖置业有限公司	三级
173	北京香江盛富房地产开发有限公司	三级

（续附表 3-7）

序号	企业名称	资质等级
174	北京香园大道实业有限公司	三级
175	北京新华联伟业房地产有限公司	三级
176	北京新领域房地产开发有限公司	三级
177	北京亚胜置业有限公司	三级
178	北京亦庄移动硅谷有限公司	三级
179	北京中关村电子城建设有限公司	三级
180	北京中关村科学城建设股份有限公司	三级
181	北京中关村软件园发展有限责任公司	三级
182	北京中关村石景山园发展有限公司	三级
183	北京众美房地产开发有限公司	三级
184	北京住总首开置业有限公司	三级
185	北京住总通成房地产开发有限责任公司	三级
186	北京住总置地有限公司	三级
187	北京懋源房屋开发有限公司	三级
188	北京鑫一德房地产开发有限公司	三级
189	中交四公局城市建设发展有限公司	三级
190	中铁房地产集团北京金达世纪房地产开发有限公司	三级
191	中铁建公寓管理有限公司	三级
192	中信和业投资有限公司	三级

附表 3-8　2021 年度房产测绘备案单位名录

序号	测绘企业名称	资质等级	资质证书编号
1	北京市房地产勘察测绘所	甲级	甲测资字 11002001
2	建设综合勘察研究设计院有限公司	甲级	甲测资字 11002032
3	中兵勘察设计研究院有限公司	甲级	甲测资字 1100410
4	北京时正兴测绘工程技术有限公司	甲级	甲测资字 11001033
5	北京鼎春德正测绘中心	甲级	甲测资字 1101040
6	北京新兴华安智慧科技有限公司	甲级	甲测资字 11001042
7	北京华星勘查新技术有限公司	甲级	甲测资字 1100264
8	航天建筑设计研究院有限公司	甲级	甲测资字 1100453
9	中航勘察设计研究院有限公司	甲级	甲测资字 11001024
10	苍穹数码技术股份有限公司	甲级	甲测资字 11001008
11	北京市地质工程勘察院	甲级	甲测资字 11001022
12	北京金房兴业测绘有限公司	甲级	甲测资字 1101272
13	北京城建勘测设计研究院有限责任公司	甲级	甲测资字 11001019
14	北京市测绘设计研究院	甲级	甲测资字 11001010
15	北京帝测科技股份有限公司	甲级	甲测资字 1100140
16	北京国政恒信测绘技术服务有限公司	甲级	甲测资字 1101158
17	北京道济测绘有限公司	甲级	甲测资字 11002111
18	北京力佳图科技有限公司	甲级	甲测资字 1100237
19	北京勘察技术工程有限公司	甲级	甲测资字 11000660
20	北京海地人资源咨询有限责任公司	甲级	甲测资字 1111030
21	中勘天成（北京）科技有限公司	甲级	甲测资字 1101194
22	九成空间科技有限公司	甲级	甲测资字 1100017
23	北京伟泽测绘股份有限公司	甲级	甲测资字 1101301
24	沐城测绘（北京）有限公司	甲级	甲测资字 1101310
25	北京市通州区住房和城乡建设委员会测绘所	乙级	乙测资字 11012001
26	北京京密鸿图测绘有限公司	乙级	乙测资字 11016001
27	北京中瑞嘉业测绘有限公司	乙级	乙测资字 11005007
28	北京龙泰经纬测绘有限公司	乙级	乙测资字 11005011
29	北京威远图易数字科技有限公司	乙级	乙测资字 11007011
30	北京京昌工程测绘技术有限公司	乙级	乙测资字 11013002
31	北京通图信息科技有限公司	乙级	乙测资字 1110022
32	北京大地宏图勘测科技有限公司	乙级	乙测资字 1111442
33	北京中天路通工程勘测有限公司	乙级	乙测资字 11013005
34	北京中海地理信息测绘有限公司	乙级	乙测资字 1112126

（续附表 3-8）

序号	测绘企业名称	资质等级	资质证书编号
35	北京大地万川测绘有限公司	乙级	乙测资字 1111409
36	北京富地勘察测绘有限公司	乙级	乙测资字 11012004
37	北京地矿工程建设有限责任公司	乙级	乙测资字 11007013
38	同创数字空间（北京）有限公司	甲级	甲测资字 1100708
39	北京三友宇天测绘有限公司	乙级	乙测资字 11009003
40	北京市勘察设计研究院有限公司	乙级	乙测资字 11005045
41	北京市房山区测绘所	乙级	乙测资质 11010002
42	北京新兴环宇信息科技有限公司	甲级	甲测资字 1101400
43	北京国测信息科技有限责任公司	乙级	乙测资字 11005088
44	中兆恒基（北京）工程管理有限公司	乙级	乙测资字 1110281
45	北京亿科瑞土规划设计有限公司	乙级	乙测资字 1110777
46	北京瀚博林遥感测图信息工程研究院	乙级	乙测资字 1111300
47	中测新宇（北京）信息科技有限公司	乙级	乙测资字 1111596
48	北京万兴宏盛建筑勘测技术有限公司	乙级	乙测资字 1110957
49	北京汇达城数科技发展有限公司	乙级	乙测资字 1112315
50	北京意诚远耀勘测设计有限公司	乙级	乙测资字 1110362
51	北京华测测绘有限公司	乙级	乙测资字 1112592
52	北京奥腾岩石科技有限公司	乙级	乙测资字 1112135
53	众信成勘测设计（北京）有限公司	乙级	乙测资字 1112321
54	北京市通州区城乡测绘所	乙级	乙测资字 1112144
55	北京迅联图业科技有限公司	乙级	乙测资字 1112664
56	北京鑫测科技有限公司	乙级	乙测资字 1113001
57	北京万维世创测绘科技有限公司	乙级	乙测资字 1111389
58	北京市朝阳区房屋测绘事务所	乙级	乙测资字 1111706
59	北京天时地利测绘科技有限公司	乙级	乙测资字 1113314
60	北京京建元勘测科技有限公司	乙级	乙级资字 1112862
61	北京国电天瑞工程勘测设计有限公司	乙级	乙测资字 1113348
62	北京中土凯林设计咨询有限公司	乙级	乙测资字 1113456
63	北京市西城区房地产测绘一所	丙级	丙测资字 11002001
64	北京市东城区房屋管理局测绘二所	丙级	丙测资字 11004001
65	北京市丰台区房屋经营管理中心测绘队	丙级	丙测资字 11006001
66	北京海测易达有限公司	丙级	丙测资字 1120136
67	北京市石景山区房地产测绘队	丙级	丙测资字 11008001
68	北京市顺义区住房和城乡建设委员会测绘所	丙级	丙测资字 11014001

（续附表 3-8）

序号	测绘企业名称	资质等级	资质证书编号
69	北京市大兴区房地产测绘所	丙级	丙测资字 11011001
70	北京天地鸿图测绘有限公司	丙级	丙测资字 11010001
71	北京京怀信房产测绘有限公司	丙级	丙测资字 11017001
72	北京华夏经纬测绘技术有限公司	丙级	丙测资字 11005002
73	北京中兴兆业房屋面积测绘有限公司	丙级	丙测资字 11007012
74	北京昌房房地产测绘技术服务有限责任公司	丙级	丙测资字 11013001
75	北京京恒实测绘技术有限公司	丙级	丙测资字 11011002
76	北京首益佳房地产经纪有限公司	丙级	丙测资字 11019005
77	北京赛博时代测绘有限公司	丙级	丙测资字 11010003
78	北京慧智蓝图测绘有限公司	丙级	丙测资字 11017004
79	北京首佳联诚房地产测量有限公司	丙级	丙测资字 11019002
80	北京望唐数码测绘有限公司	丙级	丙测资字 11017003
81	北京华夏合众土地科学技术有限公司	丙级	丙测资字 1120557
82	北京鑫海厦测绘有限公司	丙级	丙测资字 11007007
83	北京浩宇天地测绘科技发展有限公司	丙级	丙测资字 11007028
84	北京智环成测绘有限公司	丙级	丙测资字 11011008
85	中泽嘉汇（北京）测绘中心	丙级	丙测资字 11006004
86	北京檀州经纬测绘有限公司	丙级	丙测资字 1120520
87	北京粤富华地理信息技术有限公司	甲级	甲测资字 1101254
88	北京经纬久度测绘有限公司	丙级	丙测资字 11005034
89	北京泾渭冠宇测绘有限公司	丙级	丙测资字 11009004
90	北京市怀柔测绘所	丙级	丙测资字 11017002
91	北京君仁慧智测绘有限公司	丙级	丙测资字 1120539
92	中材地质工程勘查研究院有限公司	丙级	丙测资字 1120223
93	北京智慧宏图勘察测绘有限公司	丙级	丙测资字 1120505
94	北京宇达同盛勘测技术有限公司	丙级	丙测资字 1120476
95	北京京电文华勘测设计有限公司	丙级	丙测资字 1120604
96	北京科远广宇勘测技术有限责任公司	丙级	丙测资字 1120737
97	北京红坊工程测量有限公司	丙级	丙测资字 1120674
98	北京久城测绘科技有限公司	丙级	丙测资字 1120712
99	北京市东城区房屋管理局测绘一所	丁级	丁测资字 11019004
100	北京市西城区房地产测绘二所	丁级	丁测资字 11003001
101	北京市门头沟区房地产测绘所	丁级	丁测资字 11009001
102	北京市延庆区房地产勘察测绘所	丁级	丁测资字 11018012
103	北京市平谷区房地产测绘队	丁级	丁测资字 11015001

（续附表 3-8）

序号	测绘企业名称	资质等级	资质证书编号
104	北京市房屋面积计量站	丁级	丁测资字 11005004
105	北京赛杰新时代房屋测绘有限公司	丁级	丁测资字 11005005
106	北京源恒天地测绘有限公司	丁级	丁测资字 11006003
107	北京泰达克房地产测绘咨询有限公司	丁级	丁测资字 11013004
108	北京中鼎衡测绘事务所	丁级	丁测资字 11007008
109	海天方圆（北京）科技有限公司	丁级	丁测资字 11007020
110	北京国勘房地产测绘有限公司	丁级	丁测资字 11007025
111	北京中天新图测绘有限公司	丁级	丁测资字 1130027
112	北京阳光华翰测绘有限公司	丁级	丁测资字 11004002
113	北京天天友联测绘有限公司	丁级	丁测资字 11015003
114	北京京海纵横测绘有限公司	丁级	丁测资字 11005016
115	北京荣驰测绘技术有限公司	丁级	丁测资字 11007031
116	北京永佳达测绘有限公司	丁级	丁测资字 11007042
117	北京丰华方圆测绘工程技术有限责任公司	丁级	丁测资字 11005014
118	北京欣通佳信测量有限公司	丁级	丁测资字 11012003
119	北京京建恒信房地产测量技术有限公司	丁级	丁测资字 11007044
120	北京世规测量技术咨询有限公司	丁级	丁测资字 11007047
121	北京创天烨测绘有限公司	丁级	丁测资字 11011013
122	北京百星达测绘工程有限公司	丁级	丁测资字 11010005
123	北京新兴宏图测绘有限公司	丁级	丁测资字 11005026
124	北京米拉测绘有限公司	丁级	丁测资字 11009005
125	北京顺至宏图测绘有限公司	丁级	丁测资字 1130513
126	北京金伟诚业测绘有限公司	丁级	丁测资字 1130574
127	北京森源宏勘测科技发展有限公司	丁级	丁测资字 1130199
128	北京集美勘察设计有限公司	丁级	丁测资字 1130349
129	北京荣盛伟业测绘技术有限公司	乙级	乙测资字 1113161
130	北京中安经纬工程技术有限公司	乙级	乙测资字 1111049
131	北京市阜汇房地产测绘信息咨询中心	丙级	丙测资字 1120629
132	北京伟晟科技有限公司	乙级	乙测资字 1113735
133	北京腾辉通达房地产测绘有限公司	丙级	丙测资字 1120458
134	北京爱地地质勘察基础工程公司	乙级	乙测资字 1113339
135	北京万德博诺测绘有限公司	丁级	丁测资质 1130628
136	北京新益安工程咨询有限公司	乙级	乙测资字 1113726
137	北京信环诚勘测设计有限公司	乙级	乙测资字 1114000
138	北京首钢国际工程技术有限公司	乙级	乙测资字 1110086

（续附表 3-8）

序号	测绘企业名称	资质等级	资质证书编号
139	北京京延翰盛测绘服务有限公司	丁级	丁测资字 1130655
140	北京恒创新颖信息技术有限公司	丙级	丙测资字 1120728
141	环球经纬测绘（北京）有限公司	丁级	丁测资字 1130011
142	北京恒兴远辉勘测技术有限公司	丁级	丁测资字 1130664
143	北京中都三力勘察测绘有限公司	丙级	丙测资字 1120154
144	北京众合兴成科技发展有限公司	乙级	乙测资字 1113799
145	北京北斗星地科技发展有限公司	甲级	甲测资字 1101167
146	北京房勘金地工程勘察设计有限公司	乙级	乙测资字 11511679
147	北京中勘迈普科技有限公司	甲级	甲测资字 11110389
148	北京墨矩盛兴智慧科技有限公司	乙级	乙测资字 11512990

附录四

其他文件

2021年全市命名、调整地名（341个）

朝阳区（74个）：泉顺路、泉安南街、泉安北街、泉安中路、泉景街、朝阳站西路、朝阳站东路、华文西路、华文东路、四路居南路、北豆各庄街、慧康小街、新生村路、拂林东街、拂林西街、呼家楼西路、呼家楼东路、呼家楼街、呼家楼西里中街、荣泰南街、荣泰北街、小海子西路、悦安街、荣安街、庆益路、阜阳西街、西北门路、御马苑街、学达西路、学达东路、郑村坝街、郑村坝南街、东岗北街、东岗南街、安德大街、阜滨路、兴坝东路、兴坝西路、兴坝路、东坝大街、宝源路、阜阳东街、德平东路、德平西路、分白街、居安路、白墙子街、华轩路、石佛营东一路、石佛营东二路、石佛营中街、南三里屯西路、南三里屯中街、南春路、官庄西路、官庄东路、唐新村北路、常通西路、康悦中街、百兴北街、福淀路、福淀桥、临榆桥、临榆路、苇沟南桥、百兴南街、前苇沟中街、前苇沟北街、前苇沟南街、福淀西路、秀水河西路、科营路、科营东路、创科路

海淀区（23个）：观禾北路、友谊北路、永玉东二路、永玉东三路、皇后店北一路、皇后店北二路、安岚路、安岚北路、晴岚东街、晴岚街、五福玲珑居、玲珑苑、连桥一街、连桥二街、金钟路、木荷路、天香路、寒香路、瑞香路、芳润路、建枫路、菁盈南路、凤凰岭东三路

丰台区（32个）：汽车博物馆西路、中环西路、四合庄路、四合庄西路、育仁南路、育仁北路、育仁中路、醒狮街、垂虹街、怀平北街、怀平南街、怀平路、丰驰路、六圈东路、六圈西路、智成南街、智成中街、智成北街、丰云路、广场南四路、丰科西路、孟家桥北街、孟家桥南街、分钟寺南街、分钟寺街、钟萃路、宛月路、博欣路、博欣西路、恒丰北街、科安街、南宫迎宾路

石景山区（43个）：石广路、燕堤大街、人民渠路、石府路、景瑞北路、景瑞南路、越秀东街、景学路、钢研所街、焦化厂东街、焦化厂西街、焦化厂南路、焦化厂路、修理厂街、修理厂东小街、烧结厂南路、烧结厂中路、机械厂路、织补工场路、四高炉南路、二高炉南路、备件库路、四焦炉北路、景熙街、安佑街、安瑞街、景阳西街、景顺街、安韵街、安仁街、碣石街、衙门口路、衙门口西路、衙门口上街、衙门口街、衙安街、宁台路、衙学路、宁礼路、重聚南路、宁欣路、宁汇路、上石府路

通州区（43个）：金穗路、环球大道、度假区北街、探奇路、明星巷、日出巷、临波东路、临波中路、临波西路、文景东街、文景西街、文坊一巷、文坊二巷、文坊三巷、停车场西路、金庄一巷、金庄二巷、金庄三巷、颐瑞西路、颐瑞东路、运粮引河路、大高力庄路、小高力庄街、九棵树中路、京彩街、文盛街、云景东路、丽新巷、安永路、文旅路、飞鸿二巷、月异路、月异西路、曹园南街、田府北街、安丰路、将军府街、振鹭三巷、曹园北街、静安寺街、通盛南路、贡院南街、通州卫路

顺义区（12个）：裕航路、保汇二街、双裕街、双裕北街、石门中街、北小营南大街、健盛街、保兴街、金关北一路、金关北二路、梅沟营东路、金穗路

密云区（1个）：云山路

平谷区（22个）：韩庄路、铭居路、禧瑞路、山海路、东虎山路、西虎山路、金学路、休闲大街、虎山北街、凤凰山路、金水湾路、观海街、金海西路、金海东路、金海北街、金海南街、金海湖大街、新辉路、望山街、杜辛庄街、寨笆东路、寨笆路

门头沟区（17个）：七棵树东街、七棵树街、安民东路、兰石街、斜井路、岢罗坨北路、中门寺西街、华园西路、华园北路、平安西路、龙园北路、崇华寺路、兰汀路、兰汀北街、兰苑街、兰苑西街、福至路

昌平区（7个）：罗兰街、七里渠乐知路、七里渠祥业街、七里渠乐慧路、鲁疃嘉园、太平庄东路、党校前路

大兴区（28个）：永清路、瀛亨街、瀛坤路、瀛达路、瀛元街、瀛瑞街、瀛腾巷、瀛成路、陈庄子东巷、陈庄子路、长盛东路、长福路、星光路、香远街、惠风街、致远路、创逸路、和畅街、皓月路、鼎创路、金水大街、金盛大街、金盛北街、金服大街、鼎祥路、鼎业路、广永北路、青云大街

延庆区（4个）：太阳塔路、延创路、庆新街、集贤路

经济技术开发区（17个）：经惠东路、德农街、德荣路、德春街、德通街、德佑街、德锦路、庆平西一路、庆平西二路、天盛街、天庆中街、融商一路、桑园一街、桑园二街、桑林路、水南东二路、水南东三路

轨道交通车站名称（9个）：北太平庄站、新发地站、牛街站、太平桥站、周家庄站、嘉会湖站、十八里店站、北神树站、次渠北站

桥梁名称（9个）：北门口桥、成寿寺桥、燕堤桥、蒋家场桥、石堡永定河桥、常各庄桥、石堡桥、黄堡北桥、榆垡郭家场桥